¿Eres un [...]
para leer este libro?

Para descubrirlo, realiza nuestra encuesta. Solo marca «S» para «Sí» o «N» para «No» en la línea previa a cada entrada.

Acerca de ti

____ Estoy abrumado, sobrecargado, estresado al máximo, pero sigo aceptando responsabilidades.

____ Algunos días me pregunto a dónde se fueron mis sueños.

____ Me resulta difícil liberarme de los rencores o de mi pasado.

____ Tiendo a perder los mismos cinco kilos una y otra vez.

____ Me prometo decir que no, pero sigo diciendo que sí.

____ Parece que a todos les va mejor que a mí.

____ Me resulta difícil enfrentar a otros con las cosas que hicieron mal, ya sea en casa, en el trabajo o con amigos.

____ No me es fácil entablar amistades ni mantenerlas.

____ La vida no se parece en nada a mis sueños... y estoy desilusionado.

____ Algunas veces siento amargura y enojo, como si recibiera un trato injusto de la vida.

____ No me parece que lo que hago sea muy importante.

____ Muchas de las cosas que hago pasan inadvertidas para los demás.

____ Algunos días pienso: *Yo nunca voy ni para delante ni para atrás. Estoy atascado.*

Acerca de otros

_____ Los demás casi nunca (o nunca) me escuchan, aunque tenga algo importante que decir.

_____ Los demás suelen dejar caer la pelota. Yo siempre termino recogiéndola y corriendo con ella hasta la meta. De lo contrario, nadie realiza la tarea.

_____ Mi hermano era «el perfecto» en casa.

_____ Cuando los demás se enojan, me paralizo o entro en el modo de complaciente al máximo.

_____ Los demás no me respetan mucho.

_____ Mis padres siempre fueron muy duros conmigo. No podía hacer nada bien.

_____ Soy de la clase de personas con medio vaso vacío. Me subestimo muchísimo.

_____ Ni mi familia ni mis compañeros de trabajo me valoran ni tienen en cuenta lo que hago.

_____ Otros actúan (o actuaron) de manera abusiva conmigo, ya sea con palabras o acciones, y yo lo soporto.

_____ Cada relación que tengo parece ir mal en alguna parte.

_____ Me pongo a pensar: _¿Por qué no puedo parecerme más a ella?_

Si te identificas con algunos de estos puntos y marcaste aunque sea una «S», no solo necesitas leer este libro, sino _llevarlo contigo a todas partes._

Este libro rascará donde te pica.

Te lo prometo.

¿Tener un nuevo «tú» para el viernes? ¿Es posible?

A decir verdad, es un engaño. Puedes tener un nuevo «tú» para el *miércoles* si solo haces algunas cosas sencillas. Luego, ¡puedes tener una mejor versión de ti mismo para el *viernes*! Sigue leyendo y te mostraré cómo lograrlo.

Este es el cambio milagroso que has estado buscando.

Te lo garantizo.

Ten un nuevo «tú»

para el viernes

Cómo
- ✔ **A**ceptarte a ti mismo,
- ✔ **A**umentar tu confianza y
- ✔ **C**ambiar tu vida **en 5 días**

Dr. Kevin Leman

Publicado por
Unilit
Miami, FL 33172

© 2013 Editorial Unilit (Spanish translation)
Primera edición 2013

© 2010 por Kevin Leman
Originalmente publicado en inglés con el título:
Have a New You by Friday por Kevin Leman
Publicado por Revell, una división de
Baker Publishing Group,
Grand Rapids, Michigan, 49516, U.S.A.
Todos los derechos reservados.

A fin de proteger la privacidad de los que le contaron sus historias al
autor, se cambiaron algunos detalles y nombres.

Producto 495806
ISBN 0-7899-1864-1
ISBN 978-0-7899-1864-2

Impreso en Colombia
Printed in Colombia

Categoría: Vida cristiana /Vida práctica /Autoayuda
Category: Christian Living/ Practical Life /Self Help

Contenido

Reconocimientos

Con gratitud para mi poderoso equipo editorial:

Lonnie Hull DuPont, que siempre tiene en cuenta mis ideas empresariales y mantiene su sentido del humor. (Además de eso, nunca me ha colgado el teléfono y jamás me ha dicho que estoy chiflado).

Jessica Miles, mi editora de proyecto con ojos de águila de Revell, quien puede detectar un error gramatical a cien pasos de distancia.

Ramona Cramer Tucker, quien puede traducir mejor que nadie el lenguaje de Leman. Eres valiosa.

Introducción

Este libro debería costar ciento noventa y nueve dólares

¿Cómo te gustaría que te entreguen «el nuevo tú»? ¿Por correo privado o nacional? (El correo privado tiene un costo un poco más elevado). ¿O preferirías que te lo entregara un mensajero personal? Con Kevin Leman, ¡la «satisfacción está garantizada»!

Si pudieras cambiar algo en tu manera de ser, ¿qué sería?

«Bueno, Dr. Leman», dirás, «podría pensar en un montón de cosas. ¿Cómo se le ocurre que puedo elegir solo una?»

¡Felicitaciones! Eres justo la persona para la que escribí este libro. Verás, hay una razón para que escogieras este libro. Te gustaría ver algunos cambios, o muchos, en tu vida. Tal vez intentaras otras maneras de propiciar este cambio: le pediste a un amigo que te controlara, fuiste a ver a un psiquiatra, escribiste un diario, contaste hasta diez antes de hacer eso que te mete en problemas una vez tras otra, etc. Sin embargo, ¿te dio resultado? No. De lo contrario, ya te hubieras «reparado» y no necesitarías este libro.

¿Cuántas veces te has comprometido a decir no a algo que sabías que te pedirían que hicieras... pero que te encontraste cediendo? ¿Cuántas dietas has seguido durante los últimos cinco o diez años (o más)? ¿Cuántas veces has perdido los mismos cinco kilos? (Mediante un cálculo modesto, entonces, alguien como yo ha perdido más de trescientos cuarenta kilos en su vida). ¿Cuántas veces te has dicho: *Nunca les diré eso a mis hijos*, pero no solo lo dijiste, sino que lo hiciste con el mismo tono que usaban tu mamá o tu papá contigo? ¿Cuántas veces te has sentido como un jerbo en una jaula, dando vueltas y más vueltas en esa ruedita sin llegar a ninguna parte, sin lograr nada?

> *Hay una razón para que escogieras este libro. Te gustaría ver algunos cambios, o muchos, en tu vida.*

Si te sientes identificado, *Ten un nuevo «tú» para el viernes* es para ti. Miles de familias encuentran ayuda en *Tengan un nuevo hijo para el viernes* (¡no hay mejor «cura» para el comportamiento rebelde e irrespetuoso de los niños que los secretos en ese libro! y en *Ten un nuevo esposo para el viernes* (observa cómo los matrimonios, aun los destinados al divorcio, se transforman en solo cinco días). Ahora bien, ¡helo aquí! Un plan de acción de cinco días que cambiará *tu* vida.

Si no deseas cambiar tu vida, deja este libro en el estante ahora mismo. De lo contrario, lo único que harás es añadirlo a la pila de otros libros de autoayuda para encender el fuego en una noche fría.

Entonces, ¿qué se requiere de ti? La disposición para realizar un poco de trabajo detectivesco y descubrir: *¿Quién soy? ¿Por qué hago lo que hago?*

¿Sabías que a diario te dices mentiras sobre quién eres y que actúas de acuerdo a esas mentiras? ¿Sabías que esas mentiras afectan la forma en que te tratas a ti mismo y a las relaciones que tienes con otros? Llegó el momento de cortar de raíz esas mentiras y sacar la verdad a la luz, por tu bien y por el de quienes te aman.

¿Será fácil? No, porque casi siempre queremos cambiar a otros antes de pensar en cambiarnos a nosotros mismos. (¿Por qué te parece que *Tengan un nuevo hijo para el viernes* y *Ten un nuevo esposo para el viernes* se han convertido en éxitos de librería? Ah, ahora estás entendiendo...). De algún modo, es mucho más difícil cambiarnos a nosotros mismos. No obstante, sin un poco de esfuerzo no se logra nada bueno (¿o acaso faltaste a esa clase en la escuela primaria?).

Tomemos, por ejemplo, al Dr. Evan O'Neill Kane, un exjefe de cirugía en el hospital *Summit* de la ciudad de Nueva York. Sabía muy bien lo que era el esfuerzo. Pionero en la profesión médica a finales del siglo XIX y principios del XX, había visto demasiadas muertes y estados de invalidez causados por la anestesia general. Así que se convenció de que la mayoría de las operaciones podían y debían hacerse con anestesia local (en la que el paciente está despierto durante todo el procedimiento).

> *¿Sabías que a diario te dices mentiras sobre quién eres y que actúas de acuerdo a esas mentiras?*

Sin embargo, el Dr. Kane tenía un problema: no tenía ningún voluntario para este tipo de operación. Pasó mucho tiempo buscando al paciente indicado para probar su nuevo procedimiento, pero a todos los ponía nerviosos (y con razón) ser un conejillo de Indias.

Por fin, un paciente se ofreció como voluntario para someterse a la operación. El 15 de febrero de 1921, el Dr. Kane realizó este procedimiento quirúrgico por primera vez. Quitó el apéndice del paciente en la sala de operaciones. Lo asombroso fue que el paciente se recuperó tan rápido que le dieron de alta del hospital dos días después de la operación (algo insólito a principios de los años de 1900[1]). Fue un logro que marcó un hito en el campo de la medicina.

¿Por qué tuvo éxito el Dr. Kane? Porque no permitió que algunos impedimentos lo detuvieran en el camino. Porque creyó que había una manera mejor y más segura de operar, con menos riesgo para el paciente. Se dio cuenta de que con un poquito de dolor (la anestesia local contra la general), el paciente estaría mejor a la larga.

> *Sé lo difícil que es cambiarse a uno mismo. Mi meta este año es verme las puntas de los zapatos. No las he visto en años.*

De la misma manera, convertirse en alguien nuevo para el viernes implica algo de dolor. Es más, me sentí tentado a titular este libro *Ten un nuevo «tú» para el sábado por la noche* porque sé lo difícil que es cambiarse a uno mismo. Se parece un poco a tratar de borrarle las manchas a un leopardo con un quitamanchas.

Mi meta este año es verme las puntas de los zapatos. No las he visto en años. (Por supuesto, mi cintura en expansión podría tener algo que ver con las «rebanaditas» de pastel *Marie Callender* que saco a escondidas del refrigerador cuando mi esposa no me ve). Sé lo obstinado y apegado que soy a mis conductas. El cambio no es fácil. ¿Te sientes identificado?

Sin embargo, ¿será posible que el cambio sea tan difícil debido a las mentiras que nos decimos a nosotros mismos, *acerca de nosotros mismos*?

Ten un nuevo «tú» para el viernes te llevará a algunos aspectos de ti mismo que quizá sean un poco incómodos durante algún tiempo. Con todo y eso, es la clase buena de dolor que te impulsará hacia delante en lugar de mantenerte estancado en la rutina que te produce frustración. A todos nos gustaría cambiar algunas cosas en nosotros mismos. Entonces, ¿por qué no entrar en acción para convertirnos en la persona que uno desearía ser? Di esto: *Esta vez lo voy a hacer de verdad. Sin excusas. Sin retrocesos. Quiero ser diferente. Quiero que mis relaciones sean diferentes.*

Entonces, ¿por qué no tomas el control de tu vida ahora? En lugar de pagarle doscientos veinticinco dólares por sesión a un psicólogo para que te escuche quejarte sobre tu vida, te guiaré para que seas tu propio médico. Llegarás a comprender tu personalidad; las fuerzas secretas que influyen en ti para decir, pensar y actuar como lo haces; además, aprenderás a aceptar mejor y a dar amor para mejorar tus relaciones. Este no es uno de esos libros sensibleros que te permiten «brillar» durante una hora... y luego, al día siguiente, te vuelves a encontrar en el mismo lugar donde estabas. No, este es el cambio de vida del que desearás hablarles a todos tus amigos (incluso a esa prima que no te cae bien).

> *Di esto: Esta vez lo voy a hacer de verdad. Sin excusas. Sin retrocesos. Quiero ser diferente. Quiero que mis relaciones sean diferentes.*

Entonces, ¿por qué no tomas el control para convertirte en alguien nuevo? Después de todo, nadie te conoce como tú mismo. No hay por qué esperar. No hay formularios interminables que rellenar. Nada de cuentas abultadas en tu tarjeta *Visa* al final del mes. Saldrás tan reluciente que estarás deseoso de que llegue el otro día para poder hacer alarde de tu nueva versión.

¿Por qué no vivir la vida como quieres de verdad? No permitas que te retengan las mentiras que te dices. Hoy es el día. Estás a cargo de tu nueva versión.

Te enseñaré a cómo

- aceptar la verdad sobre ti mismo;
- aumentar tu confianza al identificar las mentiras que te dices... y a dejarlas de lado para siempre;
- cambiar tu vida a medida que te concentras en llegar a ser la persona que quieres ser en verdad.

Y todo esto en solo cinco días.

Por eso, este libro debería costar ciento noventa y nueve dólares. Así, te sobrarían veintiséis dólares en el bolsillo (en vez de pagar doscientos veinticinco dólares por la consulta con el psicólogo) para salir y hacer algo divertido en celebración del nuevo tú.

¿Por qué no experimentar esa maravillosa sensación de logro que has estado esperando? Puedes ser mejor para el martes, tener una perspectiva más amplia para el miércoles, tener un nuevo impulso el jueves y convertirte en tu propio psicólogo el viernes, con tan solo hacer unas pocas cosas sencillas.

La hoja de ruta para el nuevo tú

El lunes, descubriremos quién eres en realidad, y cómo usar ese conocimiento a tu favor. ¿Qué clase de personalidad tienes? ¿Cómo te afectan a ti y a tus seres queridos esos rasgos? ¿Por qué las familias son bastante diversas, con toda una gama de personalidades, aunque todos los hijos provengan del mismo molde?

El martes, examinaremos la familia donde creciste y cómo tu lugar en ese «zoológico» influyó en ti más de lo que puedes imaginar. ¿Sabías que buena parte del guión de tu vida lo escribieron otros basados en las decisiones que tomaron tus padres? (Esto no parece justo, ¿no es cierto? Sin embargo, te mostraré por qué es verdad. Cuántos hijos tienen tus padres, en qué orden los tuvieron, cómo te trataron, etc., tiene todo que ver con la persona que eres, y con los aspectos en los que tienes éxito y en los que fracasas). No puedes comprenderte como es debido sin comprender la dinámica de la familia en la que te criaron.

El miércoles, revelaremos las mentiras que te dices (nadie es inmune a esas desagradables grabaciones que resuenan en la cabeza), cómo te impactan y qué puedes hacer al respecto. Los recuerdos de la temprana infancia proporcionan la clave para develar el misterio de por qué ves las cosas de la manera en que lo haces, por qué ciertas cosas que a otros no les molestan te molestan a ti, y por qué algunas cosas que a ti te resultan reconfortantes aterran a otros. Revelan las suposiciones tácitas sobre cómo piensas que debería transcurrir la vida... y cómo no.

¿Por qué no vivir la vida como quieres de verdad?

El jueves, hablaremos del amor. No, no de la clase de romance efusivo que hace que a las parejas se les salgan los ojos de las órbitas al mirarse, sino de aquel en el que cada uno de nosotros da y recibe amor. La comprensión más profunda de los estilos de amor suavizará potenciales estorbos en el camino y te ayudará a tener éxito en las conexiones interpersonales.

El viernes, debes ser tu propio psicólogo, sin costo alguno. Te mostraré cómo usar lo que has aprendido para convertirte en el experto en ti mismo, y para garantizar esta nueva versión de ti para toda la vida.

Un poco de dolor, una gran ganancia

¿Recuerdas la historia del Dr. Evan O'Neill Kane, quien realizó esa memorable operación? Bueno, he aquí la trampa: ¡el paciente que se ofreció como voluntario para la operación experimental fue el mismo Dr. Kane! Así es, el Dr. Kane se extirpó a sí mismo el apéndice sobre la mesa de operaciones[2]. Él es la prueba viviente de que puedes hacer cualquier cosa si lo intentas, y que un poco de dolor puede traer gran ganancia... para ti mismo y para tus seres queridos.

A través de *Ten un nuevo «tú» para el viernes*, descubrirás tus puntos fuertes y tus puntos débiles, tus inclinaciones y las suposiciones básicas que tienes sobre la vida (incluyendo cómo y por qué algunas veces entran en conflicto con las de quienes están contigo), y podrás trazar tu propia hoja de ruta hacia el éxito en las relaciones. Al fin y al cabo, si sabes quién eres, sabrás cómo mejorar los aspectos que te han dejado atrás. Entonces, no habrá nada que te limite. Tendrás una flamante determinación de vivir como quieres en verdad.

No veo la hora de verte volar.

Lunes

¿Quién te crees que eres?
(Puede que te sorprendas)

¿Cuál es tu verdadera personalidad y cómo llegaste a ser así? Además, ¿por qué conformarse con menos si puedes ser mucho más?

¿Alguna vez has visto el divertidísimo programa *Bob Newhart Show*? Me encantaba ver el programa en su versión original y ahora, algunas veces, encuentro la reposición en *Nick at Nite*. Bob Newhart, psicólogo, siempre dirigía fascinantes sesiones de pequeños grupos con sus necesitados clientes. Mi episodio favorito es uno donde un hombre llamado Sr. Peterson tenía un empleo como vendedor en el que no le iba muy bien. No vendía nada, así que se fue hasta la sesión de Bob Newhart y le preguntó a Bob si podía ayudarlo a resolver el problema.

Bob le pidió al Sr. Peterson que describiera lo que hacía cuando llamaba a una puerta para realizar una venta.

«Bueno», dijo el Sr. Peterson, «llego a la puerta. Si nadie abre, sigo a la siguiente puerta».

Después de indagar un poco más, Bob se quedó sorprendido al descubrir que el Sr. Peterson le tenía tanto miedo al fracaso, ¡que jamás llegaba a *tocar* en ninguna puerta! ¡Con razón no vendía nada!

Sin embargo, ¿no es eso lo que hacemos muchos de nosotros? Nos pasamos la vida frente a las puertas cerradas, sin arriesgarnos a tocar, porque le tememos a lo que quizá suceda si lo intentamos en verdad. Quedamos atrapados en la rutina porque tememos escuchar un «no» y que nos den un portazo en la cara.

Debo saberlo muy bien, porque esa fue la historia de mi vida, hasta que una dama de cabello gris, la Srta. Wilson, se ocupó de mí.

Yo era uno de esos niños sin rumbo en la vida (y que no tenía ningún apuro en llegar a ninguna parte). Si no hubiera sido por tres desdichados que estaban peor que yo, me hubiera graduado como el último en mi clase del instituto. Todos, incluso yo, imaginábamos que Kevin Leman pasaría el resto de su vida arreglando o cambiando neumáticos pinchados en la gasolinera del barrio, vendiendo periódicos en alguna esquina o, tal vez, recogiendo la basura en la carretera.

Para ser sincero, pensaba que era más tonto que las piedras. Y actuaba como tal.

Entonces, un mágico día de abril de 1961, cuando tenía diecisiete años, tuve una conversación con una maestra de matemática que me cambió la vida. La Srta. Wilson era una mujer mayor, entre el estrógeno y la muerte, cuyo cabello gris estaba a punto de volverse azul. Había visto pasar a miles de estudiantes por su escuela, incluso a mi hermana perfecta, Sally, y a mi

> **Las mentiras que te dices**
>
> No puedo hacerlo, así que mejor ni lo intento.
> No puedo hacerlo bien, así que mejor ni lo intento.
> Fulano de tal puede hacerlo mejor, así que mejor ni lo intento.

hermano Jack, el «señor con éxito asegurado», y me arrinconó después de uno de mis «incidentes».

Verás, yo era un maestro creativo de incidentes en el salón de clases. Una de mis actividades favoritas era hacer sonidos obscenos de pájaros en clase. Podía salirme con la mía y hablar como un marinero, porque lo hacía como si imitara a un pájaro, entonces tenías que escuchar con mucha atención para oír que en verdad decía algo obsceno o que me burlaba de la maestra. Por supuesto, la maestra trataba de no tenerme en cuenta, lo que le impedía interpretar mis sonidos, así que podía gozar a mis anchas haciendo que algunos de los alumnos a mi alrededor se desternillaran de la risa.

Había subido el listón tan alto para seguir recibiendo la atención, que tenía que seguir haciendo cosas aun más extravagantes.

Si el humor verbal no me ponía en el centro de la escena, trataba de sobresalir como artista. Hacía un agujerito en un libro desde donde apuntaba con una pistola, para rociar a mis compañeros de clase sin que supieran de dónde provenía. Encendía un fuego en el cesto de basura del salón para librarme de una prueba. Además, salía con éxito en cuatro patas de mi clase de historia sin que la maestra se diera cuenta jamás de que me había ido. Era una hazaña fantástica, modestia aparte.

«¿Por qué *hacía* eso?», quizá pregunte alguno de ustedes, y es una pregunta justa. Lo cierto es que no escapaba para escabullirme al vestíbulo y sacar una golosina de la máquina expendedora ni para fumar en el baño de varones. Ni siquiera quería salir de la clase, ya que era una audiencia fantástica. Solo ansiaba llamar la atención y estaba dispuesto a hacer cualquier cosa por lograr que alguien se riera. Había subido el listón tan alto para seguir recibiendo la atención, que tenía que seguir haciendo cosas aun más extravagantes. No es de extrañar que debido a mis payasadas, una de mis maestras renunciara no solo a enseñar en mi escuela, sino a la profesión por completo.

La valiente Srta. Wilson había visto suficiente. Al final, me arrinconó pocos meses antes de la graduación. «Kevin, te conozco a ti y a tu familia. Te he observado a lo largo de los años».

Aquí vamos, pensé. *Otro sermón para preguntarme por qué no puedo parecerme más a mi hermano o mi hermana.*

> *Si no hubiera sido por tres desdichados que estaban peor que yo, me hubiera graduado como el último en mi clase del instituto.*

Sin embargo, la Srta. Wilson tomó una dirección diferente por completo. «Verás, los otros días se me ocurrió, y me pregunto si se te ha ocurrido alguna vez a ti, que quizá podrías usar un poco de la energía que gastas en esas payasadas para hacer algo verdadero de ti mismo, en lugar de no ser más que el payaso de la clase... a costa de ti mismo, debería añadir».

Lo que me dejó pasmado de la conversación con la Srta. Cabello Gris fue que no me regañó como las otras maestras. De verdad vio algo bueno en mí. Por supuesto, era evidente que veía a este estúpido fanfarrón, el bebé de la familia, en otra vergonzosa actuación. Sin embargo, en lugar de ver a un perdedor, vio potencial. Y tuvo la perspectiva suficiente como para desafiarme sugiriendo que hiciera algo con mi vida. No tenía por qué ser esclavo de las peores tendencias de mi personalidad.

Al volver la vista atrás en mi vida y cuento la gente que fue importante de verdad, la Srta. Wilson se encuentra entre las primeras cinco. Si no hubiera sido por ella, de seguro que estarías leyendo *sobre* mí (en la sección de policiales del periódico), pero lo más probable es que no escogieras un libro escrito *por* mí.

¿Por qué deseaba tanto captar la atención cuando era pequeño?

La respuesta es sencilla: No tenía ninguna otra dirección.

Sally la perfecta y mi hermano, «Dios»

¿Alguna vez has estado cerca de una persona que no tiene un cabello fuera de lugar, que siempre es competente, confiable y absolutamente responsable, esa clase de persona que te hace sentir indigno hasta de respirar a su lado? Así era Sally, mi perfecta hermana mayor.

Sally era la clase de alumna que siempre le decía a sus amigas: «Creo que me fue mal en el examen», entonces revelaba que «solo» obtuvo el noventa y siete por ciento. Sally tiene ocho años más que yo y, en muchos sentidos, era como una segunda madre. No le veía ninguna falla. Si Jesús no hubiera nacido aún, pienso que Sally hubiera sido una buena candidata para el papel de María. Hasta ese punto la estimaba.

Mi hermano, Jack, al que no me refería con tanto afecto como «Dios», era la versión masculina de Sally. Había monopolizado el mercado del éxito: mariscal de campo en el equipo de fútbol americano, buen estudiante, bien parecido y popular,

¿Quién es importante para ti?

¿Quiénes han sido las tres o cuatro personas que más han influido en tu vida?
¿Qué papel han representado en tu vida y cómo describirías sus características personales?

Primera persona:
Papel en tu vida:
Características personales:

Segunda persona:
Papel en tu vida:
Características personales:

Tercera persona:
Papel en tu vida:
Características personales:

Cuarta persona:
Papel en tu vida:
Características personales:

¿A cuántas las describirías de manera positiva?
¿A cuántas las describirías de manera negativa?

le caía bien a todos y nunca le faltaba una chica con la cual salir. Jack tenía toda la confianza del hijo mayor.

Luego, estaba yo. El pequeño hermano menor, Kevin Leman. ¿Dónde encajaba en esa mezcla perfecta de hermanos? Era obvio que no podía ser mejor estudiante que Sally. No tenía la destreza atlética de Jack y eso también era obvio. Comparado con él, siempre me sentía debilucho (claro, era mayor que yo, pero eso no lo piensas cuando eres un niño). No tenía posibilidades de sobresalir como estudiante excelente ni como líder de la clase. Entonces, en algún lugar en lo profundo de mi ser me di cuenta de que si quería atención, tendría que buscar en otra parte, porque Sally y Jack habían cubierto todas los lugares positivos.

> *Desde mi mirada parcial, no había manera de sobresalir de otro modo que no fuera siendo un payaso.*

Desde mi mirada parcial, no había manera de sobresalir de otro modo que no fuera siendo un payaso. No era un niño malo (aunque es probable que muchas de mis maestras hubieran pedido diferir, al haber experimentado tanta frustración debido a mis payasadas). En cambio, mi objetivo era lograr que la gente se riera. Si me ponía en el centro de la escena, tanto mejor.

Mi amor por la risa llegó casi por accidente. Estaba en segundo grado, tenía ocho años, cuando Sally me reclutó para que fuera la mascota de su equipo de animadoras. Una vez, en medio de un partido, eché a perder por completo una coreografía. Al principio, me sentí avergonzado, pero cuando levanté la vista y me encontré con ese mar de caras, todas mirándome, señalándome y riendo, recuerdo que pensé: *Oye, esto no es tan malo*, y hasta le saqué un poquito más el jugo. No lo hice de manera consciente. Era demasiado pequeño para hacerlo. Sin embargo, el deseo de establecer una marca, de que se fijen en nosotros, de que nos convirtamos en alguien, está arraigado en cada uno de nosotros, y yo sabía que, de algún modo, había encontrado al fin mi lugar específico: pasaría el resto de mi vida haciendo reír a la gente.

¿Adivina quién observaba mientras se desarrollaba todo esto? Mi canosa maestra de matemática, la Srta. Wilson. Reconoció que yo era una persona orientada a la gente. Vio cómo manipulaba a mi madre (que al parecer pasaba más tiempo en la escuela que yo, tratando de sacarme de los problemas que yo creaba), y se dio cuenta de que mis creativos poderes de persuasión podían usarse para fines más nobles.

No es que no me hubieran dado sermones antes, pero todas mis maestras habían dicho lo mismo: «Si Kevin fuera más aplicado, podría irle

> *A la mayoría de los niños les encantaba tenerme en su clase. En cuanto se daban cuenta de que estaría en su aula, susurraban entre sí: «¡Qué bueno, Leman está con nosotros! ¡Este año será divertido!».*

mucho mejor». A decir verdad, me encogía de hombros porque ya conocía la respuesta. ¿Para qué ser aplicado y esforzarme si sabía que nunca lo haría tan bien como mis hermanos, y podía divertirme tanto entreteniendo a todo el mundo? No me molestaba en lo más mínimo no caerles bien a mis maestras, ya que a la mayoría de los niños les encantaba tenerme en su clase. En cuanto se daban cuenta de que estaría en su aula, susurraban entre sí: «¡Qué bueno, Leman está con nosotros! ¡Este año será divertido!».

Al principio, me molestó que esta vieja charlatana pudiera mirar en mi interior, pero algo en sus ojos me hizo cambiar de idea. Su expresión me dijo que veía algo que nadie había visto y que debía darle una oportunidad. Entonces, aunque todavía pensaba que era más tonto que una piedra, accedí a que fuera mi tutora durante el último año, desde abril hasta junio. «Si te esfuerzas un poquito más, todavía puedes llegar a graduarte», me aseguró.

Así que trabajé... tal vez por primera vez en mi vida. Nadie estaba más asombrado que yo. La Srta. Wilson era una gran maestra, solo que yo había estado demasiado ocupado con mis payasadas como para darme cuenta antes. ¿Y sabes una cosa? En realidad, quería agradarla, y eso era una nueva experiencia para Kevin Leman.

Nuestros esfuerzos dieron resultado. Aquel semestre solo desaprobé una asignatura, todo un récord para mí. (Mientras que mi madre esperaba todos sobresalientes y algún distinguido de vez en cuando de mi hermano y mi hermana, se ponía de rodillas para pedir que yo sacara un aprobado de vez en cuando, solo para darle la tranquilidad, como decía, de que «Dios no se olvidó de ponerle cerebro a este niño»).

Jamás olvidaré aquella tarde cuando me dirigí hacia la lista que situaron en la escuela con los nombres de todos los del último año que se graduarían al día siguiente. Allí estaba mi nombre, más grande que el universo. Ahora, *yo* era el que reía.

Muy bien, Leman, me dije, *lo lograste. Te graduarás del instituto. Tal vez no logres ninguna otra cosa en la vida, pero esto es algo que conseguiste de verdad.*

Ese fue solo el principio de un nuevo comienzo

Después de un poquito de ingenuidad y muchísimas cartas (huy, eso sí que fue *rogar*), por fin convencí a una universidad de que me aceptara. Al volver la vista atrás, eso fue un verdadero milagro, ya que mi expediente académico era muy malo.

No solo entré a la universidad, sino que siempre me sorprendía a mí mismo. Comencé a tener éxito, aunque pudiera diferir de lo que tú consideras éxito. Jamás olvidaré el momento en que miré esa primera libreta de calificaciones universitaria: Todo lo que veía era «bueno» y había un solo «regular». Aunque esta libreta hubiera horrorizado a mi hermana, a mí me hizo sentir magníficamente bien. Por primera vez en la vida, obtenía «buenos». Recuerdo que pensé: *Eso significa que, en gran parte, estoy haciendo un trabajo universitario promedio... eso es bastante bueno.*

Lo interesante es que este nuevo Kevin Leman «exitoso» no se acostumbró en seguida a su condición. No me sentía cómodo conmigo mismo. Nunca me había visto como exitoso, así que me llevó algún tiempo adaptar mis percepciones.

El segundo trimestre fue más o menos igual, excepto que obtuve un sobresaliente en béisbol. Luego, en el tercer trimestre, me topé con la kinesiología (o mejor dicho, la kinesiología se topó conmigo). A estas alturas de la vida, estaba contemplando la idea de convertirme en profesor de educación física. Después de todo, los profesores de gimnasia podían ser

> *Nunca me había visto como exitoso, así que me llevó algún tiempo adaptar mis percepciones.*

más tontos que una piedra y sobrevivir de todos modos. Me encantaban los deportes, así que pensé: *Si quieren pagarme por estar al frente durante siete horas de recreación, no es un mal trato.*

Lo lamentable es que el viejo Kevin seguía resucitando dentro de mí, y la universidad me echó por una payasada que el decano se tomó muy en serio. Sin opciones, regresé a mi casa a vivir con mis padres en Tucson, Arizona.

Imagínate: Tenía diecinueve años, me habían echado de la universidad y no tenía demasiada esperanza para el futuro. Me sentí feliz de conseguir, al menos, un empleo como conserje en un centro médico. Durante los cinco años siguientes, trabajé allí pensando que todas mis maestras tenían razón: Nunca llegaría demasiado lejos, así que sería mejor que me acostumbrara.

Estaba atrapado en mi rutina.

¿Tienes agallas?

Pregúntate:

1. ¿Estoy atascado en una rutina? Si es así, ¿cuál es o cuáles son?
2. ¿Temo el cambio? ¿Temo el éxito? ¿Temo convertirme en alguien diferente, aun cuando ansío ser diferente? ¿Por qué?
3. ¿Qué técnicas de superación personal he probado antes? ¿Por qué no dieron resultado?

Di algo así: *Esta vez, voy a hacer lo que sea necesario. En cinco días seré una persona nueva. ¡Cuidado que aquí voy!*

«Ella cree en mí»

Mientras trabajaba como conserje, sucedió algo asombroso.

¿Alguna vez has oído la vieja canción de Kenny Rogers «Ella cree en mí»? Soy el testimonio viviente del poder de esa letra. Primero, mi maestra de matemática, la Srta. Wilson, creyó en mí. Estaba convencida de que podía ser más que un payaso, que tenía algo especial que podía darle al mundo. Y gracias a ella, fui a la universidad (aunque al principio no haya dado resultado... pero espera, hay más por venir).

Entonces, conocí a Sande, una hermosa joven que regó las semillas plantadas por la Srta. Wilson. Cuando me vio en el centro médico, no vio «solo al conserje». Me vio a mí: Kevin Leman. Y es evidente que le gustó lo que vio, o al menos fue demasiado amable como para rechazarme, así que accedió a tener una cita conmigo, aunque no fuera más que para disfrutar de una hamburguesa de veinte centavos, ya que eso era todo el dinero que tenía en el bolsillo en ese entonces.

Sande, la mujer de primera clase que creyó en mí y en lo que podía lograr, se convirtió en mi inspiración.

Seguí trabajando como conserje, pero también volví a la universidad, esta vez a la Universidad de Arizona... y suspendí dos veces el mismo curso. Por lo general, este repetido fracaso me hubiera hecho volver a mi rutina habitual y hubiera pensado: *¿A quién trato de engañar? Esto del estudio no es para mí.*

Sin embargo, esta vez tenía a alguien que creía en mí: Sande (tiempo después, en el campo detrás de la casa de mis padres, hasta accedió a ser mi esposa... sí, hasta en el campo del romance era más tonto que una piedra), y siempre me alentaba a mejorar. Me negué a ceder a mis viejos patrones de fracaso. Trabajé con más ahínco y le dediqué más tiempo al estudio. Cuando por fin entré a la universidad a tiempo completo, prácticamente quedé pasmado ante mi primera libreta de calificaciones: todos diez y un solo nueve, lo que me calificaba para la lista de honor.

Recuerdo haber leído mi nombre en voz alta: «Kevin Leman, en la lista de honor», con sentimientos encontrados. Estaba orgulloso por las notas que tanto me costaron, pero también luchaba con la incredulidad. Las notas no tenían nada que ver con la visión que tenía de mí mismo. No estaba seguro de cómo reconciliar al nuevo Kevin Leman con el viejo que conocía tan bien.

> *Me negué a ceder a mis viejos patrones de fracaso. Trabajé con más ahínco y le dediqué más tiempo al estudio.*

El semestre siguiente, me encontraba otra vez en la lista de honor. A continuación, recibí una carta de la universidad donde me decían que había recibido una beca de honor. ¡Me iban a pagar para que terminara la universidad! Vaya si fue una conmoción. Sin embargo, como mi sueldo como conserje era mínimo, no tuve más remedio que sentirme encantado.

Los años siguientes siguieron ampliando la brecha entre la percepción que había adquirido de mí mismo en el pasado y la persona en la que me estaba convirtiendo. Pasé a ser miembro de *Psy Chi*, una sociedad nacional de honor para estudiantes

> *No estaba seguro de cómo reconciliar al nuevo Kevin Leman con el viejo que conocía tan bien.*

de psicología. Después, me sorprendí aun más cuando entré en el programa para una maestría con cierta facilidad, y seguí más adelante para conseguir un doctorado. Como hubiera dicho cuando era estudiante secundario: «¿Quién lo hubiera pensado?».

Y, ahora, estás leyendo un libro escrito por un tipo que no tenía rumbo, pero que al final, terminó completando al menos algunas cosas.

¿Por qué? Todo comenzó porque alguien creyó en mí.

¿Quién cree en ti? ¿Qué persona en tu vida ha representado, o podría representar, el papel de la Srta. Wilson o de Sande?

¿Por qué ser menos si puedes ser más?

¿Recuerdas al Sr. Peterson que no podía vender nada porque le tenía tanto temor al fracaso que ni siquiera tocaba a la puerta?

Considera esto: ni el mejor vendedor del mundo conseguirá un sí como respuesta todas las veces. Además, le darán muchos portazos en la cara mientras lo intenta. Sin embargo, ¿cómo puedes saber si eres capaz de hacer algo si no lo intentas?

Lo más probable es que hayas intentado algunas cuantas cosas para convertirte en una nueva persona. Lo has intentado...

Cómo cambió mi vida

Dr. Leman, jamás olvidaré la historia sobre su niñez que contó en un seminario en Texas. Me sentí identificada. Siempre me he sentido «más tonta que una piedra», y siempre fui la gordita de la que se burlaban todos. Entonces, traté de hacer que los demás rieran.

Más tarde, encontré trabajo como diseñadora en una compañía de historietas cómicas, así que podía hacer reír a la gente y me pagaban por hacerlo. Créase o no, me ha ido muy bien en esa carrera. Aun así, también pasé cuarenta y dos años sintiéndome mal conmigo misma y es probable que gastara miles de dólares en libros de autoayuda. Nada me ayudó... hasta que lo oí a usted. Por primera vez, me di cuenta de que había culpado a otros por la manera en que me trataban mientras crecía (mi padre era muy crítico y mi madre murió cuando yo tenía ocho años). No obstante, durante todo el tiempo, *yo he sido mi peor enemigo*. Aquel día pasé una hora llorando en el baño del centro de conferencias, pero salí con la determinación de actuar de manera diferente, de dejar de menospreciarme.

Han pasado tres meses desde que me hice esa promesa. Las cosas no han cambiado al instante (¿no sería lindo que fuera así?), pero soy una persona diferente. Mis compañeros de trabajo han notado que algo sucede, porque me defiendo más. No siento que siempre tengo que ser la persona «graciosa». (Este cliché se estaba volviendo bastante gastado). Gracias por el llamado de atención.

María, Texas

y fracasaste. Esta vez, será diferente. En solo cinco días, si sigues los principios que están en este libro, *te convertirás en una nueva persona*. ¡Eso sí que entusiasma!

Aun así, da un poquito de miedo, ¿no es cierto? Después de todo, estar atascado en una rutina suele ser más cómodo. Para realizar cualquier cambio, debes decidir que quieres hacerlo y estar dispuesto a llevar a cabo la tarea que sea necesaria para llegar allí.

¿Recuerdas al Dr. Evan O'Neil Kane, el cirujano que se realizó una

¿Quién cree en ti? ¿Qué persona en tu vida ha representado, o podría representar, el papel de la Srta. Wilson o de Sande?

> *Para realizar cualquier cambio, debes decidir que quieres hacerlo y estar dispuesto a llevar a cabo la tarea que sea necesaria para llegar allí.*

extirpación del apéndice? Bueno, de eso trata este capítulo: de mirar hacia dentro para determinar tu personalidad y lo que hace que seas «tú», y realizarte alguna pequeña operación. ¿Es posible? Sí. ¿Será difícil? Es probable. Con todo y eso, tal vez no sea tan difícil como piensas. Y te garantizo que, para el martes y el miércoles, te asombrarás al ver el progreso que has hecho. Te entenderás mejor y comprenderás por qué piensas y respondes como lo haces.

La revelación de tus secretos

El solo hecho de que hayas escogido un libro titulado *Ten un nuevo «tú» para el viernes*, me dice algunas cosas sobre ti.

Estás interesado en descubrir más sobre lo que te hace de la manera en que eres. Tal vez siempre te hayas preguntado por qué eres tan diferente de tus hermanos; después de todo, crecieron en la misma casa y tuvieron los mismos padres (o al menos, tuvieron alguno de los padres en común), pero es probable que tengan una puntuación opuesta en la escala de la personalidad. Tal vez seas la Sally de tu familia. O el Jack. O el pequeño Leman, como yo.

¿Por qué es eso?

En pocas palabras, quieres conocer la clase de personalidad que tienes, ¿es una personalidad «buena», una personalidad ganadora o destructiva?

El solo hecho de que te estés haciendo esa pregunta me muestra que tienes otro objetivo en mente: te preguntas si podrías usar este libro para *mejorar* tu personalidad. Tal vez desearías ser más extravertido, te gustaría sentirte más cómodo en situaciones sociales o tener más confianza en ti mismo. Quizá estés cansado de permitir que los demás te pasen por encima mientras haces el trabajo. Es probable que te hayan dicho que tienes una personalidad irritante o demasiado controladora.

En otras palabras, te gustaría ser alguien diferente completo.

¿Alguna vez has visto una de las transformaciones en *Oprah*, cuando un par de mujeres con el cabello lacio, ropas deprimentes y maquillaje mal aplicado vienen al plató y admiten: «Necesito un cambio. Ya no me da resultado ser como soy»? Cuarenta minutos más tarde, después de la atención esmerada de artistas del maquillaje, estilistas del cabello y expertos en ropa, estas mismas mujeres salen y parecen modelos... o, al menos, atractivas conductoras de programas de televisión. El cambio es de veras impresionante.

Bueno, estoy convencido de que las transformaciones de la personalidad son tan posibles como las de la apariencia, porque lo he visto suceder una y otra vez en la vida de personas reales.

Personas como tú.

El primer paso para cambiar la personalidad o la conducta es identificar cuál es tu verdadera personalidad (quizá pienses que lo sabes, ¡pero es posible que te sorprendas mucho!), y el porqué, como resultado, actúas de la manera en que lo haces.

El segundo paso es decidir qué aspecto (o aspectos) de esa personalidad quieres cambiar. Por ejemplo: «Me gustaría ser más extravertido». «Me gustaría tener más amigos». «No quiero ser aburrido». «Debo decir que no sin sentirme culpable».

Casi todos nosotros funcionamos de acuerdo a rutinas de la personalidad que se han forjado a lo largo de los años y no es fácil salir de esas rutinas. Como le sucedió a Bryant Gumbel.

En 1999, después de quince años de trabajar en el programa *Today* en NBC, Gumbel comenzó a trabajar como presentador en *The Early Show* de CBS. Durante quince años, Gumbel realizó incontables transiciones al pasar a los anuncios diciendo: «Esto es *Today* en NBC». Ahora, se encontraba en un nuevo programa en una nueva cadena de televisión. Es difícil hacer morir los viejos hábitos. Durante su primera semana en el aire, sucedió lo inevitable. Mientras estaba en *The Early Show*, Gumbel cayó en los viejos patrones y les dio la bienvenida a sus espectadores diciendo: «Esto es *Today* en NBC».

Se produjo un silencio incómodo, un poco de risa y el programa continuó. Steve Friedman, el productor, se mostró compasivo con el error de Gumbel. «Si dices algo cuatro o cinco veces al día, durante quince años, es difícil cambiar el patrón. Me imagino que Bryant lo dijo quince mil veces en *Today*; ahora, lo hace quince mil una»[1].

Todos tenemos estas mismas rutinas, ¿no es así? Tal vez no estemos frente a una cámara, pero nos hemos condicionado para decir y hacer cosas y para responder de ciertas maneras que se han convertido en actos reflejos sin pensarlos siquiera.

La meta de este libro es hacerte pensar fuera de la caja en la que te metiste tú mismo. Repensar todo lo que has hecho, todas las suposiciones que sostienes sobre ti mismo e incluso el libro de reglas que te rige. Sorpresa... apuesto a que algunos de ustedes ni sabían que tienen un libro de reglas, pero allí está y controla su vida. En algunos casos, arruina la vida. (Más sobre esto en el miércoles).

> *La meta de este libro es hacerte pensar fuera de la caja en la que te metiste tú mismo.*

A medida que te conviertas en un nuevo «tú», aprenderás a identificar y a construir sobre tus puntos fuertes naturales (en mi caso, ser un tipo extravertido a quien le encanta ayudar a otros a través de los dones de la inspiración, el entretenimiento y la sabiduría con sentido común), en lugar de tratar de crear una personalidad artificial (en mi caso, ser el payaso de la clase que solo podía pensar en payasadas molestas porque no podía imaginar qué otra cosa ser ni de qué otro modo dejar mi huella en el planeta). También aprenderás a analizar en detalles, y a cortar de raíz, las mentiras ocultas que crees respecto a ti mismo que te impiden alcanzar tus metas y disfrutar de las relaciones.

Perdí muchos años subestimándome, no creyendo en mí mismo, diciéndome siempre: «Mi hermano o mi hermana podrían hacerlo, pero yo no. Entonces, ¿para qué intentarlo?».

Sin embargo, fíjate en lo que puede suceder cuando decides que hoy es el día... ¡el día en que vas a comenzar el camino hacia un nuevo «tú»!

¿Quién hubiera creído hace cuarenta años que Kevin Leman podía *leer* más de treinta y cinco libros y mucho menos escribirlos? Los libros de Leman han superado muchas barreras: se imprimen en dieciocho idiomas diferentes. Cientos de miles de personas han asistido a mis seminarios y me he dirigido a millones a través de la radio y la televisión. No lo digo para jactarme, sino con absoluto asombro, ya que conozco mejor que nadie mi trasfondo y mis debilidades.

Una vez que llegas a entenderte de verdad (tu personalidad, tus puntos fuertes y tus puntos débiles, tus predisposiciones, el trasfondo de tu familia, las mentiras solapadas que crees y cuál es tu mejor manera de dar y recibir amor), no habrá nada que te retenga. Puedes escalar montañas vocacionales, romper las rutinas en una relación y forjar nuevos patrones sociales. Puedes ser el nuevo «tú» que siempre anhelaste ser.

Todo comienza por identificar tu personalidad, porque dice mucho sobre quién eres y cómo respondes a los desafíos de la vida.

Los cuatro temperamentos: ¿Cuál es más «tú»?

Es bien conocido que todos tenemos un temperamento, y los temperamentos recorren una gama que pasa por una personalidad tranquila, otra indiferente y llega a la que vive siempre en crisis.

Hace mucho tiempo que los temperamentos andan dando vueltas. A decir verdad, hace más de dos mil años, un inteligente caballero llamado Hipócrates organizó los temperamentos en cuatro categorías básicas (sanguíneo, colérico, melancólico, flemático) al conectarlas con «humores» corporales. Aquí tenemos un rápido resumen de sus pensamientos.

Los sanguíneos populares

La sangre se asociaba con la personalidad sanguínea: risa, música y una disposición apasionada[2]. Traducción Leman: Los sanguíneos son esos a los que le encanta la diversión y siempre están dispuestos a explorar, a experimentar cosas nuevas y a disfrutar el día.

Los poderosos coléricos

La bilis amarilla representaba a la persona que se enojaba con rapidez o *colérico* (que significa amarillo)[3]. Traducción Leman: Los coléricos son esos que quieren que las cosas se hagan «bien», lo que significa a su manera.

Los melancólicos perfectos

La bilis negra representaba una personalidad deprimida, *melan* significa «negro»[4]. Traducción Leman: Los melancólicos son esos que ven el césped del vecino siempre más verde, pero que no tienen el impulso para levantarse e ir a ver si es así. Son como el gato Garfield, que siempre está acostado y dice: «Debería hacer esto o aquello... No, creo que lo haré mañana».

Los flemáticos pacíficos

La flema representaba a alguien con una personalidad flemática: lenta y monótona[5]. Traducción Leman: Los flemáticos son los pacificadores que solo quieren que todos se lleven bien y no quieren irritar a nadie.

Si fuiste a la universidad, lo más probable es que hayas estudiado estos temperamentos. Sin embargo, apuesto a que a esta altura no puedes recordar cuál es cuál.

Tengo que hacer una confesión. Yo tampoco. Estudié todos estos temperamentos en la universidad (muchas veces) y obtuve un doctorado en psicología y, aun así, no puedo recordar *todavía* lo que significa cada etiqueta de los temperamentos. Supongo que se debe a que las etiquetas nunca representaron gran cosa para mí. Nunca le digo a alguien: «Ah, eres sanguíneo». Parece como si tuvieran un pie gangrenado o algo desagradable por igual, con limo verde. ¿Y el colérico? Parece como si tuvieras una enfermedad que nadie quiere pescarse. (Vaya, ¿estás seguro de que con una inyección se cura?). ¿Y quién quiere llamar a alguien «melancólico»? Me encantan las palabras, pero *melancolía* no es una palabra agradable. Prefiero llamar a alguien comunista rojo que decirle que es «melancólico». ¿Y flemático? Usa la imaginación. ¿No es el moco que el gato de tu vecino te dejó sobre tu alfombra persa?

Entonces, en su lugar prefiero mirar los tipos de personalidades de manera diferente. Por si te sirve de algo, me encantan los perros. Entonces, como soy el autor de este libro, ¿adivina? Hablaremos de perros... y si prestas atención, es probable que se parezcan a ti.

¡Yorkie todo el tiempo!

Los yorkies son adorables, ¿no es cierto? Mi cuñada Linda ha entrenado a su yorkie para que saque de su cartera las llaves del auto y se las traiga cuando está lista para dirigirse a la puerta. Los yorkies serán los primeros en saludarte ladrando como locos cuando llegas. Son el alma de la fiesta, siempre listos para la siguiente actividad. Necesitan ser parte de la acción y no soportan quedarse fuera. El cuerpecito les tiembla de entusiasmo, las orejas se animan, como si preguntaran: «¡Oye! ¿Y ahora qué sigue? ¿Yo puedo ir?».

No saben lo que es un extraño. Salen corriendo a recibir a cualquiera y entablan una conversación ladrando como si fueran los mejores amigos y se conocieran de toda la vida. Allí tenemos al Sr. y la Srta. Más Personalidad, y ellos lo saben. Pueden hacer lo que se les da la gana. Podrían venderles cubitos de hielo a los esquimales... o lograr que los lleves a dar otro paseo,

> *Tengo que hacer una confesión. Estudié todos estos temperamentos en la universidad (muchas veces) y obtuve un doctorado en psicología y, aun así, no puedo recordar todavía lo que significa cada etiqueta de los temperamentos.*

solo porque vean algo interesante por la ventana y les resulte insoportable no salir a ver qué sucede. Son tan encantadores y afables que casi siempre obtienen lo que quieren, cuando lo quieren. Además, están acostumbrados a que la vida transcurra a su modo.

A los yorkies se les llama a menudo los «populares» (por eso recuerdan al «sanguíneo popular»); son el grupo de los sociables, esos que te gusta que aparezcan en todas las fiestas. Su lema es «Hagámoslo de manera divertida», ¡y es divertido observarlos! Sus necesidades son más que todo sociales; es decir, quieren que se fijen en ellos, que los aprecien, los afirmen, los acepten y hasta los adoren.

No es difícil identificar a un yorkie. Busca a la persona que puede hablar de cualquier cosa, en cualquier situación, escucha quién es el que tiene voz más fuerte en el grupo o busca a la persona con la mayor sonrisa. Por lo general, los yorkies se sienten más cómodos en una multitud o, al menos, en un grupo pequeño. Tienen una personalidad chispeante y un optimismo casi ingenuo, un gran sentido del humor y la capacidad innata de contar buenas historias. Sobre todo, disfrutan de la gente y de la interacción social. Tienden a ser juguetones y vivaces, espontáneos y optimistas, graciosos y enérgicos. Tienen éxito en el campo de las ventas, ya que con su encanto natural pueden motivar casi a cualquiera para que compre cualquier cosa.

Sin embargo, los yorkies tienen también puntos débiles. Son tan desorganizados que se pueden pasar la mitad de la vida buscando las llaves del auto y la otra mitad disculpándose por haber faltado a una cita. No pueden recordar tu nombre (pero se ofenderían mucho si olvidas los suyos), tienen una tendencia a exagerar y no son serios en especial. Su actitud dice: «¿Qué? ¿Preocupado yo?», y significa que están más que dispuestos a permitir que los otros hagan el trabajo, y su eterno optimismo los convierte en los principales blancos para el engaño.

> *Los yorkies son el alma de la fiesta, siempre listos para la siguiente actividad.*

¿Qué deprime a los yorkies? El aburrimiento es importante. No tienen mucha tolerancia para esto. El rechazo es otro punto importante. Viven para alcanzar la aprobación y, para ser sincero, no pueden creer que alguien no los considere *adorables*. Los yorkies son, en esencia, alérgicos a presupuestar el tiempo o el dinero (llegarán cuando lleguen, y si quieren algo, es probable que lo compren aunque tengan una tremenda deuda). ¿Ese auto nuevo en el salón de exhibiciones? Será suyo en cinco minutos o menos.

Si quieres conquistar a una yorkie, es bastante sencillo. Muéstrale un interés activo, ríete de sus bromas y señálale sus características positivas. Si haces estas cosas, tendrás una amiga para toda la vida. Si le tratas bien, inspirará, motivará y entretendrá a otros; solo no esperes que sea cumplidora ni que les preste atención a los detalles.

Si quieres arruinarle el día a un yorkie, no te rías de sus bromas. En cambio, critícalo o dile algo así como: «No todos piensan que eres encantador». Verás que se derrumba.

Cuando están estresados, los yorkies tienden a abandonar la escena, a salir de compras o a buscar a alguien que los apruebe. Si no pueden hacerlo, culparán a otros por su estrés o inventarán alguna excusa para justificar por qué no terminaron el trabajo, aunque sea poco convincente.

Tengo una afinidad en particular por los yorkies. En realidad, son mis favoritos. Esta simple afirmación debería darte la clave para saber que soy, por supuesto, un yorkie. ¿Cómo se desarrolla esta personalidad? Te lo mostraré.

Cuando Sande y yo éramos recién casados, el dinero era escaso de verdad en la casa de los Leman. Un día, caminaba por un centro comercial donde había ido a comprar calcetines y ropa interior, cuando divisé algo en el escaparate de una joyería. Este artículo me hizo detener en seco. Era tan increíble que di marcha atrás y por poco me tuerzo el cuello solo para darle una segunda mirada.

Pensé: ¡*Santo cielo!* Allí, bajo la alta intensidad de una lámpara, destellaba la pieza más maravillosa que hubiera visto jamás. Era increíble. Decir que aquello era un *reloj* era un juicio demasiado modesto. Era prácticamente la llave de la satisfacción, al menos para mí. Sus cuarenta y ocho diamantes alrededor de la esfera gritaban: «¡Pertenezco a alguien importante!».

De inmediato, comencé a hablar conmigo mismo. *Nunca he visto un reloj así en toda mi vida.*

La empleada (que de seguro no era tonta como una piedra como yo) vio su oportunidad y se dirigió hacia mí con rapidez para preguntarme si quería probármelo.

—¿Es legal? —le pregunté.

Se rió.

—Veamos, vamos a probárselo.

—Vaya, es pesado —dije—. ¿Es de oro?

—Por supuesto. Es de veinticuatro kilates.

Antes de que pudiera preguntar «¿Cuánto cuesta?», prosiguió:

—Y está en oferta.

¡*Santo cielo!* ¡*Está en oferta!* Por lo general, costaba cuatro mil no-

> *Cuando están estresados, los yorkies tienden a abandonar la escena, a salir de compras o a buscar a alguien que los apruebe.*

vecientos noventa y cinco dólares y ahora lo dejaban solo por tres mil ochocientos. Sin pensar que el reloj representaba más de cuatro meses de ingresos, de inmediato saqué mi American Express y me llevé el reloj a casa.

> *Veía algo, lo quería y lo compraba. Así es el yorkie.*

Quizá algunos de ustedes se sorprendan cuando les diga que al principio no sentía remordimiento. Por el contrario, cuando me detenía frente a un semáforo, no podía dejar de frotarme la oreja con la mano izquierda para que todos pudieran ver lo importante que era, ¡el reloj era la prueba! La luz que despedía este engaño saltaba como grillos en el césped de verano.

Sin embargo, cuando me encontraba a menos de un kilómetro de casa, la realidad me asestó un golpe. Mi esposa, la Sra. Exigente (fíjate si puedes imaginar qué tipo de personalidad tiene), me estaría esperando.

Sucedió al segundo después de traspasar la puerta. Sande echó una mirada a mi brazo y dijo:

—¿Te compraste eso?

—Sí. ¿No es fantástico?

—¡Es el reloj más ostentoso que haya visto jamás! ¿Cuánto te costó?

—Fue bastante caro, pero me gusta —le dije para defender mi compra.

¿Vas comprendiendo la personalidad yorkie? En ese entonces, sabía que no teníamos ni cerca de tres mil ochocientos dólares para gastar en un reloj, en especial cuando hubiera podido comprar uno utilizable por el uno por ciento (o menos) de ese importe. Sin embargo, sacar a toda velocidad la tarjeta no me hacía sentir culpable. Veía algo, lo quería y lo compraba.

Así es el yorkie: hacen algo con espontaneidad, se tiran de cabeza y preguntan después.

¡A los tres días, el estúpido reloj de cuatro mil dólares dejó de funcionar! Me sentí un poco más que molesto. Si pagas tres mil ochocientos dólares por un reloj, esperas que dure más de setenta y dos horas, ¿no es cierto? Regresé a la tienda, pero no estaba la señorita que me lo vendió.

—Vea —le dije al nuevo muchacho que estaba detrás del mostrador—, el reloj no anda, ¡y solo hace tres días que lo compré!

—Déjeme verlo —dijo—. Ah, ya sé cuál es el problema.

—¿Cuál es?

—No le dio cuerda.

—¿Quiere decir que tengo que darle cuerda a esta cosa estúpida?

—Sí, señor.

Una tarea diaria, incluso algo tan insignificante como darle cuerda a un reloj, suele ser más de lo que puede resistir un yorkie.

Hasta el día de hoy tengo el reloj y lo llevo puesto a todas partes donde voy. (Y sí, aprendí a darle cuerda). Pídeme que te lo muestre si vienes a uno de mis seminarios. Aunque ahora concuerdo con Sande en que es un poquito ostentoso, me sirve como recordatorio de lo fácil que es obsesionarse con las cosas. Alguien como la Sra. Exigente reservaría el reloj (por supuesto, ¡un reloj muy diferente!) para ocasiones muy especiales. El Dr. Leman, el yorkie, lo usa todo el tiempo, y lo muestra. Le quedan pocos diamantes, con algunas mellas.

Al hacerme más viejo, he aprendido que llamativo no siempre significa bueno. Sande me ha ayudado en este aspecto, pero todavía llevo las marcas de ser un yorkie. No puedo decirte cuántas veces he comprado un auto usado sin siquiera llegar a ponerlo en marcha. Si tenía buen aspecto, era mío. Así es el yorkie.

Si eres un yorkie, te encanta ser el centro de atención. Eres afectuoso, haces amigos con facilidad y disfrutas de las actividades sociales. Eres imaginativo, creativo, vivaracho, alegre y generoso. Tienes las emociones a flor de piel, pero perdonas y olvidas con rapidez. Te encanta promover nuevas ideas en el trabajo, así que eres un vendedor nato. Sin embargo, puedes tener problemas con la constancia en las tareas; hacer algo nuevo puede ser emocionante, pero las tareas rutinarias se tornan aburridas en seguida y la tendencia es a perder interés en esa actividad que ya no implica diversión. También puedes tener luchas con llegar siempre tarde y con la tendencia a olvidar.

Sentar a un yorkie en una cabina de peaje en una carretera interestatal es lo más cercano al infierno que existe.

¿Eres un yorkie?

Los pros

- popular, sociable
- quiere llamar la atención, que lo aprecien, lo adoren
- cómico
- cuenta buenas historias
- personalidad alegre y chispeante
- actúa con espontaneidad
- optimismo ingenuo

Los contras

- desorganizado
- deja que otros hagan el trabajo
- se aburre con facilidad
- no puede presupuestar el tiempo ni el dinero
- presta poca atención a los detalles
- no soporta la crítica
- si ven algo, lo compran

Con razón el gran danés es grande

Si pones a un yorkie junto a un gran danés, verás por qué al gran danés lo consideran grande. Todos respetan al gran danés. Es más, lo primero que dices cuando ves a un gran danés es: «¡Santo cielo! ¡Mira ese perro!». El gran danés capta la atención de la gente. Son los líderes de la manada en muchos sentidos. Tienen cierta presencia y estatura en el reino canino. Son los jefes de su territorio (y actúan como tales también). No suele suceder que otros perros intenten meterse en problemas con ellos (y quienes lo intentan, se arrepienten de verdad por haberlo hecho). Con un solo gruñido de esta inmensa bestia, el perrito pequeño se escabulle aullando para esconderse en alguna parte. ¿Y quién puede culparlo? Puedes estar seguro de que no me gustaría que una bestia del tamaño de un gran danés me persiguiera corriendo por un callejón sin salida.

Cómo cambió mi vida

Mi hermano y yo no nos llevamos bien. Nunca pudimos hacerlo, ni siquiera cuando éramos niños. Es dos años menor que yo... y la familia metió la pata. Todo comenzó cuando lo pescaron fumando un cigarrillo de mariguana detrás de la tienda de licores del vecindario cuando tenía trece años. Diez años después, va de trabajo en trabajo (lo que a mis padres los vuelve locos). Siempre he sido ingeniero y he estado orientado a las metas. Hace tres años que estoy en la misma compañía.

Nunca tomé en serio a Jack cuando solía echarme en cara cada vez que estaba molesto: «Ah sí, el Sr. Perfecto, ese es mi hermano». Sin embargo, tal vez se sienta así de verdad. Después que lo escuché hablar a usted en la radio sobre cómo nos convertimos en lo que somos, lo llamé anoche por primera vez en un año, solo para ver cómo le iba. No sé si me devolverá la llamada (nos hemos pasado por alto el uno al otro desde la última Navidad), pero sé que es lo adecuado... y que es un paso en la dirección apropiada.

Joe, Colorado

El gran danés (el «colérico poderoso») come, duerme y bebe poder y control. Mientras que el yorkie dice: «Hagámoslo de manera divertida», el mantra del gran danés es: «Hagámoslo a *mi* manera». Su menú emocional favorito es la obediencia (hacia ellos, por supuesto), el reconocimiento de sus logros y el respeto por su capacidad. Si le sirves estos platos a un gran danés a diario, tendrás un gran aliado. Si no se los das, tendrás un adversario feroz.

El gran danés viene bien cuando necesitas a alguien que se haga cargo y que emita juicios rápidos (casi siempre adecuados). Tienen una alta confianza en sí mismos y jamás en su vida han temido herirle los sentimientos de la gente, así que tienden a ser decisivos, firmes y autoritarios. No podrías pedir alguien mejor para el puesto de comandante militar o entrenador de fútbol. Son aventureros, persuasivos, tenaces, competitivos, directos, desafiantes, confiados e independientes.

> *Es más, lo primero que dices cuando ves a un gran danés es: «¡Santo cielo! ¡Mira ese perro!».*

En el aspecto negativo, el gran danés puede volverse un poquito mandón, dominante, insensible e impaciente. Esperan una conformidad inmediata y entusiasta, y si se cuestionan sus juicios, pueden tomárselo muy a pecho. Aunque parece que no tienen temores, si rozas un poquito la superficie, pronto descubrirás que le temen mucho a la pérdida del control. Hasta el simple pensamiento de un motín puede empaparlo de sudor. Perder un ascenso (o lo que es peor, que los echen de un trabajo), enfrentarse a una enfermedad seria, criar a un hijo rebelde, son las pesadillas del gran danés orientado al control.

El gran danés tiende a ser poco compasivo, poco afectuoso, cabeza dura, orgulloso, intolerante, de mal genio y demasiado dedicado al trabajo. Se llevan mejor con personas sumisas y que dan apoyo de manera complaciente, que ven las cosas como las ven ellos y que cuando les piden que salten, responden con rapidez: «¿Desde dónde?». Si de verdad quieres ponerte del buen lado del gran danés,

> *El mantra del gran danés es: «Hagámoslo a mi manera».*

déjale tener el mérito por algo que hiciste tú. Coopera con sus sugerencias y esfuérzate por hacer que se vea bien.

Lo contrario convertirá pronto al gran danés en un enemigo acérrimo. Si les robas el centro de la atención, actúas como un rebelde pleitista, cuestionas sus opiniones, eludes su autoridad o actúas de forma independiente, ¡verás cómo les sale humo por las orejas!

El gran danés hace que el mundo se mueva y mejore. La mayoría de las veces, tienen razón y hacen más en diez años de lo que la mayoría de los yorkies lograría en toda una vida. Podrían tener mejores resultados aun si pudieran aprender a delegar más y a ser un poco más pacientes, pero el verdadero gran danés tendrá que aprender a ser más sensible y menos controlador; de seguro que estas cualidades no surgirán solas de ningún modo.

Si eres un gran danés, por instinto responderás al estrés volviéndote más controlador. Te obligarás a trabajar más horas, convencido de que puedes resolver cualquier problema con tan solo un mayor esfuerzo. Tu nivel de tolerancia para los negocios es tal que no derramarás muchas lágrimas al librarte de algún empleado problemático. Eres un hacedor. Tienes mucha ambición, energía y pasión, y tratas de inculcárselas a otros (ya sea que esos otros lo quieran o no). Eres competente en extremo, así que piensas que los demás debieran serlo. Por lo general, no puedes encontrar a nadie que haga bien una tarea, por eso la realizas tú mismo. Tienes una confianza en ti mismo suprema, te gusta tener el control y te sientes más cómodo tomando decisiones rápidas. Con todo y eso, si no tienes cuidado, puedes dominar a la gente con otros temperamentos.

¿Eres un gran danés?

Los pros

- toma el control
- emite juicios rápidos (casi siempre adecuados)

- elevada confianza en sí mismo
- atrevido, aventurero
- competitivo
- persuasivo, obstinado, extravertido
- independiente

Los contras

- necesita tener el control («a mi manera o a la calle») y espera que los demás cumplan de inmediato
- necesita que le obedezcan
- necesita que le aprecien y respeten
- insensible (hiere a menudo los sentimientos de otros) e impaciente
- mandón y dominante
- teme perder el control
- poca comprensión, poco afecto
- obstinado, orgulloso, intolerante, de mal genio
- dedicado en exceso al trabajo

El caniche estándar: Sobresale por encima de los demás

Cuando Sande y yo nos casamos, no teníamos dos centavos en el bolsillo. Sin embargo, teníamos una mascota a la que adorábamos. Un día, Sande vio un cartel en un parque cercano sobre un *show* de mascotas. Entonces, como éramos jóvenes y más tontos que una piedra, pensamos: *Vaya, nuestra mascota es encantadora. ¿Por qué no anotarla para el concurso?* Hacia el parque nos fuimos y nos paramos en una larga cola de perros y humanos. Cuando por fin llegamos al frente, una dama con porte muy estirado nos preguntó de una manera bastante arrogante:

—¿De qué raza es su perro?

Sande y yo nos sonreímos el uno al otro.

—En realidad, no lo sabemos. Suponemos que es un cruce. Sin embargo, es lindo de verdad, ¿no es cierto? —le dijo Sande.

> *Mientras que el yorkie dice: «Hagámoslo de manera divertida» y el gran danés dice: «Hagámoslo a mi manera», el caniche estándar dice: «Hagámoslo de la manera adecuada».*

—Bueno, debo informarles que este concurso es *solo* para las mascotas registradas en el AKC [*American Kennel Club*] —respondió irritada la dama al levantarse de una manera muy aristocrática.

Fuimos lo bastante listos como para recibir el mensaje.

—Muy bien —dije—. Disfrute de su concurso. Nosotros nos vamos.

Le di un tironcito al codo de mi sorprendida esposa y nos fuimos con nuestro precioso perro mestizo detrás de nosotros.

Esta dama tenía una personalidad tan de caniche estándar que me sorprendió que no levantara la pata sobre nosotros... Aunque en realidad, me imagino que eso sería contrario a su género, ¿no es así?

Siempre pienso que el caniche estándar sobresale del resto de nosotros. Hablan de manera muy majestuosa. También tienen un cierto modo de andar (casi como si fuera obligación llevar un quitasol de seda en la pata). Sus pequeñas perreras tienen aire acondicionado, están alfombradas y cubiertas con las cintas azules que ganaron en los concursos. Tienen estilo y son intimidantes. Sin lugar a dudas, no los pescarás en compañía de un perro mestizo. Los caniches estándar no son mi clase de perro (así que pienso que esto también te dice algo sobre mí).

Por lo tanto, ¿cómo se relaciona el caniche estándar con los seres humanos? Déjame contarte una historia.

No soy muy entendido a la hora de armar cosas con herramientas; así que imagina mi consternación cuando después de comprar una casa de muñecas «fácil de armar» para una de nuestras hijas, cayeron de la caja alrededor de 1.385.432 piezas.

Los ojos de Sande se agrandaron (sabe muy bien que cualquier cosa que tenga más de cinco partes me deja fuera de combate), y me dijo lo que pensaba: «Será mejor que le hagas una visita a Roger».

Roger es un perfecto caniche estándar. Mientras que el yorkie dice: «Hagámoslo de manera divertida» y el gran danés dice: «Hagámoslo a mi manera», el caniche estándar dice: «Hagámoslo de la manera adecuada».

No puedo decirte la cantidad de veces que Roger me detuvo cuando estaba a punto de hacer algo, para decirme: «Ahora bien, si realmente queremos hacer esto bien...».

El caniche estándar (conocido también como «melancólico perfecto») gasta mucha energía emocional para que algo se haga de forma correcta. Está muy apegado emocionalmente a la estabilidad y su necesidad de hacer las cosas bien suele traducirse en una necesidad de paz, silencio y sensibilidad. Mientras que el gran danés se ocupa de que algo se haga, los caniches estándar piensan en cómo *debe* hacerse. Son los filósofos entre nosotros que disfrutan de un análisis profundo, viven de acuerdo a normas e ideales altos, tienen la habilidad para establecer metas a largo plazo y tienden a ser muy organizados. El caniche estándar suele ser respetuoso, sensible, planea bien las cosas, es ordenado, fiel, culto, idealista, reflexivo y leal... una combinación nada mala.

¿Cuáles son sus puntos débiles? ¡Son perfeccionistas! Eso es... le dedican demasiado tiempo a los preparativos y a preocuparse por no meter la pata. La casi obsesión que tienen por los detalles y el proceso implica que pueden deprimirse con facilidad, sentirse agobiados por lo negativo y sospechar de los demás.

Si no se alcanzan sus altas normas o si nadie parece preocuparse por ellos (lo cual es igual de doloroso), a un caniche estándar hasta le cuesta levantarse de la cama. Pueden tener pesadillas en las que cometen un error y se sienten muy afectados cuando creen que los están obligando a comprometer sus normas o a rebajar sus ideales. Para empezar, son inseguros y tienden a ser más bien resentidos y poco perdonadores. Además, su naturaleza tan analítica hace que sea difícil complacerlos, que sean

> *El caniche estándar suele ser respetuoso, sensible, planea bien las cosas, es ordenado, fiel, culto, idealista, reflexivo y leal... una combinación nada mala. ¿Cuáles son sus puntos débiles? ¡Son perfeccionistas!*

pesimistas, negativos, depresivos y escépticos.

Suelen ser personas solitarias. Sospechan de los demás, y cuando los enojan, pueden volverse vengativos empedernidos.

Al caniche estándar les encanta andar con la multitud seria. Buscan a las personas que disfrutan de discusiones profundas y no son muy pacientes con las personalidades de payasos. Si consideran que alguien es intelectualmente superficial o desorganizado, o solo imprevisible, el caniche estándar corre en la dirección opuesta... o se casa con esa persona. (Sí, leíste bien). Son famosos por elegir a un cónyuge yorkie popular, con la esperanza de aprovecharse de las habilidades sociales del yorkie, y después dan media vuelta y de inmediato tratan de hacer entrar a su yorkie en un esquema disciplinado.

¡Que ni lo esperen!

Si eres un caniche estándar, te destacas por los buenos modales y la evidente atención a los detalles, incluyendo tu arreglo personal. A menudo eres perfeccionista, muy particular respecto a lo que quieres y a cómo lo quieres. Por eso sueles estar insatisfecho con tu trabajo y siempre te señalas lo que podrías y deberías mejorar. Tienes mucha creatividad y eres muy sensible, y por esto, tienes que pagar un precio. Eres amable y considerado con los demás, pero muy duro contigo mismo. Con gran facilidad, puedes sentirte agobiado y deprimido por las cosas tristes o trágicas de la vida. El caniche estándar suele ser solitario, optando por quedarse solo para reflexionar en lugar de unirse a un grupo.

¿Eres un caniche estándar?

Los pros

• hace las cosas «como es debido»
• muy analítico
• vive según normas e ideales altos
• habilidad para establecer metas a largo plazo
• muy organizado y ordenado
• respetuoso de los demás, sensible, considerado, fiel, leal
• le encantan las discusiones profundas

Los contras

• obsesivo (las cosas deben hacerse bien)
• necesita estabilidad
• necesita silencio, espacio y sensibilidad
• teme verse obligado a comprometer sus normas o rebajar sus ideales
• inseguro
• poco perdonador, resentido
• pesimista, pensativo

El setter irlandés: Leal hasta el fin

Cuando era niño, tenía un setter irlandés llamado Prince. El perro era el compañero más leal del mundo. Me acompañaba hasta la escuela por la mañana y me estaba esperando en el mismo lugar cuando salía por la tarde. ¡Ese perro se quedaba allí sentado todo el día esperándome!

Yo era un niño creativo (en realidad, esto es un eufemismo; algunos me llamaban pequeño malcriado). En el álbum de fotos de la familia Leman hay una foto de Prince con un calzoncillo mío (invertido, de modo que la cola le saliera por la bragueta) y una camiseta (con las patas que le salían por las sisas), además de un cigarrillo en la boca. ¿Por qué un niño de ocho años le haría eso a su perro? No tengo idea.

¿Y Prince? Jamás pestañeó. Puedo imaginar lo que pensaba: *Si mi amo quiere quedar en ridículo, yo estoy dispuesto. Al fin y al cabo, de vez en cuando me arroja un bizcocho para perros... si es que no se lo come él.*

Cómo cambió mi vida

Bette, mi compañera de trabajo, me ha vuelto loca desde el primer día. Su segundo nombre es Obsesión. Si sugieres que haga algo de manera diferente a la norma, frunce el ceño y dice: «Bueno, eso no sería lo apropiado». Trabajo en los mismos proyectos, pero algunas veces me gusta la variedad en la manera en que lo hacemos o, de lo contrario, me aburro.

Cuando usted le habló a nuestra empresa sobre por qué la gente es como es, no pude menos que pensar en Bette. Al comprender cómo es ella y por qué yo soy como soy, me ha resultado más fácil soportarla durante las dos últimas semanas. Nunca me había dado cuenta de que quizá su necesidad de controlarlo todo se deba a que es insegura y a que teme equivocarse, y eso me ayuda a no tomarme a pecho su rigidez.

Bette no ha cambiado (tal vez algún día tenga las agallas para explicarle por qué es como es, ¿no cree?), pero es evidente que el ambiente de la oficina es mucho menos tenso, al menos para mí, porque he aprendido a trabajar con ella sin provocarla.

De todos modos, ¿quién necesita más estrés en el trabajo?

Angie, Carolina del Norte

Posdata: ¿Piensa que alguna vez podría venir a nuestra oficina de datos y hablarnos a todos? Si es posible, ¡me aseguraré de que Bette esté invitada!

Y Prince estaría bien. Es verdad que algunas veces me comía los bizcochos para perros. (Aunque solo los de la marca *Milk-Bone*. Ningún otro sabía bien... aun cuando me los comiera para hacer payasadas). Traté de dejar este hábito al casarme.

Cuando pienso en el setter irlandés, pienso en los perros grandiosos para una familia. Son pacientes; se llevan bien con los niños. Si tienes un niño de tres años que le gusta tirarle las orejas al perro, el setter irlandés es el que tiene menos posibilidades de tratar de morder al pequeño. Son leales hasta la médula... e increíblemente tolerantes. Son equilibrados, leales y firmes. No piden mucho en la vida, y les encanta complacer a otros. Lo único que quieren es un bizcocho para perros de vez en cuando.

Además, tampoco causarán una gran conmoción. Puede explotarles cerca una bomba y la respuesta será: «¿Oíste algo?». Algunas veces, es difícil lograr que el setter irlandés responda, porque es tan... tranquilo. No le gusta que nada lo desestabilice.

«¿No podemos llevarnos bien todos?» Esa es la canción del setter irlandés (también conocido como el «flemático pacífico»), que sugiere: «Hagámoslo de la manera más fácil».

El setter irlandés evita el conflicto como el niño pequeño huye de la hora de irse a la cama. Dedica una generosa porción de su vida a mantener la paz y a evitar los conflictos, aunque suelen ser muy buenos para resolver problemas de manera objetiva. Tienden a tener una personalidad equilibrada y complaciente, así como una disposición apacible (siempre están «bien»). Son maravillosamente adaptables, pacientes, serviciales y amistosos, sin hablar de lo buenos que son escuchando (no podrías tener un vecino mejor). Tienden a ser sumisos y parecen tener el don de estar satisfechos. Por lo general, el setter irlandés es tolerante y diplomático, y hace lo imposible por ser inofensivo.

Sus debilidades derivan de su lado tranquilo: falta de entusiasmo y energía, y algunas veces, la incapacidad crónica para tomar una decisión. No quieren desilusionar a nadie. Aunque es una influencia tranquilizante para quienes lo rodean (el setter irlandés nunca se apasiona demasiado, incluso en medio de

> *El setter irlandés evita el conflicto como el niño pequeño huye de la hora de irse a la cama. Dedica una generosa porción de su vida a mantener la paz y a evitar los conflictos.*

una crisis), no le haría daño tener un poco más de motivación propia y mejorar un poco en cuanto al establecimiento de metas. Su indecisión puede ser irritante y algunos se inclinan decididamente a preocuparse por cualquier cosa. Su discurso entre dientes y su enfoque pausado de la vida puede rayar en la pereza y en la indeterminación.

Si eres un setter irlandés, casi siempre estarás satisfecho y serás amable. Como individuo calmado, tranquilo y sereno, no es probable que tomes decisiones impulsivas. A menudo eres popular porque casi nunca eres ofensivo. Tienes un agudo sentido de lo apropiado y procuras adaptarte bien. Eres coherente, relajado, racional, curioso y observador. Eso quiere decir que eres un buen administrador y un maravilloso diplomático. También es probable que tengas muchos amigos, porque eres confiable y compasivo. Permaneces constante hasta el final de cualquier proyecto. Lealtad es tu segundo nombre... aun cuando te lleve algún tiempo terminar el proyecto. Sin embargo, tu personalidad tímida algunas veces también puede hacerte pasar por perezoso o resistente al cambio.

¿Eres un setter irlandés?

Los pros

- mantiene la paz (una influencia tranquilizadora)
- puede resolver problemas con objetividad
- tiene una personalidad equilibrada y agradable
- paciente, atento y amistoso

- leal, sabe escuchar
- satisfecho, adaptable
- tolerante y diplomático
- no toma decisiones impulsivas
- persevera hasta el final de un proyecto (aun si lleva mucho tiempo completarlo)

Los contras

- evita el conflicto
- falta de entusiasmo y energía
- a veces no puede tomar decisiones porque no quiere desilusionar a nadie
- necesita automotivación
- indeciso respecto a establecer metas
- enfoque lento de la vida (se considera perezoso, sin metas)

El papel de empapelar, matará

¿Los distintos tipos de personalidad pueden explicarte *cómo* llegaste a ser quién eres? No, pero es un buen comienzo porque te describe tal como eres ahora, en qué te has convertido.

Uno de los ejemplos más contundentes que haya visto respecto a los distintos tipos de personalidad tuvo lugar hace casi cuatro décadas cuando mi esposa accedió a empapelar la cocina de mi madre. Aparecieron dos amigos de mi padre, ambos, coroneles retirados de las Fuerzas Armadas. A las claras, uno era un caniche estándar y el otro un gran danés. Al ser militares, decidieron entrar en acción y ayudar a mi esposa con el empapelado. Debo admitir que el yorkie en mí se rió y pensó: *Esto puede ser divertido.*

Debes entender que me casé con el clon de Martha Stewart. Si Martha alguna vez se tomara vacaciones, Sande podría ocupar su lugar y es probable también que aumentara el por ciento de televidentes. Lo último que Sande necesitaba para empapelar esa cocina era consejo, pero estaba a punto de recibir más que suficiente.

Mientras llovían sugerencias tras sugerencias, pude ver cómo la temperatura de Sande comenzaba a elevarse. El coronel melancólico quería que esta tarea se realizara bien. El gran danés era inflexible y quería que las cosas se hicieran a su manera, y en pocos segundos, comenzaron a levantarse la voz el uno al otro.

—Muy bien, Sande —dijo el caniche—, asegúrate de que la plomada caiga derecha. De otro modo, todo saldrá mal.

—Parece que supieras de qué hablas —dije—. ¿Alguna vez has empapelado?

—No podría empapelar ni la casa de un perro —interrumpió el gran danés—. ¡No ha empapelado ni un centímetro cuadrado!

—¡Tú tampoco lo has hecho! —dijo el caniche en su defensa.

Esto era demasiado bueno: ninguno de los dos tenía experiencia alguna en empapelar, pero a ambos les parecía que Sande no podría hacer el trabajo sin su ayuda.

Ni cerca de sentirse desanimado, el caniche acometió con su método preferido.

—La mejor manera de hacerlo es poner un peso en el extremo de la línea, allí —dijo—. Una vez que la cuerda está tirante, ya tienes tu plomada.

—¿No podrías ser más torpe? —dijo el gran danés—. Solo con que deje la línea allí, se moverá cada vez que la toque. Debería trazar una línea con tiza y pegar la cuerda a la pared, así no tendrá que preocuparse por moverla.

No estoy seguro de cuántas plomadas había preparado Sande; supongo que más de una docena, y ninguna de ellas le llevó más de cinco minutos. Sin embargo, gracias a estos dos señores, le llevó más de una hora y media poner la plomada en la pared.

Todo se convirtió en una batalla entre hacerlo «de la manera apropiada» y hacerlo «a mi manera». Ambos coroneles tenían opiniones fuertes respecto a dónde debía comenzar Sande a pegar el papel.

Los dos fueron mucho más enfáticos respecto a cómo empapelar las esquinas, cómo empapelar sobre los interruptores de la luz y sobre la mejor manera de alinear el papel en el borde con el cielo raso. Y cuando Sande llegó a un conducto del aire acondicionado... ¡válgame!, hubieras pensado que el futuro de la democracia estaba en riesgo por la forma en que estos hombres argumentaban sus opiniones.

No pude menos que reír entre dientes cuando mi madre, la clásica setter irlandesa, entró en escena. Se notaba a las claras que estaba incómoda con toda la discusión, y como setter irlandés, estaba segura de que era por su culpa; al fin y al cabo, todos discutían por su cocina, así que echó mano de su viejo recurso. Desde el punto de vista de mi madre, si había un problema, cocinando se podía superar.

—Caballeros, ¿puedo traerles algunas galletas y café? —ofreció.

Hubiera sido lo mismo si aterrizaba en las playas de Normandía en el Día D y ofrecía té y galletas. La miraron como si fuera de otro planeta.

¿Galletas? ¿Café?, parecía que pensaban. *¿Está loca? ¡Aquí estamos en medio de una guerra!*

A decir verdad, mi madre debió quedarse fuera de la cocina. Al quedarse, el Sr. Caniche Estándar y el Coronel Gran Danés la enrolaron en su guerra.

—¿Qué piensa de esta esquina, May? —preguntó el Coronel Gran Danés.

—Está bien —dijo mamá.

—¿*Bien*? —casi grita el Sr. Caniche Estándar—. ¿Piensa que esto está *bien*? Mire este bulto aquí. ¿Lo ve? ¿Ve cuál es el problema?

—Ah, sí —dijo mamá, sin la más absoluta sospecha—, tiene razón.

—Claro que no tiene razón —interrumpió el Coronel Gran Danés. Entonces, dedicó cinco minutos para explicar su punto de vista.

> **Las mentiras que te dices**
>
> Lo haces a *mi manera* o te vas de aquí. Solo hay *una manera* de hacer las cosas. Solo hay una manera de hacer *bien* las cosas.

—Sí, sí, ahora lo veo —dijo mamá y entonces, el Sr. Caniche Estándar volvió al ataque.

Cuando Sande comenzó a remojar el papel en un cubo de agua para desdoblarlo después y ponerlo en la pared, casi me muero de la risa. Este es un proceso complicado que debe hacerse bastante rápido. Sande es competente, pero no es perfeccionista. Lo único que quería era poner el papel sobre la pared, mientras que los dos coroneles tenían sus propias agendas e intentaban dirigir cada uno de sus movimientos. Esto demoró a Sande e hizo su tarea mucho más difícil.

Debo confesar que el yorkie en mí no pudo evitar azuzar un poquito a los dos coroneles.

—Ken, deberías escucharlo un poco más a él —le dije una vez—. Parece que sabe lo que está haciendo.

Por supuesto, yo sabía que esto haría que Ken, el caniche estándar, se pusiera furioso y defendiera su causa aun más, pero la tarea de un yorkie es hacer que las cosas sean divertidas.

Si estuvieras en una situación así, ¿qué papel representarías? ¿Serías como yo? ¿Azuzarías a la gente y tratarías de pasarla bien? ¿Serías el caniche estándar, preocupado por la manera adecuada de pegar el papel? ¿Serías como el poderoso gran danés que quiere las cosas hechas a su manera? ¿O serías como mi mamá que trataba de mantener la paz mientras la gente iba a la guerra?

Cuando trates de recordar las personalidades, trae a la memoria esta historia: el Sr. Caniche Estándar estaba decidido a que las cosas se hicieran *bien*; el Sr. Gran Danés estaba determinado a que se hicieran a *su* modo; mi madre, la Sra. Setter Irlandés, insistía en que todos se llevaran bien; y yo, el Sr. Yorkie, quería pasarla muy bien.

Al final, sucedió lo inevitable: los dos coroneles se quedaron sin palos para golpearse y uno de ellos salió como una tromba de la casa, enfadado. Sande suspiró con merecido alivio hasta que el Sr. Caniche Estándar rompió el silencio:

—Ahora que se fue, ¡podemos hacer que esto quede bien hecho!

Pienso que a esta altura, debes tener una buena idea de cómo funciona.

Tal vez, alguno diga: «Esto tiene mucho sentido, Leman. Sin embargo, ¿qué sucede si no encajas en ningún molde en particular?».

Cada uno es único

Mientras leías los cuatro tipos de personalidades, quizá estuvieras pensando: *Esto me parece muy conocido, pero aquello también me resulta un poco conocido.* Y ahora estás confundido. ¿Qué tipo de personalidad tienes con exactitud?

Lo cierto es que sería muy extraño que una persona sea cien por cien yorkie, cien por cien gran danés, cien por cien caniche estándar o cien por cien setter irlandés. Casi todos nosotros somos mezclas exclusivas, y esa exclusividad proviene de nuestras personalidades que se van filtrando a través de las experiencias que nos moldean.

Es muy probable que tu personalidad abarque un par de estas razas de perros. Por ejemplo, en el trabajo, puedes ser un caniche estándar y sobresalir del resto. Sin embargo, cuando llegas a casa eres un yorkie que no puede encontrar los zapatos si no lo ayudan. (¿Eso hace que te acuerdes un poquito de tu

> *Hubiera sido lo mismo si aterrizaba en las playas de Normandía en el Día D y ofrecía té y galletas. La miraron como si fuera de otro planeta. ¿Galletas? ¿Café?, parecía que pensaban. ¿Está loca? ¡Aquí estamos en medio de una guerra!*

Qué hacer el lunes

1. Decide que quieres realizar un cambio.
2. Identifica tu tipo de personalidad.
   - Yorkie
   - Gran danés
   - Caniche estándar
   - Setter irlandés
3. Haz una lista de los rasgos de personalidad que te gustaría cambiar.

hermano menor, a quien le llevó nueve años terminar la universidad, pero que después se convirtió en el mejor arquitecto de su compañía en solo dos años?).

¿Cuáles características de las personalidades ves en ti? ¿Qué mezclas únicas de tipos de personalidades podrías tener?

Ningún tipo de personalidad es «mejor» que otro. Solo son diferentes. Y las diferencias son las que hacen girar al mundo de maneras exasperantes, graciosas y memorables.

Sin embargo, ¿por qué será que dentro de una familia que vive bajo el mismo techo existen tantos tipos de personalidades diferentes? ¿La personalidad no debería estar al menos un poco estampada en nuestros genes?

Además, ¿por qué será que los yorkies suelen ser los bebés de la familia? ¿El gran danés a menudo es el primogénito de la familia? ¿Los caniches son muchas veces hijos únicos? ¿El setter irlandés es casi siempre el hijo del medio?

En el siguiente capítulo analizaremos estas preguntas y más.

Martes

¡Tal vez pertenezcas al zoológico!

Cuando llegaste a tu familia, cambiaste por completo su dinámica... mucho más de lo que piensas.

Algunas veces, mi lado espontáneo puede meterme en problemas. Tomemos, por ejemplo, el día en que dije en una entrevista por la televisión nacional:

—Como el bebé, pienso que es extraño que mi esposa, primogénita, piense que las cosas deberían estar por escrito como si fueran cheques. Me conformo con que el banco me diga todos los meses lo que tengo en lugar de tomarme todo el trabajo de descubrir algún centavo que falte.

—Espere un segundo —me detuvo la presentadora—. Usted se llama a sí mismo "bebé" y a su esposa "primogénita". ¿A qué se refiere cuando dice "bebé"?

—Bueno —expliqué, mientras entraba en calor en mi tema favorito—, soy el menor de la familia.

—¿Sabe? Usted me *recuerda* a mi hermano menor —me dijo la presentadora.

A juzgar por su expresión, me di cuenta de que el comentario no era justo un elogio.

También pude darme cuenta de que esta conversación tomaría un giro inconveniente. Siempre sucede cuando se menciona el orden de nacimiento. Entonces, como quería divertirme un poco (de paso, rasgo del último «bebé» de la familia), le eché una miradita a las dos hojas de preguntas escritas de forma meticulosa que tenía la presentadora. Pude ver: «Primera pregunta», «Segunda pregunta», etc. Era claro que había levantado una pared bien alta para evitar que cualquier vestigio de espontaneidad se filtrara en la entrevista. Ahora no me quedaba ninguna duda; sabía que estaba tratando con una primogénita.

Esto tiene que ser divertido, me dije. Luego, me incliné hacia delante, le saqué las notas de las manos, las estrujé y las arrojé por encima de mi hombro izquierdo.

—No necesita esas notas —le dije—. Solo hablemos entre nosotros.

La mujer estaba horrorizada. Se llevó las manos a la cara, y parecía como si acabara de ver a un fantasma. Entonces, de repente, ¡pareció recordar que estaba en vivo, en televisión!

> *«¿Sabe? Usted me recuerda a mi hermano menor», me dijo la presentadora. A juzgar por su expresión, me di cuenta de que el comentario no era justo un elogio.*

La gente de la producción perdió el control. Comenzaron a aullar detrás de cámara. Era evidente que nunca habían visto a la presentadora en esta posición y vaya si lo disfrutaban.

—Ahora, usted me recuerda *de verdad* a mi hermano menor —dijo.

Es probable que los primogénitos que hayan estado mirando la entrevista hayan pensado: *¡Qué malcriado! ¡Necesita una buena zurra!*

¿Los hijos menores? Estaban chocando los cinco y celebrando, en general, el comienzo de una entrevista divertida y novedosa.

La presentadora me recordó a mi hermana mayor, Sally. Ella no puede creer que me pare frente a mil personas y hable durante una hora sin usar una sola nota. Se queda aun más pasmada de que puedan darme el tema solo una hora antes de que comience la charla. Cuando Sally da una conferencia, quiere repasar su charla cuarenta y dos veces, durante un período de siete meses, e incluso entonces, trae consigo diez páginas de notas con líneas resaltadas en amarillo en todo el texto. Espontaneidad no es el segundo nombre de mi hermana.

Una vez que mi presentadora se recuperó del impacto, tuvimos una maravillosa charla. Estoy convencido de que fue mucho más divertida de lo que hubiera sido si nos hubiéramos circunscripto a sus notas. Tal como lo había imaginado, la presentadora era una primogénita, como Sally. Sin embargo, reconozco que tuvo mucho mérito. Hasta se relajó lo suficiente durante el programa como para reír (y espero que para perdonar mi espontaneidad).

Me encanta hablar sobre el orden de nacimiento. Lo he estudiado durante años. Es una manera maravillosa de romper el hielo y una forma encantadora de entretenimiento.

No obstante, ¿qué tiene que ver la personalidad y el orden de nacimiento con cada uno? ¿Nuestra personalidad está estampada en nuestros genes?

Si fuera así, que sencillamente naciste con una personalidad debido a tu código genético, ¿no te parece extraño que las familias no suelan estar formadas por un solo tipo de personalidad (por ejemplo, todos caniches o todos yorkies)? ¡Imagina lo que sería esa casa si fuera así! Por supuesto, si un setter irlandés se casa con un gran danés, podrías esperar una mezcla de los dos, ¿pero cómo se puede explicar que en una familia grande se encuentren representados los cuatro tipos de personalidades (y gran variedad de mezclas)?

Es cierto que eres producto del entorno en el que creciste. Tus genes crean ciertos parámetros y determinan mucho de lo que eres y de lo que llegarás a ser. Sin embargo, las experiencias también te moldean mucho (las expresiones que viste en el rostro de tus padres y de tus hermanos cuando eras pequeño, las palabras que dijeron y cómo actuaron contigo).

Por ejemplo, digamos que apenas comenzabas a aprender a caminar y decidiste probar solito... y te caíste sentado sobre la cola cubierta de pañales. ¿Cómo respondió tu mamá? ¿Vino corriendo, desesperada por ayudarte? Se rió y dijo: «Huy, buen intento; ¿quieres probar de nuevo?». O solo no te tuvo en cuenta porque no llorabas ni sangrabas, y ella tenía otras cosas que hacer.

La manera en que respondió tiene mucho que ver con la perspectiva que tienes de ti mismo (el miércoles veremos más sobre esto). Y estas experiencias tienen mucho que ver con el orden de nacimiento: tu lugar y tu función en la familia.

Después de estudiar por años el orden de nacimiento, creo que un yorkie *se convierte* en un yorkie porque se da cuenta de que el hermano anterior es cualquier cosa menos un yorkie (y tiene una tendencia, como la que tenía yo, a llamar la atención de otra manera). El primogénito es un gran danés porque sus padres lo criaron de tal modo que adquiere las tendencias de gran danés (primogénito). En resumidas cuentas, los niños saben por instinto en qué situación nacieron, y

> **Las mentiras que te dices**
>
> No puedo cambiar.
> Nací así. (Todo está en mis genes).
> Solo me parezco a mi_____.
> No puedo evitarlo.
> No soy más que el producto de mi entorno.

aprenden a actuar de manera acorde para encontrar su propio lugar y papel en la familia.

Entonces, los tipos de personalidad describen quién eres, pero el orden de nacimiento ayuda a explicar por qué eres así[1].

La teoría detrás del orden de nacimiento es simplemente esta: el orden en que naciste en tu familia moldea tu personalidad de maneras increíbles. Por lo general, los primogénitos tienen características comunes, como los del medio y los últimos. El orden de nacimiento también toma en cuenta que los hijos reaccionan a los hermanos que les preceden y, casi siempre, van en dirección opuesta.

Creo que si clonaras a dos mujeres con el mismo ADN, después las pusieras a una como el bebé de la familia con tres hermanos mayores y a la otra la pusieras como hermana mayor con tres hermanos menores, esas dos mujeres tendrían personalidades marcadamente diferentes. Tendrían algunas características comunes, pero la influencia del orden de nacimiento prevalecería en gran medida.

Los tipos de personalidad describen quién eres, pero el orden de nacimiento ayuda a explicar por qué eres así.

Lo más probable es que la hermana mayor fuera una gran madrecita de varones, mientras que la hermana menor fuera muy buena amiga de los hombres, los entendería mejor y hasta es probable que fuera menos femenina y menos maternal. La inteligencia de ambas sería la misma, pero la manera de usar esa inteligencia y de relacionarse con los demás sería muy diferente.

Tu familia de origen, y tu papel en esa familia, tiene mucho que ver con quién eres ahora. Y si comprendes quién eres ahora, así también por qué eres como eres, puedes convertirte en ese nuevo tú... la persona que anhelas ser.

Quién es quién en el orden de nacimiento

Alfred Adler, el pionero de la teoría del orden de nacimiento, dice que la mayoría de nosotros cae en una de cuatro categorías básicas: último, del medio, primogénito e hijo único.

Los que tienen derechos «especiales»: los menores o bebés

Un amigo mío hablaba con su hija de ocho años, la menor de la familia, sobre un paquete de caramelos Pez y un dispensador en una caja de cereales. El hijo del medio quería los caramelos, la hija mayor quería el dispensador y la menor quería los dos.

«¿Por qué tengo que darte los caramelos y los cereales a ti, mientras que tu hermano y tu hermana se quedan sin nada?», le preguntó el papá a la niña de ocho años.

«Porque soy la más chica», dijo.

¡Para ella tenía mucho sentido!

Los más chicos crecen con una impresionante e incansable sensación de derecho. Por lo general, no tienes que convencerlos de que son especiales; ya lo saben y te lo recuerdan cada diez minutos, por si llegas a olvidarlo de momento. Debido a que muchas veces son los mimados (no solo por mamá y papá, sino también por los hermanos mayores), los más chicos suelen convertirse en «personas sociables» cuando crecen. Como en la familia todos son mayores que ellos, han aprendido el arte de la persuasión y, en ocasiones, hasta de la manipulación. Son encantadores, casi siempre son simpáticos y a menudo les gusta llamar la atención de manera obvia. Una increíble cantidad de comediantes son los más chicos de la familia.

Hace algunos años, mientras hacía un programa de televisión sobre el orden de nacimiento, los productores me dijeron que solían precalentar a la audiencia con un comediante. Sin embargo, en esa ocasión, siguieron mi sugerencia de hacer que la audiencia se sentara según su orden de nacimiento. Les aseguré que los resultados le darían un empujón humorístico al programa.

Después que la anfitriona me presentó a mí y al tema, mencionó que habían dividido la audiencia según el orden de nacimiento. Luego dijo: «¿Dónde están los hijos únicos?».

Hubo unos pocos aplausos educados.

«¿Los primogénitos?»

De nuevo un aplauso educado.

«¿Los del medio?»

Un aplauso un poco más apagado.

«¿Los más chicos?»

¡Hubieras pensado que este grupo acababa de ganar el campeonato! Gritaron, saltaron de arriba abajo y agitaron las manos como si trataran de hacerle señas a un avión para que aterrizara en una isla desierta. ¡Y todo eso como respuesta a una sola pregunta!

A menudo, los más chicos delatan su orden de nacimiento tan solo por sus nombres. Si conoces a un Santi de veinticinco años, es probable que estés frente a un hijo menor. Un hijo mayor insistiría en que le llamen «Santiago» antes de entrar al mercado laboral después de la universidad. Si te presentan una mujer adulta que insiste en que la llamen Susi, Gabi o Nori, puedes apostar a que estás hablando con una hija menor.

La frase favorita del hijo menor puede ser: «Me pregunto qué pasaría si...». Cuando sacas el álbum de fotos de una boda y ves a ese enano de seis años con la portañuela del pantalón

> *Los más chicos crecen con una impresionante e incansable sensación de derecho. Por lo general, no tienes que convencerlos de que son especiales; ya lo saben y te lo recuerdan cada diez minutos, por si llegas a olvidarlo de momento.*

abierta, arruinando así el retrato, puedes apostar dos a uno que es un hijo menor. Cuando todos los demás arrojan arroz a la pareja feliz, el hijo menor piensa: *¿Qué sucedería si arrojara piedrecitas en lugar de arroz?* (A decir verdad, yo mismo lo intenté una vez y mi padre me mostró justo lo que sucedería. No fue divertido. Su disciplina impidió que la siguiente vez insistiera en preguntarme: *¿Qué sucedería si arrojara pudín de arroz?*).

> *La frase favorita del hijo menor podría ser: «Me pregunto qué sucedería si...».*

Como actores de la familia, los hijos menores tienden a correr más riesgos que sus conservadores hermanos mayores, pero también son menos aplicados ya que acarician la idea de «juegue ahora, pague después».

Una excepción: algunos hijos menores pueden llegar a ser muy intensos si tienen un caso de «Se los mostraré». Debido a que muchas veces se les dice que son demasiado pequeños o demasiado tontos, los hijos menores pueden volverse muy pretenciosos en probarles a los demás que están equivocados. Sin embargo, como les encanta que los mimen y los malcríen, casi nunca pierden el afecto por ser el centro de atención.

Este deseo de ser el centro de atención puede manifestarse de muchas maneras. Tal vez se convierta en el payaso de la clase. Quizá la niña se convierta en la débil y en la lenta de la familia a la que todos tienen que esperar cada vez que salen a caminar. A lo mejor el niño se convierta en el «revoltoso» o el rebelde. No obstante, todos estos comportamientos tienen una cosa en mente: hacer que los adultos se fijen en el bebé.

En el aspecto vocacional, los hijos menores encajan mejor en los trabajos relacionados con la gente. Algunos pueden venderles enciclopedias a familias analfabetas y sacar un buen ingreso para vivir. Un verano, causé sensación vendiendo suscripciones para una revista y me convertí en el vendedor más exitoso de la compañía. Eso es porque aprendí a ser adulador para abrirme las puertas de una casa y anotar un tanto. Si podía hacer reír a la gente, y muchas veces podía hacerlo, casi siempre me compraban una suscripción.

Cómo cambió mi vida

Tengo gemelos de doce años. Anna puede hacer cualquier cosa que se proponga. Siempre termina sus deberes a tiempo, me ayuda con las tareas de la casa y hasta prepara su almuerzo y el de su hermano por la mañana (por lo general, con los cuatro grupos de alimentos representados).

Jason es el lento. Se arrastra para ir a cualquier parte. Olvida los deberes en la escuela, nunca anda cerca para realizar sus tareas de la casa (su hermana siempre termina haciéndolas en su lugar), y si fuera por él, para el almuerzo guardaría un paquete de galletas, una gaseosa y listo. Es casi imposible motivarlo.

Cuando una amiga me dio *The Birth Order Book* [El libro del orden de nacimiento], se me encendió la luz y lo entendí por fin. Desde que eran pequeños, traté a Anna como la primogénita y a Jason como el bebé. Y fue como una profecía que se hace realidad: eso es lo que son. Una vez que entendí lo que estaba sucediendo, conversé con mi hermana (soy madre soltera) y pensamos en diversas maneras para que Jason sea más responsable y para sacarle a Anna la presión de tener que ser la hija que lo hace todo.

Es difícil hacer morir los viejos hábitos. (En esto, hablo por mí misma). Sin embargo, ayer Jason sacó la basura de su cuarto sin que se lo pidiera. (Bueno, todavía no recuerda sacar la basura el día en que la recogen, pero nos estamos ocupando de eso). Poco a poco, ¿eh?

Coletta, Tennessee

Como se sienten cómodos con la gente, los hijos menores suelen ser extravertidos, la presencia de otra gente les da energía y son buenos en las relaciones. Son afectuosos, no tienen vueltas y, por lo general, son alegres (siempre y cuando les des su dieta diaria de atención). Hacen grandes amigos y compañeros.

Sus puntos débiles incluyen nivel de atención de unos cinco segundos. (Yo lo sé muy bien). Los hijos menores detestan el aburrimiento casi tanto como que los rechacen. Si no es divertido, quieren hacer otra cosa. Pueden ser un poquito egoístas y optimistas en exceso, lo que quizá los metan en muchos problemas. Los hijos menores tienden a racionalizar, como en: «Sé que hoy no tengo el dinero para pagar esto, pero si uso una tarjeta de crédito, estoy seguro de que tendré el dinero la próxima semana».

> *Los hijos menores detestan el aburrimiento casi tanto como que los rechacen.*

A los primogénitos, los hijos menores pueden parecerles indisciplinados y crédulos. Con una personalidad desviada, la tendencia a recibir atención puede convertirse en un excesivo egocentrismo. Algunas veces, los hijos menores representan el papel del hijo rebelde: temperamentales y malhumorados, malcriados e impacientes. Con frecuencia, no tienen tiempo para distracciones innecesarias como sacar cuentas del dinero que se tiene, poner las llaves del auto en algún lugar donde puedan encontrarlas o recoger su cuarto.

Aunque he descrito a los hijos menores como el alma de la fiesta, también pueden pasar de la risa y la broma al llanto y al malhumor en cuestión de segundos. Los investigadores no están seguros de cuál es la razón, pero yo tengo mi propia teoría: al bebé de la familia lo miman en un momento y al siguiente lo reprenden. Aunque los padres suelen tratarlos como especiales, los hermanos mayores les recuerdan con frecuencia que son los pequeñines, los debiluchos o los tontos. Esto puede crear una personalidad casi del tipo de Jekyll y Hyde, feliz y amable en un momento, y enfurruñado y deprimido al siguiente.

Rasgos sobresalientes de los hijos menores

- sociales, extravertidos, ninguna persona les resulta extraña
- sencillos, espontáneos, chistosos
- encumbrados en las habilidades con la gente
- ven la vida como si fuera una fiesta
- tienen posibilidades de salir impunes de un homicidio y menos probabilidades de que los castiguen (son demasiado pequeños y adorables)
- usan mucha ropa heredada
- reciben muchas críticas de sus hermanos
- conservan su sobrenombre

Los intermediarios: Los hijos del medio

Soy un orgulloso seguidor del programa atlético de la universidad de Arizona y he tenido el privilegio de conocer a muchos de sus entrenadores. El exentrenador de baloncesto Lute Olson me hizo pensar cuando me contó algo sobre su equipo en el campeonato de 1997. Dos de los ocho jugadores estrella eran hijos únicos, cinco eran primogénitos y solo uno era hijo del medio: Mike Bibby, el base estrella que ahora juega en la NBA. Lute me dijo que Mike era uno de los jugadores más dispuestos a recibir orien-

> *Los hijos del medio quieren que todos se lleven bien y tienden a sentir mucho miedo de que les culpen.*

tación que había tenido. Como hijo del medio, Mike no tenía el ego que poseían los otros jugadores. La tarea del base es ser intermediario, la persona que mantiene armado al equipo y Mike, como hijo del medio, desempeñaba ese papel a la perfección.

Los hijos del medio casi siempre adoptan el temperamento del setter irlandés. Les gusta la paz a toda costa. Son los negociadores y los mediadores. Desde una mirada cínica, también se los podría considerar los adulones, porque no les gusta el enfrentamiento. Los hijos del medio quieren que todos se lleven bien y tienden a sentir mucho miedo de que les culpen.

Son los más difíciles de definir porque pueden tomar cualquier dirección. Lo más común es que la dirección sea opuesta por completo a la del hijo que los precede. Por ejemplo, si el primogénito es un atleta estrella, es probable que el del medio se convierta en un erudito. Si el primogénito es un músico dotado, el del medio puede dedicarse a montar motocicletas. ¿Qué es lo que hace? Procura crear su propio lugar en el mundo, lo que significa ser lo más diferente posible al primogénito.

> *Si el hijo del medio piensa que no puede sobrepasar el legado del primogénito, a menudo reaccionará tratando de crear el suyo propio.*

De vez en cuando, el del medio tal vez piense que puede superar a su hermano mayor (como lo hicieron Donald Trump y los expresidentes Richard Nixon y George Bush padre), y se ha conocido a más de un hijo del medio que ha transitado este camino con deleite. No obstante, si el hijo del medio piensa que no puede sobrepasar el legado del primogénito, a menudo reaccionará tratando de crear el suyo propio.

El género adquiere aun más importancia con los hijos del medio. Los hijos varones del medio que provienen de familias donde todos los hijos son varones tienden a adoptar las características clásicas de los del medio. En cambio, los hijos varones del medio que solo tienen hermanas suelen adoptar algunas características de la primogénita porque son los primogénitos varones (lo mismo sucede en el caso de la mujer que tiene todos hermanos varones).

El clásico hijo del medio suele ser un buen jugador de equipo y es confiable, constante y leal. Hay excepciones, según las brechas entre edades. Algunas veces, un hijo del medio puede ser un peleador y un trepador ambicioso que solo desea desplazar al primogénito, pero esa no es la norma.

Cómo cambió mi vida

Hace un par de meses, me pidieron que dirigiera una actividad de la comunidad. Dije que sí, pero después me sentí muy incómoda y no sabía por qué. Ya había realizado este tipo de trabajo como parte de un comité durante los últimos cuatro años. *Entonces, ¿cuál es el problema?*, me preguntaba una y otra vez. Mis hermanas (una mayor y la otra menor) hacen este tipo de cosas muy a menudo.

Bueno, seguí adelante, pero la actividad fue un desastre. Traté de hacer felices a todos (y eso nunca hace feliz a nadie). No lo volveré a hacer.

Dos semanas después de la actividad, usted habló en un té para madres en mi iglesia y descubrí lo clásica hija del medio que soy. La próxima vez que me pidan que sea la directora de una actividad, diré que no. En cambio, les diré que con gusto me ocuparé de todo lo que me pidan. Jugadora del equipo, eso es lo que soy. No líder. Gracias por ayudarme a establecerlo.

Jenny, Ohio

Los hijos del medio no se sienten tan cómodos tomando decisiones como los primogénitos. Tienen un grado más alto de duda que los primogénitos y, por lo tanto, suelen tener menos capacidad para resolver problemas (aunque son fantásticos mediadores y resuelven muy bien las disputas). Soportan la adversidad y son afables, realistas y muy buenos para escuchar. Pueden ser desinteresados al extremo y muy leales. Son las personas agradables, educadas, tranquilas y suelen tener poco carácter. No sobresalen en una multitud ni hacen olas, pero es muy agradable tenerlos cerca.

En el aspecto negativo, los hijos del medio pueden tener dificultad para establecer límites. Pueden tratar de agradar a todos, por lo tanto, dejar a todos frustrados en el proceso. Cuando algo sale mal, algunas veces se echan la culpa, aunque no la tengan.

He aquí el dilema de los del medio. El primogénito Frank recibe todo el respeto. Es el mayor, el más listo y el más grande. La hija menor, Linda, recibe todo el afecto. Es la más adorable, la más pequeña y la que necesita más atención. Mike, el hijo del medio, queda eliminado. No recibe el respeto del primogénito ni la atención del hijo menor. En realidad, lo que recibe más a menudo es la culpa. No puede ganarle a Frank una discusión y a Linda la excusan porque es muy pequeña; entonces, ¿adivina sobre quién apunta el dedo? Y si alguna vez el hijo del medio, Mike, llega a ser tan atrevido como para darle un golpe de verdad a la princesita, no podrá sentarse durante una semana.

Los hijos del medio son excelentes compañeros en el matrimonio. En realidad, representan a los más fieles de todos los órdenes de nacimiento.

Aunque los hijos del medio desafían con facilidad los estereotipos, casi siempre tienden a ser más reservados que sus otros hermanos. Su frecuente historia de llevarse las culpas los conduce a guardarse una carta bajo la manga, por así decirlo, y piensan que otros la tienen. (Richard Nixon era un hijo del medio... ¡no hay más que decir!).

Como deben abrirse camino, los del medio suelen ser duros de mente y de pensamiento independiente. No los han malcriado como al menor, y como casi siempre no los tenían en cuenta, aprendieron pronto que tienen que abrirse paso por su cuenta. No verás a muchos hijos del medio que detesten la idea de mudarse de la casa de sus padres; por lo general, no ven la hora de vivir por su cuenta.

Los hijos del medio son excelentes compañeros en el matrimonio. En realidad, representan a los más fieles de todos los órdenes de nacimiento. Tal vez no sean tan divertidos como los hijos menores ni tan buenos proveedores como los primogénitos, pero tienden a ser muy leales, desean mucho agradar y servir. Son algo así como un donante universal en un banco de sangre, porque se adaptan bien con todo y con todos.

Rasgos sobresalientes de los hijos del medio

- van en dirección opuesta a la del hijo mayor que ellos en la familia
- andan al ritmo de un tambor diferente
- competitivos, leales, excelentes en la amistad
- viven en la nebulosa del anonimato (el lugar más seguro para estar)
- no pueden librarse de una pereza e indiferencia ocasionales (nadie se fija demasiado en ellos)
- no se les pone tanta presión ni se espera que logren tanto como el hijo mayor
- buenos negociadores que tratan de mantener la paz

Lo lamentable es que, a pesar de que el hijo del medio puede ser bueno, el matrimonio de dos hijos del medio puede ser un desastre. En mi práctica de consejería, una vez hablé con una pareja de hijos del medio que estaba casada, pero que en dos años de matrimonio todavía no habían consumado sus votos. Tuve una pista de cuál era el problema cuando la madre del novio fue la que pidió la entrevista. Sabía que *alguien* debía intervenir y hacer algo. Cuando hablé con esta pareja, me sentí como si hablara con dos niños en el patio de juegos; uno decía: «Comienza tú», y el otro decía: «No, comienza tú». Al ser los dos hijos del medio, ¡nunca comenzaban!

Como hijos del medio, ambos le temían al conflicto más de lo que deseaban disfrutar de la intimidad sexual. Si tú no eres un hijo del medio, es probable que no puedas comprenderlo. Si eres un hijo del medio, estás asintiendo con la cabeza. Lo entiendes.

El príncipe o la princesa a la espera: Los primogénitos

> *Es muy fácil detectar a un primogénito. Cada cabello está en su lugar, su ropa está inmaculada y son los que compran agendas y ordenadores de mano (y los usan de verdad).*

Ya conoces al hijo primogénito. Es probable que hayas votado por él para que sea presidente. O tal vez trabajaras para ella en alguna empresa líder. A lo mejor lo vieras viajar al espacio como astronauta o hayas leído uno de sus éxitos de librería. Todas estas ocupaciones son populares, con mucho, entre los primogénitos adultos.

Es muy fácil detectar a un primogénito. Cada cabello está en su lugar, su ropa está inmaculada y les brillan los zapatos. El interior de sus autos está limpio y son los que compran agendas y ordenadores de mano (y los usan de verdad). Puedes estar seguro de que son rápidos, y su confianza se evidencia en la manera en que te estrechan la mano y te miran directo a los ojos.

76

A los primogénitos los llamo «adultos en niños». Se les conoce porque son capaces, exigentes, perfeccionistas, exactos, lógicos en extremo (con solo ponerte a discutir con uno de ellos, sabrás con precisión de qué hablo), eruditos y organizados. Sé de un jugador profesional de golf primogénito que cuelga las camisas en el armario de acuerdo al orden en que las usará. No es broma. Cuando un reportero le preguntó si esto era cierto en realidad, el golfista pareció sorprendido. «¿De qué otra manera podría organizarlas?», preguntó. ¡No se le había cruzado por la cabeza que un gran número de personas ni siquiera piensa jamás en organizar su armario!

Aunque a los primogénitos les gusta tener la batuta, este deseo de control puede producir distintos resultados. Algunos primogénitos son el tipo de jefes que gobiernan a través del poder. Otros son los que cuidan de los demás de manera complaciente, que se hacen cargo del mundo como enfermeras o maestros. Si el padre del primogénito es crítico (más sobre esto en el capítulo del miércoles), el hijo puede aprender que la manera de salir adelante es cooperar y ser alguien con quien sea fácil trabajar. Estos primogénitos, en lugar de tomar puestos directivos, se adaptan mejor a tareas de gerente intermedio; realizarán una tarea y la harán como es debido, pero no quieren estar a cargo ni serán una influencia desestabilizadora.

Cómo cambió mi vida

Soy primogénito. Nada de sorpresas. Soy organizado, tengo ímpetu y logro hacer más de lo que hace cualquiera en mi sección en el trabajo. No tengo mucho tiempo libre. Cuando me casé, mi esposa solía quejarse porque nunca llegaba a casa para cenar. No entendía lo importante que eran mis proyectos de trabajo.

La vida transcurría bien, incluso obtuve el puesto de gerente que deseaba, hasta que mi esposa me pidió el divorcio.

Entonces, se me derrumbó el mundo. Me sentí perdido. Un día, estaba en una librería y vi su libro *Born to Win* [Nacido para ganar]. Lo leí de tapa a tapa mientras me tomaba tres cafés en Starbucks. Usted me dio en el clavo. Nunca me había dado cuenta de que las cualidades de primogénito que me habían hecho tener éxito en el trabajo me jugaban en contra en el hogar y hacían que mi esposa no se sintiera amada ni apreciada.

Supongo que no se puede retroceder, pero sí se puede avanzar. Ahora, estoy haciendo un esfuerzo consciente para incluir a los demás en mis decisiones en lugar de ocuparme solo de todo (¡que algunas veces es mucho más fácil!). Cuando salgo a cenar con mis amigos, no respondo las llamadas del trabajo. Y comencé a jugar otra vez al raquetbol... para divertirme.

Desearía haber encontrado su libro dos años antes. Sin embargo, en ese entonces, estaba demasiado ocupado como para estar en una librería.

Timothy, Nueva Jersey

Mi esposa, Sande, es una primogénita complaciente. Una vez, le sirvieron un trozo de salmón tan crudo que hubiera podido nadar río arriba si lo ponía en el agua, pero ella se negó a devolverlo hasta que su esposo, hijo menor, que no tiene ni pizca de complaciente en su cuerpo, lo hizo en su lugar.

Es muy raro que los primogénitos se alejen de la familia. A donde van los padres, lo hacen los primogénitos: en la acción, el pensamiento y en toda la vida.

Muchos primogénitos son muy meticulosos. Cualquier profesión que requiera exactitud les resulta buena. Pilotos aéreos, contadores, astronautas y otras ocupaciones similares son las que suelen ocupar nuestros hijos mayores. Si necesitas que se haga algo, si deseas comenzar un negocio, si buscas a alguien que traiga organización al caos, la persona indicada es un primogénito. Hará lo que sea necesario y lo hará bien.

El único e incomparable: Los hijos únicos

A los hijos únicos los llamo «magníficos primeros». Toma las mejores y las peores cualidades de un primogénito, engrandécelas dos o tres veces y tendrás la receta para un hijo único. Son líderes y tienden a ser perfeccionistas excepcionales. Todo es blanco o negro, lo que significa: «Se hace como yo digo o está mal». Esto los lleva a ser críticos y un poco egoístas. Algunas veces, pueden atropellar a la gente y hasta tener poca consideración por las emociones de los demás.

El hijo único típico confecciona listas, es un erudito y se nutre de la lógica. Tiende a ser muy ordenado (pero hasta los pocos que son desordenados saben con exactitud dónde encontrar algo en medio de sus pilas). Los hijos únicos son los geniales hombres de acción del mundo: orientados hacia la tarea, organizados en extremo, muy meticulosos y, en esencia, confiables. Les encantan los hechos, las ideas y los detalles, y se sienten muy cómodos con la responsabilidad.

Los hijos únicos pueden ser introvertidos. Aunque les gusta la interacción con otra persona, tienen poca paciencia para las conversaciones

Rasgos sobresalientes de los hijos primogénitos

- confiables y aplicados
- confeccionan listas
- las cosas son blancas o negras
- agudo sentido del bien y del mal
- creen que existe una manera adecuada de hacer las cosas
- líderes naturales
- orientados a los logros

Toma las mejores y las peores cualidades de un primogénito, engrandécelas dos o tres veces y tendrás la receta para un hijo único.

> *Los hijos únicos son los geniales hombres de acción del mundo: orientados hacia la tarea, organizados en extremo, muy meticulosos y, en esencia, confiables.*

superficiales en los encuentros sociales. Muchas veces, les cuesta perdonar y son muy exigentes. Detestan admitir que están equivocados y, en general, no reciben bien la crítica.

La situación especial de los hijos únicos puede crear dos tipos distintos de personas. La primera clase hierve bajo la superficie. Los criaron con un plan estructurado por completo, muy disciplinado y se esperaba que actuara como adulto desde que tenía cinco años, ya que ha vivido rodeado de adultos y ha sociabilizado con ellos en especial.

Puede mostrarse muy tranquilo y amable en la superficie, pero por debajo tiene mucho resentimiento debido a que lo privaron de su niñez.

La otra situación es el síndrome de «la joya de la corona del universo». Cuando ambos padres vierten su amor, energía, adulación y recursos financieros en el hijo único y lo tratan como si fuera el centro del universo, haciéndolo sentir siempre superespecial, el hijo único puede adquirir rasgos del hijo menor.

Cómo cambió mi vida

Soy irritable. Lo reconozco. No es nada difícil hacerme irritar; en especial, si dices algo que no lo has pensado muy bien. Mi esposo es la clase de persona espontánea a la que solo le gusta «anunciar» las cosas. Alrededor de una vez por semana, tenemos una discusión acalorada. Muy bien, llamémoslo por su nombre... una pelea. Le he dicho que necesito que me considere y que piense antes de tomar una decisión; él me dice que yo tengo que relajarme un poco, y que no todo tiene que ser un plan perfecto. Cuando sucede esto, uno de nosotros pasa la noche en el sofá.

Entonces, lo escuché hablar sobre el orden de nacimiento en un programa de radio por la mañana temprano mientras conducía hacia el supermercado. Soy hija única y mis padres tenían cuarenta y tantos años cuando nací. Estaban tan felices de haber tenido al fin una hija que me convertí en el centro de su mundo. Siempre me salía con la mía. Después, entró en escena Frank (mi esposo), que no siempre ve las cosas del mismo modo.

Esa noche le preparé su cena favorita y me disculpé por actuar como una malcriada. (Eso era). Amo de verdad a este hombre y quiero que nuestro matrimonio resulte. Esta noche iremos a buscar ese libro del que habló usted, *The Birth Order Book*, y leeremos juntos un capítulo cada noche.

Tricia, Michigan

Sea cual sea el caso, los hijos únicos están bien representados entre los que han tenido grandes logros: Los presidentes de Estados Unidos Gerald Ford y Franklin D. Roosevelt (el único hombre al que eligieron cuatro veces); los actores William Shatner, Brooke Shields y Robin Williams; el extraordinario mago David Copperfield; el influyente líder evangélico Dr. James Dobson; los grandes del fútbol americano Roger Staubach y Joe Montana, legendarios corredores en la Liga Nacional de Fútbol Americano. Y no nos olvidemos de Leonardo da Vinci, la duquesa de Windsor, Charles Lindbergh, Indira Gandhi e Isaac Newton, que han dejado su marca en la historia.

Este es el orden de nacimiento que suele engañarme durante mis seminarios. Puedo catalogarlos como el bebé de la familia, pero me corrigen con orgullo: «¡No, soy hijo único!». Cuando dicen eso, puedo deducir mucho sobre su niñez y sobre

Rasgos sobresalientes de los hijos únicos

Tienen todos los rasgos de los primogénitos
- confiables y meticulosos
- confeccionan listas
- las cosas son blancas o negras.
- agudo sentido del bien y del mal
- creen que existe una manera adecuada de hacer las cosas
- líderes naturales
- orientados a los logros

Además:
- llevan un poco más lejos los rasgos de los primogénitos
- les encantan los libros
- actúan con excesiva madurez para su edad (son pequeños adultos al llegar a los siete u ocho años)
- trabajan de manera independiente
- no pueden entender por qué pelean los hijos en otras familias

cómo los malcriaron mientras crecían. En casi todos los casos, admiten avergonzados que sí, la casa giraba en torno a ellos: la princesita o el principito.

¿Y qué me dices de las excepciones?

Algunos dirán: «No estoy seguro de tragarme lo que usted dice sobre el orden de nacimiento, Dr. Leman. Es decir, mi hermano es el hijo menor, pero de seguro que no actúa como tal. Y mi hermana primogénita no tiene en absoluto los rasgos que le corresponderían».

Bueno, tal vez, el orden de nacimiento en la familia no es tan sencillo como el que nace primero, segundo, tercero, etc. Hay otros factores.

Nuestra hija Lauren, que nació cuando Sande tenía cuarenta y siete años y yo tenía cuarenta y nueve, es un buen ejemplo de una excepción. Deberíamos haber sospechado lo que venía cuando la vimos por primera vez. Tanto Sande como yo tenemos ojos marrones; en este momento avanzado de nuestra vida, Lauren apareció con ojos verdes y personalidad de gerente: «Muy bien, mundo, aquí llegué. Es hora de ponerlo todo en orden».

Se podría pensar que esta quinta hija menor terminaría siendo la mascota de la familia, malcriada al máximo y que pondría a todo el mundo a su servicio.

Nada podría estar más lejos de la verdad.

Verás, existe una gran brecha entre Lauren y la hermana que la precede, Hannah, más de cinco años, lo que hace que Lauren se parezca mucho a una hija única. Y esta hija única tiene al menos seis padres, ya que a nuestros otros cuatro hijos les encanta

El orden de nacimiento en la familia no es tan sencillo como el que nace primero, segundo, tercero, etc. Hay otros factores.

decirle qué hacer. A los nueve años (un año colorido en particular de recuerdos con Lauren), se destacó por decir cosas como: «Bueno, tomaré eso como un no», con las piernas cruzadas con delicadeza como si fuera una refinada jovencita de la alta sociedad. Cuando la veía hacer eso, pensaba: *¿De dónde salió?* Con seguridad, no del hombre al que le gusta usar el mismo par de pantalones cortos, la misma camiseta arrugada y la misma gorra de béisbol tres días seguidos.

En ese entonces, Lauren también tenía un hámster como mascota llamado *Sugar Foot*. Pobre de aquel que viniera de visita a nuestra casa y mencionara al «jerbo» de Lauren.

«No es un *jerbo*», decía con fuerza. «Es un hámster» (Ah, ¿ves los rasgos de hija única que aparecen?).

Como familia, tenemos el hábito de huir del horno conocido como Tucson cerca del comienzo de junio, para encontrar refugio en una casa frente al lago, cerca de Jamestown, Nueva York. Ese año, mientras nos preparábamos para realizar nuestra peregrinación anual, Lauren encontró a un vecinito en Tucson que estaba dispuesto a cuidar de *Sugar Foot*.

Como lo haría el típico hijo único, Lauren tomó un pedazo de papel de color y escribió «Instrucciones para *Sugar Foot*». El papel no tenía menos de doce reglas específicas que abarcaban el bienestar físico y emocional de *Sugar Foot* e incluían: «Frotarle con suavidad la espalda de *Sugar Foot*, pero tener cuidado de no asustarlo».

Al leer esa exhaustiva lista, quedé sorprendido al ver lo meticulosa de su tarea. Al leer las doce reglas, sabía con exactitud cómo debían cuidar de *Sugar Foot*.

Si no hubiera sabido nada sobre esta niña, hubiera dado por sentado que leía el trabajo de una hija única, pero Lauren es nuestra quinta hija. Entonces, ¿qué sucede?

Un segundo ejemplo de Lauren.

Yo, el regordete psicólogo de Tucson, le he dicho muchas veces a los padres en mis libros y seminarios: «No se especialicen en insignificancias». Sin embargo, digamos que hubo un tiempo en la casa de los Leman en que me hubiera encantado si mi Lauren de nueve años hubiera consentido en cortarse el cabello. Lauren tiene un bonito cabello grueso, pero ya estaba demasiado largo y desordenado, y siempre jugaba con él porque tenía calor. (Recuerda que vivimos en una zona donde los coyotes comienzan a buscar limonada a comienzos de la primavera). Se acercaba el verano, así que pensé que era un excelente momento para buscar un estilo más corto. Comencé con insinuaciones y sugerencias:

—Lauren, tu cabello está *demasiado* largo, cariño.

Silencio.

—Te diré una cosa —bromeé—, esta noche, cuando estés durmiendo, puedo conseguir una tijera y ahorrarte dinero en un corte de cabello. No sentirás nada.

—¡Ay, no, no, no! —exclamó y se tomó el cabello para protegerlo.

Luego, un oscuro día, hasta llegué a sobornar a Lauren. Le prometí que la llevaría a ese lugar con aliento a queso de roedor si accedía a hacerse un corte de pelo más manejable.

No tuve suerte.

Así que imagina mi sorpresa cuando entré a casa algunos meses después y descubrí que Lauren se había cortado el cabello... por decisión propia. Se veía maravillosa, con el corte debajo de las orejas y con las puntas hacia afuera.

Estaba fuera de mí de la alegría. «Lauren, me encanta tu cabello. Es absolutamente adorable».

Lo único que hizo Lauren fue asentir con la cabeza como si no fuera gran cosa. «Solo le permití a la mujer que me cortara el cabello, porque accedió a cortarlo justo como yo quería. Le dije que podía estar corto, siempre y cuando lo pudiéramos dar vuelta hacia arriba como una de las Dixie Chicks».

Piénsalo. Una niña de nueve años que se tomó el tiempo para decirme que la única razón por la que su cabello estaba corto era porque se lo cortaron justo como quería que lo hicieran.

¡Hija única, tu nombre es Lauren!

A no ser por esto, Lauren es la menor de cinco hijos. ¿Qué está sucediendo?

Variables que pueden ajustar el orden de nacimiento

Lauren es un excelente ejemplo, hasta el día de hoy, de que existe un número de variables que pueden ajustar el orden de nacimiento[2].

El orden numérico de tu nacimiento (o entrada a la familia, si eres adoptado) es importante y constante, pero también hay otros factores que contribuyen a quién eres hoy.

Separación

En el caso de Lauren, la separación entre los hijos de nuestra familia fue muy determinante.

Cualquier brecha de cinco años o más entre hijos es importante. Conozco a un joven cuyos dos hermanos mayores, ambos hombres, tienen ocho y diez años más que él, y como resultado, ha desarrollado tendencias clásicas del primogénito. Durante muchos años, se reunió con un grupo compuesto en gran parte

> *Cualquier brecha de cinco años o más entre hijos es importante.*

por hijos del medio... hasta que lo echaron. Su insistencia constante en hacer las cosas de la manera adecuada, de seguir un orden en todo y de discutir por los detalles más insignificantes fue demasiado crispante para los relajados hijos del medio.

Lauren no puede recordar con certeza lo que era vivir con sus tres hermanos mayores (todos se habían ido de casa antes de que cumpliera cinco años) y ella y Hannah se llevan más de cinco años, así que en muchos sentidos ha adoptado tendencias de un hijo único.

El género de los hermanos

Una primogénita tranquila y reservada puede tener un hermano menor muy ambicioso con tendencias de primogénito, en particular si le siguen otros hermanos. Melanie, una primogénita, es una educadora complaciente. Lleva una vida tranquila, sin ambiciones y es feliz en el hogar. Su hermano, Theo, es un muchachito ambicioso y acometedor, orientado a sobresalir en todo lo que hace, y son muchas las cosas que quiere hacer: Boy Scouts, deportista, y cualquier otra cosa.

Ser el primer varón o la primera mujer es importante, aun si en realidad eres el tercero o cuarto hijo en la familia.

Diferencias físicas, mentales o emocionales

Si un hijo mayor se enferma o tiene discapacidades (como fue el caso en la familia de Richard Nixon), el menor puede adquirir las características de primogénito. También el segundo hijo que por naturaleza tiene más dotes puede terminar opacando al hermano mayor, invirtiendo los papeles y así transforma el efecto estereotipado del orden de nacimiento.

El efecto de las mezclas

La muerte de los hermanos, las adopciones, el divorcio y el nuevo casamiento son hechos que pueden alterar las características del orden de nacimiento. La pérdida de un padre puede ser devastadora para un primogénito de diez años, y después recibir un padre «de reemplazo» con un hijo de doce años que lo desplaza del lugar de primogénito. Entonces, los padres se preguntan por qué se desató la Segunda Guerra Mundial en su hogar.

El orden de nacimiento y la personalidad de tus padres

Existe otro factor que afecta la manera en que respondes al orden de nacimiento y es el orden de nacimiento de tus padres. En general, una mamá primogénita llevará su hogar de manera muy diferente a una mamá que es hija menor. La mamá que es hija menor tenderá a ser menos estricta respecto a los horarios de sueño y de comida de sus hijos (es muy probable que el almuerzo se sirva a las dos de la tarde), mientras que la mamá primogénita casi siempre tendrá un enfoque más ordenado respecto a la crianza de los hijos. Un padre que es hijo del medio valorará la paz por sobre todo lo demás, mientras que un primogénito puede empujar a todos sus hijos a que tengan éxito. Cada uno de estos estilos de crianza te afecta en un nivel diferente.

> *La mamá que es hija menor tenderá a ser menos estricta respecto a los horarios de sueño y de comida de sus hijos, mientras que la mamá primogénita casi siempre tendrá un enfoque más ordenado respecto a la crianza de los hijos.*

> *La crítica es como un virus de la personalidad; puede acabar con la personalidad más fuerte.*

(Hablaremos más de esto en el capítulo del miércoles).

Tal vez la desviación más devastadora del orden de nacimiento sea un padre crítico. Con el tiempo, el ataque incesante de antagonismo desgastará hasta al hijo más resistente, erosionará la confianza de un primogénito o la actitud de «sé feliz» del hijo menor. La crítica es como un virus de la personalidad; puede acabar con la personalidad más fuerte.

Por ejemplo, tal vez seas un primogénito que lee estas páginas y te hayan descrito como líder, erudito, persona influyente, pero tú no ves ninguna de estas características en ti; te sientes derrotado, ya que eres grandioso para comenzar algo, pero un desastre para terminarlo; tus expectativas se han ido a pique a medida que transcurrían los años; si es así, puedes ser lo que llamo un «perfeccionista derrotado». Estás lleno de potencial y eres muy talentoso, pero has quedado diezmado por un padre crítico (o lo que es peor, dos padres críticos) que *todavía* parecen sabotear cada uno de tus movimientos. Si esta es tu historia, tienes esperanza. Lee mi libro *Why Your Best Is Good Enough?*[3]

El orden de nacimiento no es una ciencia exacta

Un verano, dos de nuestras hijas, Hannah y Lauren, ayudaron en un programa local para niños de tres a cuatro años. Me encantaba ir a buscarlas y escuchar todas las historias. Cada día, me saludaban diciendo: «Papá, me duelen *mucho* las piernas de tener a esos bebés en el regazo» (Lauren), y «Papá, ¡no vas a creer lo que hizo la pequeña Chloe!» (Hannah).

El último día, varios de los líderes adultos vinieron y me dijeron: «Solo quería que supiera el gozo que fue tener a Lauren y Hannah aquí para ayudarnos. Vinieron todos los días, sabían con exactitud adónde ir, recibían su tarea, ¡y luego la hacían! Además de esto, cuando estaban juntas, nunca hubieras imaginado que eran hermanas por lo bien que se llevan entre sí».

Muy bien, sé lo que estás pensando: *Oiga, Leman, ¿qué está diciendo? ¿No dijo usted que los hijos que están uno próximo al otro en el orden de nacimiento son la noche y el día? ¿Cómo es posible que sus dos hijas se lleven tan bien?*

Hannah y Lauren *son* muy diferentes en algunos aspectos, pero a la vez se llevan extremadamente bien. La brecha entre ambas (más de cinco años) quita mucha de la competencia que Sande y yo vimos entre nuestros tres hijos mayores. Al haber tenido lo que equivale a casi dos familias separadas, también sé que aunque el orden de nacimiento implica rasgos específicos, no siempre es fácil de definir.

Una vez, una mujer se me acercó al finalizar un seminario y me dijo:

—Dr. Leman, en mi personalidad veo un par de diferencias según el orden de nacimiento.

—Si ve un par de diferencias, debe ser una combinación —le respondí.

—¿Cuál es?

—Bueno, veamos cómo es su familia.

—Soy la menor, con una hermana y tres hermanos mayores —dijo.

—Pertenece a una familia grande; allí es donde casi siempre se ven todas las combinaciones. Cuando usted nació, tenía padres veteranos, lo cual puede afectar también las tendencias del orden de nacimiento, pero pienso que varios elementos tradicionales del orden de nacimiento aún deben formar parte de su personalidad.

—¿Cómo cuáles?

—Bueno, como es la menor, y su hermana mayor es mucho mayor, supongo que cuando usted comenzaba a caminar, su hermana mayor era una especie de segunda mamá —le dije.

—Es verdad, eso era; yo quería ser como ella. Era bibliotecaria y yo siempre quise ser bibliotecaria.

—También apuesto a que la trataron en forma diferente a sus hermanos.

—¿A qué se refiere? —preguntó.

—¿Alguna vez escuchó a su madre referirse a usted y a su hermana como "las niñas"?

—No con mucha frecuencia. Debido a la diferencia de edad no hacíamos muchas cosas juntas.

—Eso pensé. Las veían como individuos. Ahora bien, ¿cuántas veces se referían a sus tres hermanos como "los muchachos"?

—A cada paso.

—Eran una unidad, ¿no es cierto? Estaba el mayor, el del medio y la mascotita. Y apuesto a que en su mayoría seguían patrones tradicionales de orden de nacimiento.

—Lo hacen en realidad. Mi hermano mayor actúa como un primogénito, y puedo ver que el siguiente era el pacificador de la familia.

—Ahora, dígame, ¿con cuál de ellos le costaba más llevarse bien? —le pregunté.

—Sin duda, con mi hermano menor.

—No me sorprende, ¿pero por qué le parece que esto era así, ahora que me ha oído hablar sobre el orden de nacimiento?

—Bueno, a él lo trataban como el menor en algunos sentidos, ya que era el varón menor, pero...

—¿Pero una vez que llegó usted ya no tenía los privilegios del hijo menor? —terminé por ella.

—Es verdad.

—¿Se da cuenta de cuánto le debe haber resentido esto? Fue como si le usurpara el lugar de bebé. En una familia con solo tres varones, él hubiera tenido su lugar de honor.

En sus ojos, parpadeó una lucecita.

—Ahora entiendo. Sí, muchas veces me decía que estaba resentido conmigo. Ahora sé por qué. Me pregunto si todavía sigo siendo un producto de mi entorno.

—Lo bueno es que, con tres hermanos mayores, es probable que se sienta muy cómoda con los hombres.

—Es verdad.

—Permítame contarle un secretito: a los hombres les encanta que las mujeres los entiendan como hombres. Tienes el trasfondo perfecto para un matrimonio muy feliz.

—¡Eso me alienta! —dijo.

> *Si has aprendido a convertirte en el producto de tu entorno, puedes desaprender los aspectos negativos y construir sobre los positivos.*

Si has aprendido a convertirte en el producto de tu entorno, puedes desaprender los aspectos negativos y construir sobre los positivos. En el caso de esta mujer, quería que viera por qué tenía tanto conflicto con su hermano menor, pero también quería que comenzara a pensar en la manera en que sus hermanos la habían preparado para una vida feliz y exitosa.

¿Cómo puedes usar el conocimiento que tienes sobre el orden de nacimiento para ser lo que quieres ser y lograr lo que deseas lograr? ¿Cómo puedes sacarles provecho a tus puntos fuertes, vencer tus debilidades y alcanzar tu pleno potencial?

¡Aprovecha al máximo lo que eres!

Si parte de tu personalidad te da buen resultado, construye sobre eso. En cambio, si algún aspecto de ti está comenzando a gastarse un poquito (al menos desde la perspectiva de otros), vamos a cambiar eso.

Elizabeth tenía una primogénita excepcionalmente complaciente. Era la clase de bebé que duerme toda la noche, se quedaba tranquila sobre el cambiador mientras le mudaban los pañales y casi le agradecía a su madre que la acostara para dormir su siesta.

Cuando la vi con su segundo hijo en brazos, no pude resistir la tentación de preguntarle:

—¿Se da cuenta de cómo será ese niño?

Me miró como si estuviera loco. ¿Cómo podía saberlo? ¡El bebé tenía menos de seis meses!

—No, en realidad, no —me contestó.

Él fue el único responsable por la decisión de sus padres de tener solo dos hijos; no querían arriesgarse a tener otro que se le pareciera.

—Será Atila el huno. Ya criaste a una santa, y este pillito pronto descubrirá cómo hacer para obtener la misma atención que su hermana.

Se mostró escéptica, ya que suponía que la sumisión de su primera hija se debía por completo a las habilidades innatas (y fabulosas) de la crianza que tenían su esposo y ella. Con el tiempo, yo tuve razón. Ese muchachito creció y fue tan diferente a su hermana como el *rugby* del ajedrez.

Adelantemos algunos años... el niño ahora es adolescente y está en tratamiento conmigo después de meterse en un lío tras otro. Los padres piensan que está poseído por el demonio. Al fin y al cabo, ya demostraron que podían criar un ángel; entonces, ¿de dónde salió este diablo? Él fue el único responsable por la decisión de sus padres de tener solo dos hijos; no querían arriesgarse a tener otro que se le pareciera.

Cuando recorrí con este joven el entorno familiar y las presiones que debió sentir al crecer con una hermana tan perfecta y complaciente, al fin pudo ver, por primera vez, con la fuerza que había reaccionado toda su vida.

—Querías llamar la atención —le expliqué—. Eso es natural. Sin embargo, no podías destacarte haciendo lo mismo que ya había hecho tu hermana: cooperando y siendo bueno en exceso. Si querías captar la atención de tus padres, debías encontrar un camino diferente por completo: debías causar problemas.

¡Mira el lado bueno!
Haz un inventario de tus rasgos positivos. ¿Cómo estas cualidades pueden ayudarte a tener éxito?

Lo vi asentir con la cabeza. Sabía que estaba listo para la siguiente pregunta, así que sugerí:

—Entonces, dime, ¿esto te da resultado?

—¿Que si me da resultado?

—¿El papel de rebelde te da lo que quieres? ¿Te gusta que te suspendan en la escuela, tener como amigos a personas despreciables, estar familiarizado con los policías locales y tener un futuro que, en el mejor de los casos, te ofrecerá un puesto en los surtidores de la Texaco local por el resto de tu vida?

—Eso no es lo que quiero —confesó y, luego, añadió con rapidez—, pero tampoco quiero ser como mi hermana.

—Claro que no.

Entonces, hicimos un breve estudio de sus puntos fuertes. Créase o no, este muchacho era un líder. No tenía ningún problema en hacer que los otros muchachitos lo siguieran. Como era el primer hijo varón, eso no me sorprendió. El problema era que usaba su liderazgo de modo tal que la gente quedaba lastimada y se transgredían las leyes.

—Puedes seguir siendo un líder —le dije—, pero ahora quiero que pienses primero hacia dónde deseas guiar a la gente. ¿Quieres que te sigan a la cárcel o quieres hacer algo positivo?

En el curso de las semanas siguientes, conversamos y nos basamos en sus otros rasgos positivos: habilidades con la gente, creatividad y disposición para correr riesgos (a su hermana primogénita no le gustaba arriesgarse). Comenzamos a desarrollar una combinación para ver cómo estas mismas cualidades podían ayudarlo a tener éxito de un modo positivo.

La comprensión de la guarida familiar

Si vinieras a visitarme y empezáramos a conversar sobre el orden de nacimiento, te pediría que hicieras un cuadro de tu «guarida familiar». Me gustaría saber sobre mamá osa, papá oso, el osito mayor, el osito bebé, etc.

Tomemos, por ejemplo, a Andrea. Es la tercera de cuatro hijos; tiene siete años menos que su hermano mayor, seis menos que su hermana mayor y dos años más que su hermana menor.

Hermano mayor: Treinta y nueve años de edad
Hermana mayor: Treinta y ocho años
Andrea: Treinta y dos años
Hermana menor: Treinta años

Supongamos que Andrea acaba de entrar a mi oficina de consejería. Comienzo diciendo:

—Me gustaría dar un paso atrás para mirar a los ositos que salieron de la guarida de tus padres. Escojamos una palabra, un adjetivo, a fin de describir la personalidad de cada uno. ¿Qué adjetivo usarías para describir a tu hermano mayor?

—Creo que lo llamaría ambicioso y líder.

—Dije *una* palabra.

—Muy bien. Líder. Sin embargo, era ambicioso de verdad. En la actualidad, es presidente de su propia compañía.

—¿Qué me dices de tu hermana mayor?

—Ah, no sé qué le sucede. Es una especie de persona rara e inconformista del grupo. Cheryl es la que menos tiene en común con el resto de nuestra familia. Con suerte, tenemos noticias de ella para las fiestas.

—Muy bien, eliminaremos a la hija número dos como la inconformista que se rebeló contra toda la familia. Solo por curiosidad, ¿es bien organizada?

—¡Cielos, claro que no! Su cuarto era un chiquero.

—¿Qué me dices de ti?

—Eso es lo que no entiendo. Leí el libro *The Birth Order Book* y me identifiqué con la conducta de una primogénita, aunque no lo soy. Mi esposo se rió de mí la semana pasada porque esperábamos visitas en una hora y me encontró limpiando la parte de arriba del refrigerador. "Andrea", me dijo, "¡Marty no mide más de un metro sesenta y su esposa es todavía más baja! Del único modo que pueden ver la parte de arriba del refrigerador es con una escalera". Sin embargo, no puedo evitarlo. Si soy la tercera, ¿cómo es posible que actúe como una primogénita?

—Volveré a eso, pero por ahora pasemos a tu hermana menor —le dije—. Dame un adjetivo para ella.

—Encaja en el molde, la clásica princesita que no puede hacer nada mal. Pienso que era la favorita de mi padre, aunque él nunca lo admitió.

—¿Qué hace hoy en día?

—Se queda en su casa para criar a sus hijos, pero a la vez vende cosméticos *Mary Kay*.

—¿Una hija menor que se dedica a las ventas? Esa sí que es una gran sorpresa. ¿Cómo le va en eso?

—Es la mejor, y lo puedes afirmar desde cinco cuadras de distancia.

—¿A qué te refieres?

—Tiene un Cadillac rosa brillante en la puerta de su casa —dijo Andrea—. Por supuesto, hoy en día dan otras opciones, pero a Missy siempre le ha gustado presumir.

—Muy bien, a Missy la llamaremos la princesa. Ahora, respecto a ti: ¿por qué no te entiendes a ti misma?

—Me parezco mucho a una primogénita, pero soy la tercera. Eso no tiene sentido para mí.

—Miremos en conjunto. Tu hermano mayor era... ¿cómo era?

—A decir verdad, muy exitoso.

—¿Y todos le tenían gran admiración?

—Sí. Todos recurrían a él con sus problemas, incluyéndome a mí. Es un hermano muy bueno.

—Sin embargo, ¿te das cuenta de que tu hermana mayor quizá se haya sentido oprimida al no poder competir con ese hermano mayor? Y como si no fuera suficiente con tener que competir con el Sr. Superman, llegaste tú y acaparaste toda la atención. Eras la mascota de la familia. Todos te adoraban. Aun así, al mismo tiempo, esa brecha de seis años casi te hace primogénita de la segunda familia, ¿no es cierto?

—Es verdad, es verdad. Supongo que nunca lo pensé de ese modo, pero de seguro que soy la hermana mayor de Missy. Nuestra otra hermana no quería saber nada de ella.

—Ahora, el cuadro está un poco más claro. Tu hermana mayor asume el papel de rebelde. Cuando llegaste tú, alguien tenía que dar un paso al frente para asumir un poco de responsabilidad, y eso hiciste. Luego, nace la hermana menor, y justo antes que ella hay una versión femenina del hermano mayor Superman. Entonces, ¿en qué se convierte?

—¿En irresponsable con I mayúscula? —sugirió Andrea.

—Así es, ¿y entiendes por qué?

—Porque yo era muy responsable; ¿es eso lo que quiere decir?

—Exactamente —le dije—. Por eso es que las mismas cosas que te irritan, a ella le parecen un desafío divertido; por eso conduce un auto rosa y tú un monovolumen negro.

Tratar de comprender mejor la manera en que tus hermanos influyeron en tu papel en la vida es el único medio para evaluar de manera más objetiva la personalidad que has desarrollado como respuesta, como le sucedió a Andrea. Luego, como adulto maduro, puedes decidir si esos rasgos te dan resultado.

Si no es así, es hora de hacer algo al respecto.

Identifica a tus hermanos

¿Qué palabra utilizarías para describir a cada uno de tus hermanos? Aquí tienes algunas para pensar.

- Erudito
- Atleta
- Pleitista
- Rebelde
- El favorito de mamá
- El favorito de papá
- Insistente
- Mandón
- Líder
- Mosquita Muerta
- Señorita Perfecta
- Bravucón
- Maniático de la limpieza
- Adicto a la Internet
- Prodigio en computadora
- Solitario
- Santo (muy religioso)
- Eminencia en los negocios
- Fanático del control
- Sustituto de papá (o de mamá)
- Aventurero
- Poeta
- Activista
- Comediante

¿Qué te dice esa palabra respecto a los papales de tus hermanos en la familia y a su orden de nacimiento?

Cómo sacar el máximo provecho de tu orden de nacimiento

Diré lo siguiente alto y claro: ningún orden de nacimiento es mejor que el otro, solo son diferentes. Si eres una persona triciclo, no hay nada malo con eso. ¡Solo permanece en el carril para triciclos! Aléjate del carril para motocicletas o te arriesgarás a que te atropellen.

Cada personalidad según el orden de nacimiento tiene algo que ofrecer. Incluso los rebeldes tienen su lugar. En un sentido, Nelson Mandela y Moisés fueron rebeldes. Desafiaron el statu quo y trabajaron para generar un cambio positivo. Necesitamos personas que nos hagan reír, así como otras meticulosas que

> *Ningún orden de nacimiento es mejor que el otro, solo son diferentes.*

puedan prepararnos nuestra declaración de impuestos. Necesitamos gente que se dedique a gobernar y a desarrollar compañías exitosas, al igual que necesitamos personas capaces de resolver disputas y obrar como mediadores. Este mundo tiene un lugar para ti, más allá del título que te parezca más apropiado para tu perfil.

Si eres un hijo menor, procura el título de contador, pues es probable que lo que hiciera tu hermano mayor no te dé resultado. Esas cuatro paredes comenzarán a parecerte una prisión a menos que puedas salir y tener alguna interacción social. Como hijo menor, descubrirás que existen otras ocupaciones que están hechas para ti.

Si eres un hijo del medio, pregúntate si en verdad quieres las presiones que provienen de ser el mandamás en el trabajo. ¿Quieres ser la persona cuya decisión dirija la compañía o la que a la larga la haga rentable en lo financiero? ¿Quieres representar el papel del chico malo que debe despedir a los empleados incompetentes o perezosos? Si no es así, no pienses que eso te hace menos competente que un primogénito. Solo significa que necesitas encontrar un papel diferente en el trabajo.

Si eres un primogénito, no te sorprendas si los hijos menores se roban toda la atención o si los del medio parecen disfrutar de discusiones largas sobre relaciones, mientras tú quedas fuera del círculo. Es probable que las charlas sobre relaciones no sean lo tuyo; tú tratarías de comenzar a resolver los problemas de las personas en menos de cinco minutos. Relajarte no te resulta demasiado divertido.

Haz las paces

Una vez que comprendes tu orden de nacimiento, es probable que las otras personas no te resulten tan molestas. Ya no tienes que preguntarte por qué tu compañero de cuarto es tan desordenado, por qué tu supervisor es tan mandón, por qué tu compañero de trabajo no puede soportar el cambio y por qué tu vecino siempre se tiene que salir con la suya.

Hasta puede llevarte a suavizar las relaciones familiares y traer reconciliación. Por ejemplo, si te das cuenta de que tiendes a ir en la dirección opuesta a la del hermano que te precede, ya estarás preparado y no tendrás que preguntar más: «¿Por qué no puedo parecerme más a mi hermana?» o «¿Por qué mi hermano no puede ser más parecido a mí?». Y ya no debería resultarte un misterio la dirección que haya tomado algún hermano. Basándote en el orden de nacimiento, es probable que esa decisión tenga perfecto sentido.

Si creciste peleando con tus hermanos, comprender que la estrecha proximidad los convirtió en candidatos ideales para pelear, puede quitarle lo «personal» a la pelea. Entonces, puedes mirar las situaciones que causaron las peleas de manera más objetiva y comenzar a entablar otra vez un nuevo tipo de relación.

Sé lo que digo. Mis dos hijas mayores nacieron con menos de dos años la una de la otra. Nunca cesaron de competir entre sí (y en algunos sentidos, es probable que sigan compitiendo). Mis dos hijas menores tienen una gran diferencia de edad, y han sido dos de las hermanas más colaboradoras que haya visto. Aunque me gustaría recibir algún mérito por esto, y creo en verdad que Sande y yo hemos mejorado como padres a través de los años, lo cierto es que mucho de sus relaciones tiene que ver con la dinámica del orden de nacimiento y sus variables.

La comprensión de estos mecanismos también puede ayudarte a poner las acciones de tus padres en perspectiva. La mayoría de los padres se identifica con el hijo de su propio orden de nacimiento. Si mamá es el bebé, lo natural es que se sienta más cerca del bebé. Si papá es el hijo del medio, se ocupará del hijo del medio, sabiendo cuán fácil es que a los del medio los pasen por alto.

> *Si mamá es el bebé, lo natural es que se sienta más cerca del bebé. Si papá es el hijo del medio, se ocupará del hijo del medio, sabiendo cuán fácil es que a los del medio los pasen por alto.*

Cuando repasas tus recuerdos con los principios del orden de nacimiento en mente, ¿cómo cambia tu manera de pensar? Tal vez seas un primogénito y tu papá, que era el hijo menor, parecía tener debilidad por el bebé de la familia. ¿Y acaso eso quería decir que no te amaba? No, solo era un fenómeno natural. Tu padre era el bebé de su familia, y no es más que humano. Su reacción, mimar y proteger al bebé, no decía nada sobre tu valor personal. En cambio, revelaba mucho de la propia historia de tu papá. La vida es demasiado corta como para tomar estas cosas a pecho.

Lo irónico aquí es que a pesar de que los padres se identifican con los hijos que nacieron en su mismo orden, también suelen tener grandes encontronazos con esos mismos hijos. Un padre primogénito y un hijo primogénito tendrán algunas escaramuzas demoledoras. Es de esperar que nunca lleguen a las manos, pero de seguro que sus voluntades fuertes y sus deseos de control hará que saquen algunas chispas. Del mismo modo, dos compañeros de trabajo primogénitos pueden luchar de palabras para ver quién gana, y a dos hijos menores en la oficina les puede costar terminar una tarea (están demasiado ocupados intercambiando historias).

¿Qué significa todo esto? Otórgate a ti mismo, y otórgales a los demás, una fuerte dosis de gracia. Rompe las antiguas rencillas. Reconcíliate con ese compañero de trabajo o ese hermano difícil. Considera darle una segunda oportunidad a ese padre. No te tomes a pecho las cosas insignificantes. Comprende que todos cometemos errores... y eso te incluye a ti.

Nunca serás perfecto, pero al comprender tu personalidad, tus rasgos según el orden de nacimiento y las variables que afectan el orden de nacimiento, puedes:

- identificar tus puntos débiles y trabajar en ellos;
- familiarizarte con tus puntos fuertes y hacerlos aun más fuertes;
- comprender las tendencias que tienes como primogénito, hijo del medio, hijo menor o hijo único, y rodearte de un círculo de amigos y de personas que te complementen y te ayuden a equilibrarte.

Qué hacer el martes

1. Identifica tu orden de nacimiento.
   - hijo menor (bebé)
   - hijo del medio
   - hijo primogénito
   - hijo único
2. Fíjate en los rasgos de la personalidad de tu orden de nacimiento. ¿Cuáles se parecen a los tuyos? ¿Cuáles no se parecen?
3. Analiza las variables.
   - Separación: ¿Hay más de cinco años entre el hermano que te precede y tú?
   - El género de los hermanos: ¿Eres el primero de tu género en la familia?
   - Diferencias físicas, mentales o emocionales.
   - El efecto de las mezclas.
   - El orden de nacimiento y la personalidad de tus padres.
4. ¿Podrías ser una mezcla? Por ejemplo, quizá seas un hijo del medio, pero debido a las variables anteriores, has asumido también muchos de los papeles y las características de un primogénito.

Sección extra para curiosos

¿Quién es quién?

¿Por qué esos famosos son como son? Todo tiene que ver con su orden de nacimiento.

¿Adivina quién?

Dale un vistazo una vez más a los rasgos de los hijos menores o los bebés (página 71), de los hijos del medio (página 75), de los primogénitos (página 79) y de los hijos únicos (página 82). Luego fíjate si aciertas con el orden de nacimiento de estas personas famosas. (Busca la página 265 para las respuestas[1]).

Barack Obama
Robert De Niro
Hillary Clinton
George Bush padre
Eddie Murphy
Martin Short
Laurence Fishburne

Steve Martin
Dwight Eisenhower
Ellen DeGeneres
Anthony Hopkins
James Earl Jones
Bill Cosby
Whoopi Goldberg

Jay Leno
Tommy Lee Jones
Harrison Ford
Matthew Perry
Grover Cleveland
Stephen Colbert
Jennifer Aniston
Angelina Jolie
Brad Pitt
John F. Kennedy
Steve Carell
Jon Stewart
Billy Crystal

Chuck Norris
Sylvester Stallone
Danny DeVito
Drew Carey
Reese Witherspoon
Jim Carrey
Ben Affleck
Oprah Winfrey
Richard Nixon
Chevy Chase
Ronald Reagan
Donald Trump

Ejemplos clásicos del orden de nacimiento

¿Alguna vez te preguntaste por qué la gente de Hollywood es de la manera que es? A continuación están las historias de la vida real de personas famosas que son ejemplos clásicos de cada orden de nacimiento. ¿Qué papel representó el orden de nacimiento en lo que esta gente es y lo que ha alcanzado? Fíjate si puedes descubrirlo.

Pista: Lo que aprendiste también puede ayudarte a descubrir el «nuevo tú».

Oprah Winfrey

Primogénita que lo hace bien

Tal vez sepas que a Oprah la nominaron para un Premio de la Academia por su trabajo en *El color púrpura*. Sin embargo, ¿sabías que fue su primera película? ¿Eso no se parece a una primogénita? Comienzas en la actuación, te nominan para un Premio de la Academia y después sigues buscando alguna otra cosa (como convertirte en la mujer de color más rica de todos los tiempos).

Oprah conoce el éxito. Su programa diurno ha sido el número uno durante años, y cuando presentó su propia revista, ascendió derecho a la cima: el debut más exitoso que haya tenido jamás una revista. Oprah también presentó una serie de seminarios de un día titulados «Vive tu mejor vida». Los mil seiscientos asientos en Baltimore (a ciento ochenta y cinco dólares por cabeza, si no lo sabías) se vendieron en cuarenta y siete minutos.

No todo lo que toca se convierte en oro (a la película *Beloved* no le fue tan bien), pero si pudieras comprar acciones en una persona, lo mejor que podrías hacer sería colocar un gran por ciento de tu fondo de jubilación en *Oprah, Inc.*

A Oprah la nominaron para un Premio de la Academia por su trabajo en El color púrpura. *Sin embargo, ¿sabías que fue su primera película? ¿Eso no se parece a una primogénita?*

Conocí a Oprah. Por cierto, pasé una gran vergüenza en su programa. Esto fue en los días antes de que Oprah fuera OPRAH. Era bien conocida, pero no un nombre famoso como lo es hoy en día. Durante el primer segmento del programa, me referí a Oprah por su nombre, como hago con todos los presentadores. Me gusta ser amistoso.

Imagina la vergüenza que pasé cuando el productor se me acercó durante el primer corte y dijo: «Lo está haciendo muy bien, Dr. Leman, pero su nombre es Oprah, no Ofrah».

A pesar de mi error, Oprah no debe haberse molestado mucho conmigo; me invitó cuatro veces más.

Fiel a su forma de primogénita, el objetivo de Oprah no es solo entretener: quiere distinguirse. «No tengo sueños particulares para el futuro», le dijo a la revista

Good Housekeeping. «Solo soy una voz que trata de ayudar a la gente a redescubrir lo mejor de sí misma». En un artículo que escribió, Oprah afirma: «Quiero que mi trabajo, todo mi trabajo (películas, libros, televisión), sean una luz en la vida de la gente». Con ese fin, en 1998 Oprah llevó a su audiencia de más de veinte millones a un ejercicio de superación personal y llamó a su programa «Change Your Life TV!» [¡La televisión que cambia tu vida!].

Este tema ha dominado el trabajo de Oprah a lo largo de su carrera. En un discurso de graduación en 2000, en la Universidad Roosevelt de Chicago, Oprah les dijo a los graduandos: «Hay un llamado sagrado en cada una de nuestras vidas que va más allá de este título que están a punto de recibir. Hay un contrato sagrado que ustedes hicieron, que hice yo, con el Creador cuando empezamos a existir. No es solo el espermatozoide y el óvulo que se encontraron cuando surgió la esencia de lo que seríamos. Ustedes hicieron un contrato, tuvieron un llamado. Y ya sea que lo sepan o no, su tarea es descubrir cuál es ese llamado y poner manos a la obra para llevarlo a cabo».

> *«Hay un llamado sagrado en cada una de nuestras vidas. Ya sea que lo sepan o no, su tarea es descubrir cuál es ese llamado y poner manos a la obra para llevarlo a cabo».*
> *Oprah*

Es bien conocida la horrenda niñez de Oprah. Aunque era primogénita, tuvo muy pocos privilegios. Nació en una familia muy pobre, fue víctima de abuso sexual y de violación, y a los catorce años dio a luz a un niño que murió. Dado su comienzo tan pobre, los logros de Oprah son aun más asombrosos.

Los primogénitos suelen ser estudiosos, o al menos, casi siempre tienen algunos libros sobre la mesa de noche. Oprah es una bien conocida amiga de los libros. Su descripción de un fin de semana ideal es devorarse tres libros y estar todo el día en pijama. Casi sin la ayuda de nadie, el Club del Libro de Oprah revitalizó una industria editorial cada vez más debilitada, en particular las novelas, y prácticamente le garantizó a los libros escogidos un lugar en la lista de éxitos de librería nacionales.

Por cierto, los libros representaron un papel muy importante en ayudar a Oprah a sobreponerse a su difícil comienzo. Dijo: «Para mí, obtener mi credencial de la biblioteca fue como conseguir la ciudadanía estadounidense». Como escribiera Ron Stodghill en *Time*, Oprah usó a «los protagonistas con voluntad de hierro que encontró en la literatura negra para avivar el fuego de sus sueños de levantarse por encima del trabajo extenuante que parecía ser el destino de la mayoría de los negros que conocía».

> *«Tenía que soltar las expectativas de los demás y aprender a vivir desde la parte más pura de mí misma».*
> Oprah

Al igual que mi primogénita esposa, Oprah es complaciente. Una vez, entretuvo a una audiencia en Baltimore con historias acerca de su «enfermedad de complacer». No todos los primogénitos son complacientes, pero en gran parte lo son (las mujeres en particular)[2]. Oprah ha hablado sobre cómo esta necesidad de complacer solía frenarla hasta que logró controlarla: «Años atrás, cuando me estaba volviendo loca al tratar de complacer a todos, le dije a Sidney Poitier que por más que lo intentara, parecía que no hacía lo suficiente como para satisfacer las expectativas de los demás, y él me dijo: "Eso se debe a que quieres satisfacer sus sueños. Lo que tienes que hacer es descubrir qué esperas de ti misma y aprender a conformarte con eso". Esto me ayudo muchísimo. Tenía que soltar las expectativas de los demás y aprender a vivir desde la parte más pura de mí misma».

Aunque es complaciente, a Oprah igual le gusta tener el control, otro rasgo típico de los primogénitos. Todavía firma todos los cheques de más de mil dólares de su negocio, *Harpo Entertainment Group*, y examina de manera meticulosa los de menor monto que firman otros en su lugar. Compromete a los empleados de todos los niveles con contratos de confidencialidad estrictos y para toda la vida. También protege todas sus otras empresas con la misma intensidad. Cuando Hearst (el editor de la revista *O*) planeó que el primer número de la revista de Oprah estuviera a la par de la revista *Cosmopolitan* al poner a las dos publicaciones una junto a la otra en un exhibidor especial, Oprah tomó el teléfono y lo detuvo. «No permitiré que me usen para vender una de sus otras revistas», dijo. «*Cosmo* no es lo que soy yo».

Aunque es un poco controladora, Oprah es buena en extremo con su personal. Le gusta llevarlos de compras, y al haber estado en su programa, sé que sus asistentes harían cualquier cosa por ella. Oprah es muy leal y espera un cien por cien de lealtad a cambio. Si quieres conocer su lado malo, solo traiciona su confianza... estás acabado. En el libro *Legends*, Maya Angelou escribió un conmovedor tributo a Oprah: «Nació pobre e impotente en una tierra donde el poder es el dinero y se adora al dinero. Nació negra en una tierra donde el poder es blanco y se adora al blanco. Nació mujer en una tierra donde las decisiones pertenecen a los hombres y la masculinidad es la que controla.

> *Oprah es muy leal y espera un cien por cien de lealtad a cambio. Si quieres conocer su lado malo, solo traiciona su confianza... estás acabado.*

Este pesado bagaje hubiera parecido indicar que el viaje era improbable, por no decir imposible por completo. Sin embargo, entre las colinas de Misisipi, la pequeña y sencilla niña negra con un nombre gracioso decidió que viajaría y que lo haría con su propio equipaje».

Tal vez sin darse cuenta, Angelou prosigue y menciona que detrás del sorprendente éxito de Oprah se encuentra su papel como hermana mayor de Estados Unidos: «Es la hermana deseada de gran corazón que va donde los temerosos no se animarían a poner un pie».

Qué gran identificación. Cada cosa que Oprah hace, millones de personas quieren copiarlo. Leemos los libros que recomienda. Escuchamos a los invitados que lleva a su estudio. Y hasta cuando hace algo alocado, como correr un maratón, la seguimos. Tal vez sea una coincidencia que el año posterior a que Oprah corriera un maratón en Washington DC, la asistencia al maratón aumentó entre un quince y un veinte por ciento, pero su entrenador, Bob Greene, no cree que: «[Oprah] tenga un efecto increíble sobre la gente [...] A través de los años, ha estado dispuesta a exponer su vida y sus luchas en público, y la gente se identifica con ella». Pienso que solo estamos deseosos de seguir a nuestra hermana mayor.

> *Detrás del sorprendente éxito de Oprah se encuentra su papel como hermana mayor de Estados Unidos.*

Oprah ha encontrado su fuerza en llegar a otros. Ha aceptado gustosa el papel de la hermana mayor de Estados Unidos. En lugar de permitirse quedar sepultada por la amargura, ha usado sus rasgos para ayudar a otros, y esto le ha devuelto bendición. Oprah le contó a un reportero de *Newsweek* un incidente en el que un hombre la detuvo solo para agradecerle su impacto: «Pienso que en verdad es un logro asombroso que haya crecido como niña negra que se sintió tan aislada y carente de amor, la emoción que más sentía de niña era la soledad, y ahora en la adultez me sucede justo lo opuesto. Muchas veces, la gente avanza hacia el futuro llevando a cuestas el peso de su pasado. Sin embargo, en mi caso, las cosas han cumplido su ciclo completo de manera absoluta. Me siento abrazada por la gente que me ama. Pienso que ese es un tremendo regalo».

Oprah usó esa aguda sensación de soledad para impulsarla en una dirección positiva, una para cambiar el mundo[3].

Junto con Oprah, otros actores y animadores primogénitos incluyen a Harrison Ford, Matthew Perry, Jennifer Aniston, Angelina Jolie, Brad Pitt, Chuck Norris, Sylvester Stallone, Reese Witherspoon y Ben Affleck. Bill Cosby, uno de los estupendos comediantes de todos los tiempos, también es un primogénito. Cosby, que tiene un doctorado, es un perfeccionista. Le puso a todos sus hijos nombres que comienzan con «E», a fin de recordarles que siempre deben buscar la excelencia.

Si eres un primogénito...

Es probable que nunca seas el alma de la fiesta. Con tus conductas perfeccionistas puedes molestar a algunos. Sin embargo, eres capaz de lograr mucho, mucho más de lo que los hijos menores puedan soñar jamás. Tendrás que vencer tus propias luchas: la soledad, tal vez, o una tendencia a complacer a los demás si eres un primogénito complaciente, pero si te enfrentas a estos obstáculos sin rodeos, hay poco que no puedas hacer. Naciste para tener éxito[4].

> *Oprah usó esa aguda sensación de soledad para impulsarla en una dirección positiva, una para cambiar el mundo.*

Robert De Niro

El hijo único

El actor, director y productor Robert De Niro Jr., ganador de dos Premios de la Academia y de un Globo de Oro, es un hijo único clásico.

Se destaca por su atención a los pequeños detalles, ganándose la reputación de ser uno de los actores más grandes y más trabajadores de todos los tiempos. En 1997, la revista *Empire* lo incluyó en la lista de «Las cien estrellas de cine más grandes de todos los tiempos» y lo eligió como el mejor actor de todos los tiempos en FilmFour.com en 2002. También entró en el Salón de la Fama ítalo-estadounidense en 2002.

Según el sitio web de Robert De Niro: «A lo largo del transcurso de casi cuarenta años, Robert De Niro se ha establecido como uno de los más respetados e icónicos actores de la pantalla en la historia. Esta es una posición que alcanzó tanto a través de su incansable perfeccionismo en el enfoque del trabajo y la braveza con la que protege su vida privada»[5]. Este perfeccionismo, este dinamismo y esta intensidad son rasgos de carácter de un hijo único. Todos los que hayan visto una película de De Niro, no tienen duda de que sobresale por encima de todos en su habilidad en la actuación.

Robert De Niro nació en Nueva York de dos respetados artistas (Virginia Admiral, pintora, y Robert De Niro padre, pintor y escultor) que se divorciaron cuando él tenía dos años. De Niro creció en la zona de la Pequeña Italia en Manhattan con su madre, aunque su padre (que se había mudado a Europa) lo visitaba con regularidad. De Niro era un niño tímido que prefería leer en lugar de jugar con otros niños (rasgo de los hijos únicos: los libros son sus mejores amigos). Muchos renombrados pintores, poetas y críticos visitaban su hogar. (Repito, otra experiencia de los hijos únicos: estar rodeados de personas mayores, perfeccionistas o excelentes en su labor). Es interesante que cuando su padre lo visitaba, lo llevaba al cine.

Luego, De Niro representaba la película que acababa de ver y aprendía a interpretar los personajes. Descubrió por primera vez su amor por la actuación cuando tenía diez años, y representó al león cobarde en una producción escolar de *El mago de Oz*. Al ver su capacidad para la actuación, su madre lo anotó en el instituto de música y arte de Nueva York, pero él la abandonó para huir un corto tiempo con una pandilla callejera.

> *El perfeccionismo, el dinamismo y la intensidad son rasgos de carácter de un hijo único.*

Sin embargo, De Niro no se distrajo durante mucho tiempo (otro rasgo de los hijos únicos). A los dieciséis años, hizo una gira en la producción de Chéjov *El oso*. A los diecisiete años, después que sale del cine con un amigo, afirmó que sería actor de cine. Entonces, abandonó el instituto en el último año y se fue a la escuela de actuación.

De Niro pasó gran parte de los años 60 trabajando en teatro y en producciones fuera de Broadway. Su primera película llegó cuando el director Brian De Palma lo incluyó en el reparto de *The Wedding Party*, pero esa película no se estrenó hasta después de seis años. Luego, en 1973, conoció al director Martin Scorsese (crecieron en el mismo vecindario, pero nunca se conocieron en su niñez) a través de la película *Malas calles*. También personificó a Bruce Pearson, un receptor de béisbol de las Ligas Mayores que se vio afectado por el mal de Hodgkin, en *Muerte de un jugador*. Para representar al personaje de Pearson, De Niro investigó su parte haciendo grabaciones de voces sureñas.

Esta misma atención a los detalles, que se profundizó en la representación de sus personajes, es lo que ha marcado la carrera de De Niro. Por ejemplo, trabajó como taxista durante tres meses para *Taxi Driver*; aprendió a tocar el saxofón para *New York, New York*; vivió en Sicilia para *El Padrino: Parte II*; y aprendió a hablar siciliano fluido para representar bien al mundo de la mafia. (Su actuación como el joven Don Vito Corleone en *El Padrino II* le valió su primer Premio de la Academia como mejor actor secundario, ¡primer actor que jamás haya ganado un Premio de la Academia hablando solo un idioma extranjero! Allí tienes lo que es un hijo único). Para la película *Toro salvaje*, De Niro se entrenó como boxeador con el recio camorrista Jake LaMotta durante todo un año, antes de que se produjera la película. También aumentó veintisiete kilos para esa película, lo que muestra hasta dónde puede llegar para crear un personaje auténtico. La película *Uno de los nuestros* solidificó la fama de De Niro con una actuación excepcional.

A finales de los 80, creó su propia compañía: *TriBeCa Films*. «Están estos tipos», dijo De Niro al explicar por qué había comenzado la compañía, «a los que llamamos trajeados. Tienen el poder para darle el visto bueno a una película. Son como tus padres, te dicen: "Nosotros tenemos el dinero". Sin embargo, al mismo tiempo nos dicen a los actores: "Nos encantas. No podríamos hacerlo sin ti". Ya sabes, he estado aquí por mucho tiempo. He visto cómo los trajeados dirigen el manicomio. Pienso que puedo hacerlo tan bien o incluso mejor. Déjenme intentarlo»[6]. ¿Captaste eso? «Pienso que puedo hacerlo tan bien o incluso mejor». Ese también es un rasgo de un hijo único.

Y no se detuvo con la constitución de su propia compañía cinematográfica. También es copropietario de varios restaurantes en Nueva York y San Francisco. Sin embargo, lo que hace en su vida privada, queda en privado. Casi nunca ves que la prensa amarilla haga referencia a Robert De Niro, porque se mantiene reservado respecto a su vida personal y pocos son los detalles que se conocen sobre él. Cuando alguna vez la prensa hace un comentario, él no suele mo-

> *«Tendrás tiempo para descansar cuando estés muerto».*
> *Robert De Niro*

lestarse en defenderse ni en ofrecer su versión de la historia. No obstante, de vez en cuando deja entrever algo de su corazón. En la entrega de Premios de la Academia en 1981, llevó una cinta verde en la solapa como recordatorio de varios niños afroamericanos que fueron víctimas de un asesino en serie de Atlanta.

Robert De Niro ha demostrado ser un individuo excepcional, concentrado, a quien todos respetan y que se apasiona por cada cosa que hace. Con empuje y dinamismo, se dirige hacia cualquier meta que persiga. Como dijera el mismo De Niro: «Tendrás tiempo para descansar cuando estés muerto»[7].

Sin embargo, lo que les suele faltar a los hijos únicos es la habilidad de detenerse y disfrutar de una familia. De Niro se casó dos veces: la primera, estuvo casado doce años con Diahnne Abbott. Luego, en 1997, a los nueve años de su divorcio, se casó con Grace Hightower, y tan solo dos años después volvió a divorciarse. Sin embargo, dicho sea a su favor (sobre todo en Hollywood, donde las relaciones cambian muy a menudo), de algún modo los dos se las arreglaron para limar asperezas, ya que renovaron sus votos y siguen juntos hasta el día de hoy[8].

Otros hijos únicos que son bien conocidos por sus papeles dramáticos y algunas veces humorísticos, incluyen a Laurence Fishburne, Anthony Hopkins, James Earl Jones, Tommy Lee Jones, William Shatner y Robin Williams.

Si eres un hijo único...

Debes saber que no hay problema si te propones cambiar el mundo. Tu impulso hacia el éxito y a lograr un poco común estado de excelencia nos inspirarán a todos los demás. Aun así, hazte un favor: diviértete un poquito. Aprende a disfrutar la vida en el proceso. Encuentra a un amoroso hombre, o a una mujer, que te pueda hacer reír y relajar de vez en cuando.

En este mundo hay cosas que se deben cambiar. Sin embargo, también hay cosas para disfrutar. No sacrifiques lo uno por lo otro.

David Letterman

En el medio y en la lucha por el respeto

David Letterman, hijo del medio (el segundo de tres), tiene la misma profesión que Oprah Winfrey; ambos forman parte de la industria del entretenimiento. Sin embargo, los primogénitos como Oprah Winfrey y Angelina Jolie procuran cambiar el mundo. A los hijos menores, como Jay Leno y Julia Roberts, los amarán universalmente por su trabajo y por su naturaleza agradable. Y los hijos del medio en Hollywood lucharán, muy a menudo, por respeto. Sin duda, este ha sido el caso de David Letterman.

El ejemplo más vívido del orden de nacimiento que pasara a primer plano tuvo lugar a principios de los años 90, cuando Johnny Carson se jubiló y a Jay Leno lo eligieron para que lo sustituyera como presentador en *The Tonight Show*. Durante años, a Letterman lo vieron como el príncipe en espera, el comediante a la espera de conseguir el mayor puesto en la televisión en el programa con más tiempo en pantalla de la historia. A las claras, era el candidato de Johnny Carson (de paso, Johnny también es un hijo del medio).

> *Los hijos del medio en Hollywood lucharán, muy a menudo, por respeto.*

Sin embargo, es interesante que Jay Leno sea un hijo menor con clásicas tendencias de su orden de nacimiento. Según un reportero: «En algún momento de su vida, Jay pensó que sería un vendedor de seguros un poco loquito». Jay desarrolló su humor desde temprano. Tenía una ligera dislexia y la compensaba haciendo reír a sus amigos y maestros. Su maestra de quinto grado escribió un informe que es típico de un hijo menor. «Si [Jay] usara en sus estudios el esfuerzo que emplea para ser cómico, sería un estudiante brillante. Espero que nunca pierda su talento para hacer reír a la gente».

A fin de conseguir el puesto en *The Tonight Show*, Jay puso a trabajar el sistema. Era un gran charlatán, así que hizo presentaciones especiales para los afiliados de la NBC local, dio muchas entrevistas a los periódicos locales e hizo todo lo que tenía que ver con las relaciones sociales de modo que se conociera su nombre. También hizo locuras como esconderse dentro de un armario para oír conversaciones sobre quién sería el escogido e hizo todo lo que pudo para politiquear y hacer campaña por el codiciado puesto. Los bebés nacen siendo manipuladores y les encanta la emoción de la persecución, así que no me sorprende que el hijo menor ganara el partido.

Los hijos del medio ni siquiera tienden a jugar, lo que admite el mismo Letterman. Cuando le dijeron que Leno dijo: «Me gusta el juego», Letterman respondió: «No sabía que en esto había involucrado un "juego". O no lo reconozco o no me lo juego». Un escritor señaló que Letterman era «demasiado educado como para comprar con soborno su propio ascenso». Letterman explica: «Solo me gusta pensar que si te esfuerzas mucho y haces un programa agradable de verdad, le caerás bien a la gente. Ja. Ja. Y, luego, dieciséis años más tarde, descubres: ¡no siempre es así!».

Como sucede con la mayoría de los hijos del medio, Letterman tiende a ser muy reservado, lo cual no concuerda muy bien con su profesión. Cuando Bill Carter, quien escribiera un libro sobre la batalla Leno-Letterman para suceder a Johnny Carson, apareció en el programa de Tom Snyder, Letterman llamó, disimuló la voz y adoptó el personaje de un camionero, divagando acerca de una cantidad de temas. Tiempo después, le dijo a otro reportero que el único propósito de su llamada, que al parecer fue interminable, era el de impedir lo más posible que el escritor hablara sobre él.

«No quería oírlos hablar sobre ese asunto», le contó al escritor y amigo Bill Zehme.

Para otros, Letterman podría parecer un excéntrico, pero yo veo a un hijo del medio tratando de abrirse paso en un mundo de hijos menores. Hasta contrató a un empleado para que despejara los pasillos por donde él camina, a fin de que nadie pueda verlo ni detenerlo para hablar.

A pesar de todo su éxito, Letterman aún no puede verse como exitoso. Una vez, se encontraba en la terraza de una espectacularmente bella casa de playa en Malibú, con vistas al Océano Pacífico, cuando dijo de manera melancólica: «Me encantaría tener algo como esto».

> *A pesar de todo su éxito, Letterman aún no puede verse como exitoso.*

Su anfitrión lo miró asombrado. «Dave», le contestó, «tú *puedes*». Zehme explica: «El lujo lo pone incómodo; prefiere creer que no lo merece. No cuenta en absoluto que, según se dice, gane millones de dólares al año. En su mente, está a un paso del fracaso y la ruina».

Si bien puede parecer duro decirlo, y aunque Letterman ha tenido mucho éxito, no me sorprende que no la haya pasado bien. Es un hijo del medio que hace el trabajo hecho a la medida para un hijo menor. Su anterior productor, Robert «Morty» Morton, admitió algo similar: «En esencia, Dave es el mismo hasta el momento del programa. Entonces, asume una personalidad diferente durante esa hora, pero después vuelve a ser el mismo otra vez». Aunque los hijos del medio pueden elevarse por encima de su orden de nacimiento, deben pagar el precio por entrar en un terreno desconocido y de seguro incómodo.

James Wolcott, en un artículo para el *New Yorker*, analiza a Leno y a Letterman de esta manera:

> En una noche cualquiera, la diferencia entre Letterman y Leno no es de talento ni material, sino de temperamento. Leno [...] es una máquina expendedora de bromas previsibles en Las Vegas. Letterman es menos

contenible [...] Letterman se ha enfurecido por errores técnicos y metidas de pata que han dilatado la emisión de su programa y ha dado rienda suelta a actos de odio hacia sí mismo que rayan en el masoquismo. El más llamativo fue la vez en que aporreó a un muñeco de su persona en el aire y le dio varios disparos en la cabeza. Su neurosis ha alcanzado dimensiones clásicas. Hace poco, estaba leyendo «The Neurotic Personality of Our Time», de la Dra. Karen Horney, y (con la excepción de las páginas que me recordaban a mí) casi todos los capítulos decían a gritos: *Dave, Dave, Dave*[9].

> *Aunque los hijos del medio pueden elevarse por encima de su orden de nacimiento, deben pagar el precio por entrar en un terreno desconocido y de seguro incómodo.*

A pesar de que Wolcott no usa este lenguaje, lo que dice en esencia es que Leno es un típico hijo menor y Letterman es un hijo del medio bastante típico. Destaca: «Es dudoso que [Dave] alguna vez pueda ser feliz en el aire, dados sus irreconciliables deseos de ser el centro magnético y de que lo dejen [...] solo»[10], clásica conducta del hijo del medio.

Sin embargo, Letterman ha hecho todo lo que ha podido para transformar su trabajo, según el molde de un hijo del medio. A un reportero, le dijo: «Cada día es un compromiso». Casi todos los hijos del medio asumirán esa actitud; nunca se lo he oído decir a un hijo menor. Otro escritor describió a Letterman como «El gran nivelador de Estados Unidos».

Además, como muchos hijos del medio, Letterman parece ser bastante leal. Cuando le llegó el momento de una reestructuración y de despedir a alguien, lo hizo al estilo clásico de un hijo del medio. «Como nunca antes lo habíamos hecho, nos tomamos nuestro tiempo y terminamos aconsejando a esa gente, y así siguió y siguió», dijo. «Y al final del día... avanzábamos con dificultad, estábamos exhaustos, fue una situación horrible».

> *«Cada día es un compromiso». Casi todos los hijos del medio asumen esa actitud.*

También fue una situación en la que no se encuentran muchos primogénitos ni hijos menores. En realidad, Letterman puede llevar esto al extremo. Cuando arrestaron a una mujer y la procesaron por acecharlo de una manera bastante espeluznante, el fiscal insistió en que Letterman nunca fue «vengativo. Deseaba que a esta mujer se le proporcionara ayuda». Un hijo menor como yo hubiera deseado que a una loca como esta la encerraran (¡y se deshicieran de la llave!).

La lealtad del hijo del medio inspira más lealtad. A pesar de que Leno se hizo cargo del antiguo programa de Carson, durante el siguiente año, Johnny hizo tres apariciones en el programa de Letterman sin aparecer una sola vez en el programa de Leno.

Toma nota de las expectativas de fracaso de Letterman, del odio hacia sí mismo y de la incomodidad que siente de ser el blanco de las miradas. Verás similitudes en las vidas de muchos hijos del medio. Sin embargo, David Letterman ha usado lo mejor de su orden de nacimiento para lograr lo máximo[11].

Otros hijos del medio que han sacado enorme ventaja de su orden de nacimiento son George Bush padre, Dwight Eisenhower, Grover Cleveland, John F. Kennedy, Richard Nixon y Donald Trump.

Si eres un hijo del medio...

Debes darte cuenta de que has recibido las críticas de todos en tu familia. Sería fácil caer en la trampa de «pobrecito de mí», del síndrome del oprimido hijo del medio. En su lugar, recuerda que los hijos del medio terminan siendo personas como Donald Trump, Steve Forbes y Bill Gates, y a todos ellos les ha ido bastante bien en la vida, ¿no te parece? A decir verdad, que nunca hayas tenido a mamá y a papá solo para ti, y que hayas tenido que negociar y llegar a acuerdos para todo lo que recibiste en la vida, sin mencionar la ropa heredada que recibiste del hermano o hermana mayores, te han preparado mejor que al resto de la familia para vivir como se debe vivir.

Jim Carrey

El legendario hijo menor

Jim Carrey continúa una larga línea de clásicos comediantes que se extiende hacia atrás hasta Jerry Lewis y Laurel y Hardy. Pocos actores de esta clase pueden igualar sus increíbles éxitos, incluyendo *Ace Ventura: Detective de mascotas*; *Batman Forever*; *The Mask*; *El show de Truman*; *Mentiroso, mentiroso*; y *Dumb and Dumber*. Sin embargo, ¿sabías que este talentoso actor asistió formalmente a la escuela solo hasta el noveno grado y que sus años de crecimiento no fueron nada fáciles?

James Eugene Carrey nació en una ciudad justo al norte de Toronto, Canadá, en 1962. Tenía tres hermanos mayores: Pat, John y Rita. Su madre, Kathleen, sufría de depresión y casi siempre estaba enferma con padecimientos tanto reales como imaginarios. Carrey hacía todo lo que podía para entretener a su madre, para ayudarla a sentirse mejor, imitando junto a su cama mantis religiosas y conocidas estrellas de televisión. Percy, el padre de Carrey, era perspicaz y sumamente divertido. Había sido saxofonista de una gran banda, pero vendió su saxo y sus sueños para aceptar un trabajo de contador. Su suegro siempre se refería al manso Percy como «perdedor». (Más tarde, Carrey usó como modelo a su padre para *La máscara* de Stanley Ipkiss).

Desde el comienzo mismo de su vida, Carrey anhelaba atención de su familia y de todos los demás, y hacía lo imposible para obtenerla. Le encantaba la época de Navidad, cuando los parientes que venían de visita aumentaban sus audiencias. Estaba obsesionado con los programas de televisión y perfeccionaba las imitaciones de las estrellas (y también de su abuelo alcohólico), y montando shows unipersonales en el sótano de su casa. En la escuela secundaria, Carrey «actuaba» tanto como el payaso de la clase, que las maestras pronto se dieron cuenta de que la única manera de calmarlo era permitiéndole tener un espacio de diez minutos al final de cada día escolar para entretener a sus compañeros de clase. (Vaya, este bebé de la familia puede sentirse identificado con el amor por ser el centro de la atención. Me hubiera gustado que *mis* maestras hubieran sido así de listas cuando yo crecía...).

A los diez años ya había tratado de publicar un libro de sus poemas y les había enviado su currículum vítae a los productores en *The Carol Burnett Show*. Se llevaba los zapatos para el baile claqué a la cama por si sus padres necesitaban que les levantara el ánimo.

Entonces, cuando Carrey estaba en noveno grado, su familia quedó en la pobreza cuando Percy perdió su empleo y se vio obligado a vender la casa. La familia se mudó a Scarborough, un área industrial marginal de Toronto. Para satisfacer las necesidades, toda la familia salió a trabajar como guardias de seguridad o conserjes en la fábrica de ruedas *Titán*. Después de la escuela, Carrey trabajaba un turno de ocho horas limpiando inodoros, decidido constantemente a escapar para una mejor vida. Las notas de la escuela sufrieron, ya que las clases ya no eran una prioridad. Carrey se sentía más cómodo destrozando el vecindario con sus hermanos y actuando para su madre en cama, que tratando de competir en la escuela por las notas que sabía que no podía obtener.

Con el tiempo, la familia Carrey se cansó de la vida en la fábrica y renunció. Pronto quedaron sin hogar y vivieron durante un tiempo en la camioneta Volkswagen en el terreno de un pariente, hasta que pudieron volver a mudarse a Scarborough.

Sobre esa época de su vida, Carrey dice: «Mi familia empezó a desmoronarse. Yo estaba enojado con el mundo por hacerle aquello a mi padre»[12].

Cuando tenía quince años, Carrey debutó en el club de comedia *Yuk Yuk*, vestido con un frac de poliéster amarillo que su madre le hizo y que era similar al que más tarde usó para *La máscara*. La actividad fue un desastre, pero Carrey no se rindió. A los dieciséis años abandonó la secundaria para comenzar una carrera en el monólogo de comedia. Percy, que luchaba contra el trastorno bipolar, pero que tenía algo de comediante,

> *Carrey anhelaba atención de su familia y de todos los demás, y hacía lo imposible para obtenerla.*

ayudó a Carrey a escribir sus primeras rutinas. Carrey quería ser como su héroe personal, Jimmy Stewart, un tipo agradable por completo, pero que a diferencia de Percy, no era pusilánime.

A los diecisiete años, Carrey se mudó a Los Ángeles y comenzó a trabajar en el Club de la Comedia, donde lo descubrió Rodney Dangerneld y firmó contrato para dar comienzo a sus programas. Sin embargo, dos años después, Carrey estaba de nuevo sin trabajo, después que fracasara su actuación en Las Vegas. Parecía que no podía dar el siguiente paso en el negocio y esto lo preocupó en grado sumo. Su temor aumentó cuando lo invitaron al programa *Tonight Show*, de Johnny Carson, hizo sus imitaciones, pero no lo invitaron a unirse a Johnny en el sofá para una conversación sobre una posible carrera. (Para un bebé de la familia, que no te incluyan es una de las peores cosas que pueden sucederte).

Carrey desvió su atención hacia las películas e hizo su debut en *Presentando a... Janet* en 1981. En cambio, no experimentó un éxito de taquilla hasta filmar *Ace Ventura: Detective de mascotas*, más de diez años después. Cuando por fin estaba ganando buen dinero, trajo a sus padres de Toronto a vivir con él en Los Ángeles. Entonces, cuando fracasaron las películas en las que estaba, en menos de un año se quedó sin dinero y tuvo que enviar a sus padres de vuelta a Toronto.

Sin embargo, Jim Carrey no se dio por vencido. Condujo su auto hasta las inmediaciones de Hollywood, miró con menosprecio a la ciudad y soñó con el estrellato. En una pequeña ficha, hizo un cheque por diez millones de dólares para sí mismo, y le puso una fecha adelantada para el Día de Acción de Gracias de 1995. Lo increíble fue que solo tres días antes de la muerte de su padre en 1994, a Carrey le ofrecieron diez millones por *La máscara*, y su padre se ilusionó muchísimo. Cuando su padre murió, Carrey deslizó el «cheque» original en su bolsillo antes de que cerraran el ataúd.

Carrey pasó a los titulares con *Un loco a domicilio*, por la que recibió un cheque récord de veinte millones de dólares. Luego del éxito de *La máscara* y de *Dumb and Dumber*, ambas presentadas el mismo año, la carrera de Carrey despegó como un disparo y comenzó a acumular premios, incluyendo dos Globos de Oro.

No obstante, a pesar de todo su gran éxito, Jim Carrey sufre de depresión. En una entrevista en *60 Minutes* en 2004, reveló que la inspiración de su comicidad era la «desesperación». Se le cita diciendo: «Creo que los seres humanos no aprenden nada sin la desesperación. Este es un ingrediente necesario para aprenderlo todo o para crearlo todo. Punto. Si no estás desesperado en algún punto, no estás interesado»[13].

Interesante es una gran palabra para Jim Carrey, el hombre mejor conocido por sus gesticulaciones cómicas y las expresiones faciales que parecen casi de goma. Ha asumido el acto más temido por todos los seres humanos: pararse y hablar frente a una multitud, y lo ha convertido en un entretenimiento increíble. Como bebé de la familia, le encanta ser el centro de atención. (Puedo sentirme identificado. Cuando hago un programa de televisión, no hay nada que me entusiasme más que oír al productor en la cuenta regresiva y ver que se encienden las luces del escenario). En el camino, Carrey ayuda a la gente a divertirse[14].

Otros bebés de la familia que se han convertido en comediantes o animadores son Eddie Murphy, Martin Short, Ellen DeGeneres, Whoopi Goldberg, Jay Leno, Stephen Colbert, Steve Carell, Jon Stewart, Billy Crystal, Danny DeVito, Drew Carey, Chevy Chase y Steve Martin (nota: aunque es el bebé de su familia en la posición ordinal, funciona como un primogénito). No nos sorprende que tantos animadores sean bebés de la familia (hacer reír a la gente es lo que saben hacer mejor los bebés).

> *«Si no estás desesperado en algún punto, no estás interesado».*
> *Jim Carrey*

Si eres un hijo menor...

Comprende que tienes el poder para hacer reír a la gente, para ser el alma de la fiesta y para ser muy persuasivo. Puedes usar ese poder para llamar la atención molestando a todo el mundo o puedes usarlo para crear una carrera exitosa en el negocio del entretenimiento, en las ventas o en algo similar.

Lo que más necesitas es una influencia estabilizadora en tu vida. Es probable que lo mejor para ti sea *no* casarte con otro hijo menor. Necesitas una persona con los pies en la tierra que pueda controlar tus peores tendencias y, a la vez, ayudarte a que avives las mejores características.

Si eres un hijo menor, busca un cónyuge primogénito responsable. Algunas veces, puede resultarte aburrido, pero si te casas con alguien como tú, quizá quedes sepultado bajo el caos, las cuentas sin pagar y un desorden terrible. (Para más información sobre el orden de nacimiento y las parejas favorables para casarse, lee *The Birth Order Book*). Este bebé de la familia no podría haber elegido mejor cuando escogió a su esposa primogénita.

> *Determina tus puntos fuertes y débiles, busca un trabajo que se adapte a lo que eres y a la forma en que ves el mundo; luego, entrégate a él con placer.*

¡Saca el máximo provecho de quien eres!

¿Cómo puedes sacar el máximo provecho de quien eres? Determina tus puntos fuertes y débiles, busca un trabajo que se adapte a lo que eres y a la forma en que ves el mundo; luego, entrégate a él con placer. Puedes tener éxito si rompes algunas reglas (Letterman en el negocio del entretenimiento, por ejemplo), pero a la vez es probable que pagues un precio por hacerlo.

Sin importar si eres primogénito, segundo, tercero, cuarto o undécimo, puedes tener éxito. Solo necesitas saber quién eres, edificar sobre tus puntos fuertes, ser consciente de tus puntos débiles y aprender a vencerlos. Y de eso se trata *Ten un nuevo «tú» para el viernes*.

Miércoles

Ah, las mentiras que nos decimos...
a nosotros mismos

Por qué los recuerdos de la infancia son clave para ser lo que eres hoy, de dónde salió tu libro de reglas y qué puedes hacer respecto a esas mentiras solapadas que te dices acerca de ti mismo.

Si en verdad quieres comprender por qué actúas como lo haces, tienes una de dos opciones: Gastar miles de dólares para ir a un retiro de cinco días llamado «Descúbrete a ti mismo» en las montañas de Montana, donde comerás legumbres y sándwiches de espárragos mientras te das un baño de barro de cenizas volcánicas después de caminar sobre carbones ardientes. *O* puedes quedarte en la comodidad de tu hogar y hacerte la sencilla pregunta: «¿Cuáles son los recuerdos más antiguos que tengo de mi niñez y qué me dicen sobre mí?».

Huy... ¿cuál prefieres? Me arriesgo a pensar que nueve de cada diez prefieren quedarse en su sillón. ¿Y el resto? Necesitas probar uno de esos programas de supervivencia de la televisión. Te deseo la mejor suerte.

Pocas cosas revelan los secretos de la personalidad de una persona como la exploración de las pistas, de la «lógica privada» y las reminiscencias de los recuerdos de la niñez temprana. En otras palabras, para comprender por qué actúas como lo haces de adulto, debes regresar a tu niñez. Entonces, adelante Dr. Phil McGraw, aquí vamos.

Déjame apresurarme a decir, sin embargo, que no hurgaremos en tu pasado de modo que puedas evadir toda responsabilidad personal: «Cuando tenía ocho años, mi padre me decía *marica*, así que por eso me convertí en asaltante de bancos». Aunque las acciones de los padres nos afectan, pueden hacerlo de diferentes maneras. Por ejemplo, algunas mujeres que fueron víctimas de abuso sexual se vuelven promiscuas, mientras que otras se cierran sexualmente y no demuestran ningún interés en la relación sexual, incluso con sus esposos. ¿Qué determina una u otra conducta? La clave se encuentra en los recuerdos de la niñez temprana de cada mujer y en la vida y la perspectiva del mundo que se forma como resultado.

> *Los recuerdos de la niñez no son para evadir la responsabilidad, sino para aceptar la responsabilidad.*

Los recuerdos de la niñez no son para *evadir* la responsabilidad, sino para *aceptar* la responsabilidad. Pueden ayudarte a determinar cuáles fueron las influencias más profundas que recibiste de modo que puedas enfrentar tus tendencias (algunas buenas, otras malas) como adulto maduro.

Todavía eres el niño o la niña que fuiste una vez

El principio básico detrás de los recuerdos de la niñez temprana es el siguiente: todavía eres el niño o la niña que fuiste una vez. Por supuesto, has perdido algunas pecas y has agregado algunos lunares. Se te ha rellenado la cara y es probable que tu cabello no sea tan espeso ni tan rubio. Sin embargo, respecto a tu personalidad, los recuerdos más antiguos que tengas son los principales indicadores de por qué crees lo que crees, por qué haces lo que haces y por qué te comportas como te comportas.

No es accidental que conserves ciertos recuerdos y que, al parecer, olvides otros. Tu cerebro está lleno de prejuicios. Retiene lo que tiene sentido y desecha lo que no. Si el recuerdo de algo que sucedió dos o tres décadas atrás sigue albergado en tu mente, existe una razón que lo justifica: recuerdas solo los sucesos de la niñez que están en consonancia con tu visión actual de ti mismo y del mundo que te rodea.

Otra frase que uso para describir esto es tu «lógica privada», la visión interna de ti mismo y del mundo. Todos tenemos una lógica privada basada en las experiencias reales o imaginarias, y a partir de esta lógica escribimos nuestro libro de reglas inconscientes: la creencia sobre cómo debería responder la gente y por qué (después en este capítulo hablaremos más acerca de los libros de reglas).

> *Si el recuerdo de algo que sucedió dos o tres décadas atrás sigue albergado en tu mente, existe una razón que lo justifica.*

Algunas personas sienten que las criticaron con severidad y que siempre tenían rachas de mala suerte, pero puede que no sea verdad. Quizá solo sea la manera en que perciben el pasado. Sin embargo, esa falsa percepción sigue afectando su personalidad y la visión que tienen del mundo.

¿Alguna vez te has preguntado por qué a tu vecina siempre le parece que todos la persiguen? ¿Te has preguntado por qué nunca tiene algún elogio que decir? Una mirada a sus recuerdos más remotos de la niñez te daría una buena clave.

¿Alguna vez te has preguntado por qué siempre pareces saltar al peor lado de las conclusiones sobre lo que la gente dice de

> *La mayoría de los psicólogos concuerda en que al llegar a los cinco o seis años, ya has respondido las preguntas básicas de la vida y has formado la base de tu personalidad.*

ti, antes de darles una oportunidad? Una mirada a tus recuerdos más remotos de la niñez revelará algún incidente conector muy interesante, apuesto a que sí.

Cuando hablo de los recuerdos de la primera infancia, me refiero a esos de la edad de ocho años o menos, del segundo o del tercer grado para casi todos nosotros. ¿Por qué tan pequeños? La mayoría de los psicólogos concuerda en que al llegar a los cinco o seis años, ya has respondido las preguntas básicas de la vida y has formado la base de tu personalidad. En definitiva, esas preguntas básicas: «¿Quién soy? ¿Cuál es mi lugar en este mundo? ¿Cómo definiré el bien y el mal? ¿Cuál es mi propósito aquí?», se responderán por una lógica privada que desarrollarás mucho antes de la pubertad.

A medida que madures, cada decisión que tomes y cada situación a la que te enfrentes se analizarán a través de esta lógica privada. Justificas tus acciones basándote en lo que crees que es un sistema objetivo para comprender el mundo. Entonces, cuando regresas a tu primera infancia (de los ocho años y antes), buscas recuerdos con menos filtro. Es más, quizá estés pensando en los recuerdos que *formaron* tu lógica actual, más que en los que han quedado empañados y reorganizados por esa lógica.

Recuerda

En este momento, quiero que intentes un pequeño ejercicio. Toma un bolígrafo y un pedazo de papel, y busca un lugar tranquilo. Dedica cinco o diez minutos a pensar y escribe tres de los recuerdos de tu primera infancia. Vamos, cierra el libro. No sigas leyendo hasta que no termines este ejercicio. Te esperaré hasta que regreses...

Muy bien, algunos están haciendo trampa. ¿Siempre fuiste así? Eres un poquito rebelde, ¿no es cierto? (Sí, lo sé. ¡Mira quién habla!). Has seguido leyendo sin hacer los deberes, así que te daré otra oportunidad. ¡La sorpresa no dará resultado si pasas por alto este ejercicio! Anota tres de los recuerdos de tu primera infancia que te vengan a la mente...

Muy bien, si ya lo hiciste, eres obediente o demasiado testarudo.

Digamos que eres un primogénito gran danés. (A esta altura, deberías saber qué eres; si no, vuelve a leer los capítulos «Lunes» y «Martes»). Permíteme el atrevimiento de adivinar lo que acabas de escribir. De los tres, tendrás uno o todos de los siguientes: un momento doloroso, un momento en el que violaste una regla (o te metiste en problemas), o el recuerdo de haber logrado algo. O tal vez escogieras un recuerdo que implica altura, profundidad o movimiento: «Recuerdo que estuve en lo alto de un techo mirando hacia el suelo», o «Recuerdo que levanté la vista para mirar a mi padre», etc.

Ahora bien, digamos que eres el menor, un yorkie popular. Es probable que hayas escrito algunos recuerdos felices: fiestas de cumpleaños, regalos que recibiste, momentos en los que eras el centro de atención. Si anotaste sorpresas, quizá fueran sorpresas positivas cuando se suplió de manera inesperada alguna de tus necesidades. Tus recuerdos quizá contengan también una historia de «Te lo mostraré», un momento en que alguien te dijo que no podías hacer algo, pero eso te dio la motivación para salir y hacerlo.

Si eres un setter irlandés, hijo del medio, lo más probable es que recuerdes un momento en el que alguien provocó una pelea y lo arruinó todo. Puedes tener algunas historias de mala suerte cuando pensaste que ibas a recibir una bicicleta o una chaqueta nueva y terminaste con algo usado de tus hermanos mayores. Es muy probable que tu historia te represente como negociador, o tal vez implique un momento en el que te dominaron y controlaron, y lo enojado que te hizo sentir.

Si eres un hijo único caniche estándar, es probable que anotes un momento doloroso cuando no satisficiste las altas normas de otro, un momento en el que te elogiaron por tus habilidades organizativas o analíticas, o un momento en que alguien conocido hizo algo y no pudiste evitar pensar: *Bueno, está muy bien... pero yo podría haberlo hecho mejor.* ¿Tengo razón?

La tendré el noventa por ciento de las veces.

¿Cómo es posible que un desconocido con el que nunca te has encontrado y que jamás te haya visto acierte con tanta precisión respecto a tus recuerdos de la primera infancia? Es simple. Recuerdas las cosas que son coherentes con tu lógica privada. Como he aconsejado a cientos de primogénitos y cientos de hijos menores, sin mencionar a los hijos del medio, sé con exactitud lo que piensa la mayoría de ustedes. Da miedo, ¿eh?

Hace varios años me encontraba en una gran convención anual del libro, una semana agitadísima de publicidad de libros para editores, vendedores y escritores. Después de días enteros de firmar libros, dar entrevistas y conocer a los editores, comencé a sentirme cansado y, admito, un poquito aburrido. (Recuerda que los hijos menores como yo necesitamos sorprendernos a cada momento. Hacer lo mismo día tras día no es nuestro fuerte). Necesitaba un estímulo, así que me dirigí hacia el grupo de vendedores y acerqué una silla.

Para mí, la diversión solo comenzaba.

Uno de los vendedores me preguntó con educación cuál sería mi próximo proyecto de escritura. Estaba encantado de darle el gusto.

—Estoy escribiendo un libro sobre por qué eres como eres, a fin de ayudar a la gente a comprender su personalidad.

—¿Cómo lo hará? —preguntó arqueando una ceja.

—Bueno, por ejemplo, llevaré al lector a través de sus recuerdos de la infancia.

Se burló (de manera amable, pero aun así se mofó).

—No estoy seguro de creer en esa historia de los recuerdos infantiles.

Por su naturaleza cínica y analítica, y su impecable vestimenta, podía decir que estaba hablando con un primogénito, así que decidí divertirme un poquito más.

—Bueno, son indicadores bastante poderosos —le dije—. ¿Por qué no me cuenta un recuerdo de su primera infancia?

No dijo una palabra.

—Mejor aun —dije—, permítame que *yo* le diga algunos de sus recuerdos de la niñez.

Ahora, el vendedor me miraba como si estuviera loco por completo.

Tomé una tarjeta y anoté tres recuerdos generales: logro; romper una regla; y profundidad, movimiento o altura.

—Muy bien —dije—. Piense en tres recuerdos de su niñez y después descríbame el primero. Tienen que ser de antes de los ocho años.

—Recuerdo que estaba en la granja de mi abuelo, sentado en lo alto de un pajar y que miraba desde allí.

—¡Sorpresa! —dije y señalé lo que tenía escrito en la tarjeta.

¿Qué recuerdas?

A continuación están los recuerdos generales que tendrá cada orden de nacimiento.

Hijos primogénitos
- algún logro
- romper una regla
- un recuerdo de altura, movimiento o profundidad

Hijos únicos
- no poder satisfacer las altas normas de alguien
- recibir elogios por sus habilidades organizativas o analíticas
- saber que podrían haber hecho algo mejor que otro

Hijos del medio
- actuar como negociador
- ser domado o controlado
- usar cosas de segunda mano

Hijos menores
- ser el centro de la atención
- una sorpresa
- una historia de «Te lo mostraré»

> ## ¿Cuál es la buena noticia? Puedes cambiar.

Se quedó boquiabierto por el asombro. Miró un poco más mi lista y, entonces, quedó sorprendido de verdad.

—Vaya —dijo—, ¡también tiene mi segundo recuerdo!

Entonces, habló de cuando quebrantó una de las reglas de su abuelo.

¿Por qué pude «predecir» esos tres recuerdos generales de aquel vendedor? Porque el orden de nacimiento y los recuerdos suelen estar estrechamente alineados. Si conozco el orden de nacimiento de alguien, casi siempre puedo predecir la naturaleza general de sus recuerdos. Cuando me presenté en un programa en Dallas, invité a los que llamaban por teléfono a que me contaran los recuerdos de su primera infancia. Después de oírlos, les dije cuál era su orden de nacimiento. Las personas que llamaban y el presentador del programa quedaron asombrados, pero para ser sincero, no es gran cosa. Es más, una vez que hayas terminado con este libro, deberías estar en condiciones de hacer lo mismo.

Aunque a algunos les pueda resultar preocupante esto de que nuestros recuerdos puedan estar condicionados por el orden de nacimiento, para otros puede ser estimulante por completo: «¿Quiere decir que he *aprendido* a convertirme en quien soy?».

¡Sí! Eres como eres debido a las decisiones que has tomado en respuesta a tu entorno.

Entonces, ¿cuál es la buena noticia? Puedes cambiar.

Si eres una persona cínica, brusca, que vive encontrándole faltas a los demás y que devoras más amigos de los que puedes sustituir, puedes cambiar. Si eres una persona despreocupada, pero a la vez eres distraído e irresponsable, puedes desarrollar las buenas cualidades necesarias para equilibrar tu adorable despiste. Una vez que entiendes lo que te hace funcionar, puedes forjar nuevos patrones de conducta y rehacer tu personalidad. En resumidas cuentas, ¡puedes convertirte en un nuevo «tú»!

«Pero yo no tengo ningún recuerdo»

Hablar sobre los recuerdos de la primera infancia suele mantener el bullicio en una habitación, pero siempre hay algunos pocos que se levantan e insisten: «Pero, Dr. Leman, yo no tengo ningún recuerdo de mi niñez».

Sí, los tienes. Aunque muchos de nosotros desearíamos poder apretar el botón de «Retroceso» (o lo que es mejor, «Borrar») en nuestros cerebros, lo cierto es que no podemos hacerlo. Lo que has hecho, visto, experimentado y sentido está registrado en los recovecos profundos de tu mente. Que te cueste recuperar recuerdos no significa que no estén allí.

Por supuesto, existen un par de excepciones. En el caso de los traumas severos, como abuso extremo o tragedias abrumadoras, algunas veces el cerebro pone en marcha un mecanismo muy eficaz para poder resistir llamado *represión*. La represión, al igual que la negación, tiene su lugar. Nos permite posponer el manejo de sucesos traumáticos hasta un momento posterior en la vida. Si experimentaste una experiencia traumática en el pasado, este libro no puede sustituir el asesoramiento profesional. Puede ayudarte en el proceso, pero no completarlo. Por favor, busca la ayuda que necesitas.

Sin embargo, para el resto de nosotros, existen unas pocas maneras de ayudar a restaurar recuerdos que tal parece que fueron a parar al cesto de la basura de nuestra mente.

Relájate

Puedes traer mejor a la memoria los recuerdos si tienes una mente tranquila. Algunas personas bloquean su niñez porque están tan ocupadas que no pueden aminorar la marcha para tomarse el tiempo para pensar.

Están tan acostumbrados a operar a la capacidad máxima, que hasta un breve momento de descanso les parece malo. Si tienes este temperamento, busca un lugar tranquilo, apaga el televisor y practica algo de pensamiento introspectivo.

Hazte preguntas

Para comenzar a comprender tu lógica privada y cómo se formó, incentiva tus recuerdos con estas preguntas:

- ¿Cuál es tu recuerdo más remoto relacionado con la escuela? ¿Puedes pensar en una maestra que te gustaba (o te disgustaba), un compañero de clase que era muy amigo o un bravucón que te maltrataba?
- ¿Recuerdas haber hecho algo a solas con uno de tus padres? Si es así, ¿con cuál de los dos fue?
- ¿Cómo pasaba el tiempo libre tu familia? ¿Recuerdas algunas vacaciones o algunas salidas de fin de semana especiales?
- ¿Cómo pasaba las vacaciones tu familia? ¿Recuerdas algún cumpleaños o alguna Navidad triste (o feliz) en particular?
- ¿Tuviste mascotas cuando eras niño? ¿Alguna vez recurriste a tu mascota en busca de consuelo o para hablar sobre algún problema?
- ¿Cómo era tu vecindario? Piensa en algunas de las familias que vivían cerca de ti. ¿Algún suceso te viene a la mente?
- ¿Dónde te sentabas en la mesa? ¿Cómo era el momento de la comida en tu hogar? ¿Alguna vez comían todos juntos?
- Describe el dormitorio de tu primera infancia. ¿Qué había en las paredes? ¿Qué tenías cerca de la cama? ¿Alguna vez escondiste algo en tu habitación?
- ¿Quién te enseñó a nadar? ¿Quién te enseñó a montar en bicicleta? ¿Quién te enseñó a atrapar una pelota de béisbol?
- ¿Cómo te disciplinaban?
- Si tu familia tenía fe, ¿cómo actuaban en la iglesia o en la sinagoga en comparación con su actuación en el hogar el resto del tiempo?

- ¿Los pensamientos de tu habitación de niño te hacen sentir reconfortado, triste, solitario o asustado?

Habla con tus hermanos

Algunas veces, la conversación sobre las vacaciones pasadas y las historias familiares con otros hermanos puede hacer maravillas en liberar tus propios recuerdos. Sin embargo, ten cuidado. En ocasiones, las historias pueden adquirir la naturaleza de leyendas y la verdad puede reescribirse. Asegúrate de que el recuerdo sea *tu* recuerdo y que sucediera en verdad. Usa a tus hermanos como personas que puedan ayudarte a evocar los recuerdos más que como quienes completen los detalles.

Mira los recuerdos familiares

Tal vez más provechoso que hablar con tus hermanos sea mirar viejas fotografías o películas familiares. La foto de una lámpara, de un osito de peluche o de un traje antiguo puede liberar un montón de recuerdos de la niñez temprana. Hasta el aroma de un objeto del pasado puede liberar recuerdos.

Control personal

1. Vuelve a mirar la lista «Qué hacer el lunes» (revisa la página 60). ¿Qué has modificado en tu vida desde el lunes?
2. Vuelve a mirar la lista «Qué hacer el martes» (revisa la página 101). ¿Qué has modificado en tu vida desde el martes?
3. ¿Estás teniendo éxito en convertirte en un nuevo «tú»? Si es así, ¡magnífico! Sigue adelante. Si no es así, enfréntate a la mentira dentro de ti que te dice: «Nunca tendré éxito en esto, ¿así que para qué intentarlo?».

Sé específico

En este ejercicio, los recuerdos generales no darán resultado. «Siempre me gustaba volver de la escuela en bicicleta» no es un recuerdo, es una generalización. Un recuerdo tiene que referirse a un suceso específico que ocurrió en un momento específico, aunque no puedas determinar con exactitud la fecha. Por ejemplo: «Una vez, cuando volvía a mi casa de la escuela en bicicleta, choqué contra la camioneta de la familia y me metí en problemas». Eso es un recuerdo. Sigue buscando sucesos específicos.

Advertencia: Los recuerdos pueden ser mentirosos

Si sabes algo de béisbol, es probable que conozcas al menos algo sobre Joe DiMaggio, uno de los mejores jugadores de béisbol de todos los tiempos. Lo que tal vez no sepas es que DiMaggio tenía un hermano menor llamado Dom que era casi tan buen jugador como él (y algunos dicen que incluso era un mejor jardinero). Casey Stengel dijo una vez: «Con la posible excepción de su hermano Dom, Joe es el mejor jardinero en la liga»[1].

Aunque Dom era excelente en el jardín y un bateador hecho y derecho, nunca pudo igualar el predominio de su hermano mayor en la base. Nadie pudo. En 1941, Joe hizo historia al empatar el récord de Willie Keeler por juegos consecutivos con un sencillo (cuarenta y cuatro). Joe necesitaba un solo juego más para romper el récord y quedarse con toda la gloria.

La suerte quiso que el juego cuarenta y cinco se jugara contra los Medias Rojas de Boston, el equipo de Dom. Él siempre contaba la historia de haber estado en el campo cuando salió una línea larga en la primera entrada de Joe. Dom recuerda haber saltado e interceptado el tiro, privando así a Joe del sencillo, y dice que fue como clavarle una estaca en el corazón a su hermano. «Al cruzarnos en el jardín, traté de evitar el contacto visual, pero él me miraba con fijeza», recuerda Dom. «Si las miradas pudieran matar, hubiera caído muerto en ese mismo instante»[2].

Este incidente dice mucho acerca de la rivalidad entre hermanos, de las relaciones entre hermano menor y hermano mayor, y sobre la personalidad de Dom en particular. Sin embargo, existe un problema con esta historia. Dom DiMaggio no atrapó la bola, sino que lo hizo Stan Spence. Fíjate en los libros de récords; figura allí. Aun así, no se pudo convencer a Dom de que él no fue quien puso en peligro la buena racha de su hermano hace más de sesenta años. (Para todos

> *Solo uno de nosotros tiene la razón. El otro miente.*

los aficionados al béisbol, Joe consiguió su récord, que al final terminó en cincuenta y seis).

De ningún modo los recuerdos son infalibles. En realidad, son muy mentirosos. Años atrás, mi buen amigo el cabezón y yo nos encontrábamos en las pequeñas ligas de béisbol (que no deben confundirse con las Ligas Menores, que todavía no se habían inventado, con lo que se puede deducir lo viejo que soy). El cabezón y yo habíamos sido amigos desde que teníamos tres años, y todos los años teníamos una pelea anual por el «hecho» de que como entrenador de nuestro equipo de béisbol, no me había dado una gorra. En esa época, no teníamos uniformes completos, pero sí teníamos una camiseta y una gorra, y la tarea del cabezón era asegurarse de que yo tuviera la mía. Sin embargo, como falté a un par de prácticas (cuando mi familia viajó en las únicas vacaciones que tuvimos), el cabezón dijo que yo no tendría mi gorra.

Para ser justo, el cabezón niega mi historia. Insiste en que me dio una gorra y es probable que yo la perdiera. Aun así, yo estoy tan convencido como él de que miente. Han pasado cincuenta y cinco años y el obstinado y viejo cabezón sigue sin admitir que está equivocado.

—Leman —dice—, me conoces. No soy un tipo mezquino. Hacer algo así va en contra de mi naturaleza.

—¿Sí? —le digo—. A mí me parece como un clásico caso de negación. La verdad es demasiado dolorosa para admitirla. ¡Mírenlo!

Entonces, saco mi carta ganadora, una vieja foto del equipo que muestra con claridad que soy el único jugador con una gorra diferente.

—Eso no prueba nada —dice el cabezón—. Eres un hijo menor. Todo el tiempo perdías las cosas.

Cómo cambió mi vida

Cuando lo escuché por primera vez en la radio hablar sobre los recuerdos de la infancia, pensé: *Ay no, otro charlatán.* Sin embargo, sus palabras venían una y otra vez a mi mente. Entonces, aunque todavía era escéptica, me arriesgué. Quedé pasmada ante lo que recordaba. Ahora sé por qué intento con todas mis fuerzas no crear problemas (ha sido el mantra de mi vida) y parece que no llego a ninguna parte. Les conté a tres amigas sobre su libro *What Your Childhood Memories Say about You... and What You Can Do about It* [Lo que los recuerdos de tu niñez dicen sobre ti... y lo que puedes hacer al respecto], y estamos leyendo un capítulo a la semana y conversamos sobre él mientras tomamos un café los jueves por la noche. Gracias por abrirme los ojos para ver por qué soy como soy. Supongo que el resto depende de mí.

Madison, Virginia

—Sí que prueba algo —rebato—. Prueba que me castigaste por nada y me hiciste andar toda una temporada con una gorra de color diferente.

—Leman, inventas las cosas en tu cabeza. ¿Cómo lo llaman ustedes los psicólogos? ¿Transposición o algo por el estilo?

Lo que me sorprende de esta pelea anual (además del hecho de que el cabezón no admita aún que está equivocado) es que dos hombres mayores puedan ser tan inflexibles respecto a algo que sucedió hace mucho tiempo atrás. Ambos estamos convencidos por completo de que tenemos la razón, pero solo hay una cosa que es segura: solo uno de nosotros la tiene. El otro miente.

¿Ves lo fácil que es elaborar y editar recuerdos de la niñez? El *Journal of Experimental Psychology* descubrió en un estudio que «la gente altera de manera inconsciente sus propios recuerdos e inventa causas para los sucesos que ve a su alrededor, a fin de que las cosas tengan sentido»[3]. Por ejemplo, un estudio en *Psychology and Marketing* reveló que el treinta y cinco por ciento aseguraba haber estrechado la mano de Bugs Bunny en una visita pasada a *Magic Kingdom*[4].

> *Un recuerdo falso puede proporcionar más comprensión que uno cierto.*

Por supuesto, Bugs es una creación de *Warner Brothers*, no un personaje de Disney. Ningún niño le ha estrechado la mano a Bugs Bunny dentro del lugar más feliz de la tierra, aunque muchos «recuerden» que lo hicieron.

Mark Reinitz, un psicólogo de la Universidad de Puget Sound en Tacoma, Washington, explica: «La memoria no es un registro. En gran medida, es una interpretación»[5]. Sin embargo, esto no descalifica nuestros recuerdos de la niñez. Proporciona una razón aun más válida para analizarlos. Un recuerdo falso puede proporcionar más comprensión que uno cierto. La psicóloga Elizabeth Loftus dice: «Existe una razón para que la memoria sea maleable. Nos ayuda a que nos recordemos bajo una luz más positiva»[6].

A medida que aprendes a mirar de forma objetiva tus recuerdos (¿qué dicen en realidad esos recuerdos?), comienzas a comprender la lógica privada mediante la cual enfrentas la vida. Una vez que empiezas a construir un conjunto de recuerdos, puedes comenzar a analizarlos para que te ayuden a comprender el libro de reglas que das por sentado (repito, hablaremos de esto más adelante en este capítulo). Para ayudarte en este ejercicio, te contaré uno o dos recuerdos míos.

El cachorro desobediente

Crecí con el apodo de «cachorro» o «cachorrito». Mi padre me dio este nombre cuando solo tenía once días de nacido. Me tomó en sus manos, rió entre dientes y dijo: «Este niño se parece al cachorrito de un oso». (Dale una mirada a la foto del autor en este libro y puedes estar de acuerdo en que todavía sigo pareciéndome).

Por supuesto, no recuerdo que mi padre lo haya hecho, pero el apodo «cachorrito» me formó de diversas maneras. Como indiqué antes, cualquier nombre que termine en diminutivo (Anita, Robertito, Susi) suele indicar la presencia de un hijo menor. Por lo general, un primogénito cambia su nombre a Roberto, Ana o Susana. Cuando te llaman con un nombre que da la idea de un niño, esto afecta la forma en que te ves. Por eso es que algunos recuerdos permanecen de manera vívida.

Dudo que alguna vez olvide cuando estaba en los Cachorros de los niños exploradores. Durante una reunión en la guarida, la mamá de la cueva de esa semana trajo algunas de sus famosas galletas de mantequilla de maní. Lo lamentable es que las sirvió en un plato de porcelana muy cara.

Cuando era niño, si almorzaba al mediodía, a eso de la una y media o dos de la tarde ya tenía hambre otra vez. Era bien entrada la tarde y olí esas galletas antes de verlas. Cuando la mujer las colocó cerca del borde de la mesa, una en particular me llamó la atención. Era más grande que las demás, con la cantidad exacta de azúcar espolvoreada por encima, prácticamente esa galleta tenía mi nombre escrito en ella.

Por supuesto, el desafío era que había otros seis o siete pequeños y muy sucios niños exploradores que vieron el plato al mismo tiempo que yo. Aquel plato apenas había rozado la mesa cuando mi mano salió para apoderarse de la preciada galleta. Sin embargo, mi entusiasmo se apoderó de mí y con el hombro hice volar el plato. Fueron los tres peores segundos de mi vida, mientras miraba que el plato de porcelana despegaba de la mesa y se precipitaba hacia su desaparición sobre el suelo duro.

Se oyó un estallido, un grito y luego una terrible reprimenda: «¡Cachorro Leman! ¡Cada vez que entras a esta casa, algo se rompe!».

Para empeorar las cosas, el plato resultó ser parte de una herencia: había pertenecido a la bisabuela de esta madre y no se podía reponer de ninguna manera. Ahora bien, pregunto, ¿a qué madre en su sano juicio se le podía ocurrir servirle galletas a un grupo de niños alborotadores en un plato de porcelana heredado? Por supuesto, de niño no tenía esa clase de razonamiento. Como adulto, al volver la vista atrás, puedo entender por qué arremetió contra mí después de perder algo con tanto valor sentimental. (Aunque sigo sin comprender por qué no usó un plato de papel o de plástico que hubiera tenido mejor suerte con muchachitos). Pero de niño, sé que muchas otras madres hubieran podido decir lo mismo: «¡Cachorro Leman! ¡Cada vez que entras a esta casa, algo se rompe!».

Al final, me echaron de los Exploradores. La gota que colmó el vaso llegó el día en que nuestra manada tenía planeado un gran viaje que requería un número mínimo de participantes. Yo me anoté para asistir, pero algo sucedió esa mañana y decidí no ir. (De paso, este es un rasgo típico de los hijos menores: no era conveniente, así que no fui).

Resultó ser que mi ausencia significó que nadie pudiera participar,

> *Crecí con el apodo de «cachorro» o «cachorrito». Cuando te llaman con un nombre que da la idea de un niño, esto afecta la forma en que te ves.*

> *Me echaron de los Exploradores.*

ya que sin mí no tenían la cantidad de gente necesaria. Toda la manada salió perdiendo. Si hubiera llamado y cancelado, al menos el líder de la manada hubiera podido avisarles a todos para que no fueran. Mi falta de cortesía común hizo que todos perdieran medio día, y esto colmó la paciencia del líder de los Exploradores. Quedé fuera.

Otro recuerdo tiene una tónica similar. Mi madre solía someter a nuestro árbol de Navidad a unos horribles adornos antiguos noruegos que heredó de mi abuela. Lo que es peor, mamá no me dejaba comprar las hermosas y brillantes bombillitas de una tienda barata porque el árbol estaba demasiado lleno de esas horribles antigüedades, así que hice lo que hubiera hecho cualquier muchacho emprendedor: saqué mi rifle de perdigones y practiqué tiro al blanco.

> *Siempre estaba en problemas debido a algo. Por consiguiente, las reglas no significan mucho para mí, ni siquiera hoy en día.*

¡Tenías que haber visto cómo explotaban esos adornos! Nunca había visto algo igual. Se oía un «pop» muy satisfactorio cuando recibían el impacto y después se hacían añicos de la manera más genial que vieras jamás. Antes de darme cuenta, casi había dejado el árbol limpio.

Mientras miraba mi obra con satisfacción, de repente me di cuenta de que estaba contemplando un desastre y que mi madre, que no compartía mi opinión sobre el valor estético de aquellas bombillitas, podría estar bastante menos que feliz de que alguien les disparara. (¿Alguno de los lectores está diciendo: «Leman, estoy feliz de que no seas mi hijo»?)

Tomé mi rifle y huí de la escena. Unos veinte minutos más tarde, oí un chillido y corrí hacia la sala.

—¿Qué sucede mama? —pregunté con apariencia de horrorizado, conmocionado y sorprendido de que algo semejante hubiera ocurrido en la pacífica morada de los Leman.

—¡Cachorrito! —gritó mi madre—. ¿Fuiste tú quien hizo esto?

—No, mama —mentí—. Debe de haber sido el gato.

Mamá se creyó mi explicación y el pobre gato pagó un precio muy alto. Era demasiado fácil engañar a mi madre. Cuando la gente le preguntaba sobre mí, decía: «Siempre es un muchachito muy *bueno*», solo porque nunca supo la otra mitad. Los viajes frecuentes a la oficina del director de la escuela deberían haberle dado una pista, pero mamá siempre creyó lo mejor de mí a pesar de la evidencia.

Entonces, ¿qué significan estos recuerdos? Como ya he afirmado, recuerdas cosas que son coherentes con la manera en que ves la vida. Si me estuviera tratando a mí mismo, diría: «Kevin, te ves como alguien que rompe las reglas, como un rebelde, ¿no es así?».

Claro que sí. Uno de mis pensamientos más comunes cuando crecía era: *Ay, mi madre, otra vez estoy en problemas*. Siempre estaba en problemas debido a *algo*. Por consiguiente, las reglas no significan mucho para mí, ni siquiera hoy en día. Toda mi vida he roto las reglas. Por ejemplo, en el mundo académico, existe una ley tácita por la que se da por sentado que no debes obtener todos tus títulos en la misma escuela. Se supone que debes asistir a una para obtener el primer título universitario, a otra diferente para la maestría y a una tercera para el doctorado. De vez en cuando, verás a personas que obtienen la maestría y el doctorado en el mismo lugar, pero no muy a menudo. Sin embargo, obtener los tres títulos en la misma institución es algo desconocido. A no ser porque yo lo hice. Me gustaba la Universidad de Arizona y no quería ir a ninguna otra parte, ¡entonces no fui!

Hasta el día de hoy, continúo la búsqueda para romper las reglas. Más de un pasajero ha volteado la cabeza cuando he abordado un avión en pleno invierno con un par de pantalones cortos. ¿Qué culpa tengo yo si el resto del país no tiene el sentido común de mudarse a Tucson cuando hace frío en cualquier otra parte? Los legalistas que solo viven por las reglas, muchas de las cuales están hechas por seres humanos, siempre me han acorralado contra la pared. Ahora bien, la fe es muy importante para mí. Serle fiel a mi esposa y a mi familia está casi en lo más alto de mi lista. No obstante, seguir reglas porque sí, como no mascar chicle o ir a jugar a los bolos, ver películas aptas para todo público, no hablar sobre ciertos temas (en especial mi tema favorito, ¡el sexo!), esa línea de pensamiento atrofiado no entra en mi margen de tolerancia.

A lo largo de mi carrera como escritor, más de un editor se ha ofendido por algo que dije en un manuscrito y me ha escrito una nota al respecto. Algunos escritores que conozco se sentirían mortificados al recibir una nota así. Sin embargo, yo la tomo como una medalla de honor. Si lo que escribo no pone incómoda a algunas personas, siento que no he cumplido mi tarea. ¿Qué otra cosa se supone que debe hacer un libro o una charla si no causar un poco de problemas? Si todos están de acuerdo con lo que digo, ¿para qué pierdo el tiempo diciéndolo? ¿Te das cuenta cómo mis recuerdos le dan forma a quién soy de adulto? Ya no rompo platos (bueno, alguna que otra vez), pero la manera de pensar sigue allí.

Romper reglas y tener la etiqueta de rebelde no me molesta. Me siento cómodo así. Lo uso a mi favor. Lo veo como una de las cosas

> *Hasta el día de hoy, continúo la búsqueda para romper las reglas. Más de un pasajero ha volteado la cabeza cuando he abordado un avión en pleno invierno con un par de pantalones cortos.*

exclusivas que me hacen quien soy. En lugar de huir, trato de aprovecharlo y de usarlo para bien. Cuando les hablo a ciertas audiencias, no me importa ir más allá del límite. Aun así, también me esfuerzo por no causar un escándalo. Quiero respetar y honrar a la gente que me ha invitado.

Los recuerdos de la primera infancia revelan las suposiciones tácitas sobre cómo piensas que debería transcurrir la vida... y cómo no.

Los recuerdos de la primera infancia proporcionan la clave para develar el misterio de por qué ves las cosas como lo haces, por qué ciertas cosas que a otros no les molestan a ti te molestan y por qué algunas cosas que a ti te resultan reconfortantes a otros los aterran. Revelan las suposiciones tácitas sobre cómo piensas que debería transcurrir la vida... y cómo no.

Si identificas y analizas tus recuerdos de la primera infancia, te asombrarás ante lo que encontrarás sobre ti mismo y sobre la lógica privada a través de la cual ves la vida. Esa lógica privada es lo que forma tu «libro de reglas» personal, las suposiciones tácitas que pueden controlar el resto de tu vida (en especial si no eres conciente de ellas»).

¿Qué hay en tu libro de reglas?

Una persona conduce su auto directamente al espacio de estacionamiento del Empleado del Mes aunque no es empleado y hay un lugar vacío allí al lado. Otra persona pasa por alto ese espacio aunque hacerlo significa caminar cien metros bajo la lluvia.

¿Por qué?

Una graduada universitaria envía cincuenta currículums vítae y no consigue una sola entrevista, así que a continuación de cada respuesta silenciosa hace una visita personal a la compañía y termina consiguiendo cinco ofrecimientos de trabajo. Otra mujer envía tres curriculums, recibe tres rechazos y deja de buscar; entonces, acepta un trabajo de nivel básico en la compañía de su padre, aun cuando tiene un título de cuatro años de estudio y mucha más capacitación de la requerida para la posición.

¿Por qué?

Un padre adquiere un enfoque flexible en cuanto a la crianza de sus hijos. Los hijos en edad escolar se van a la cama cuando están cansados, aunque eso signifique que se queden levantados hasta las diez o las once de la noche, y todos tienen permiso de comer cuando quieren, siempre y cuando limpien lo que ensucian. Otra mamá considera que la hora de irse a dormir es un mandato divino. Si su hijo de ocho años no está en la cama a las ocho y media de la noche, al día siguiente quedará castigado después de la escuela. Y una vez terminada la cena, no hay manera alguna en que algún bocado de comida entre por la boca del niño hasta que se sirva el desayuno a la mañana siguiente.

¿Por qué?

En cada caso, las personas actúan según libros de reglas que tienen sentido para ellas. Un libro de reglas dice: «El día es más divertido cuando flexibilizas las reglas. La vida es demasiado corta como para permitir que otros te digan qué hacer». La gente que vive según este libro de reglas le encanta molestar a los demás haciendo alarde a propósito de su independencia. Estacionan en lugares donde no se debe estacionar, dicen cosas que pueden sorprender a otros y, algunas veces, se visten de una manera que de seguro llama la atención.

Otro grupo vive bajo el lema: «Si rompes una regla, cualquier regla, el castigo será severo y mucho mayor que cualquier placer que pueda obtener al hacer lo que quiero. Por lo tanto, no romperé ninguna regla, pase lo que pase». Una persona así suele ser de una sumisión poco común, de esas con las que los productores se divierten muchísimo con las cámaras ocultas. Hacen cualquier cosa que les pidas si sienten que tienes la autoridad como para pedírselas. Solo levanta una señal y la obedecerán.

En el ejemplo de las dos graduadas universitarias, la primera mujer vive según un libro de reglas que dice: «Yo siempre me las arreglo. Cuando me dicen que no, puedo hacer algo, eso solo hace que desee probarles su equivocación». En esta línea de vida, el rechazo no actúa como una fuerza disuasiva, sino como un estímulo. La motiva. La segunda mujer tiene un libro de reglas que dice: «Cada vez que asomo la cabeza, me cortan el cuello. El rechazo duele más que cualquier otra cosa, así que no lo voy a intentar más». La persona que cree que esto es verdad se rendirá ante la primera señal de lucha y se acomodará en la compañía de papi sin intentar probar su valor en el mundo exterior.

> *Tu libro de reglas es algo muy personal y gobierna casi todo lo que haces.*

Estos libros de reglas lo conforman las respuestas que le damos a nuestros recuerdos de la niñez, a nuestra crianza y a nuestro orden de nacimiento. Los libros de reglas dentro de las familias tienen algunas similitudes, pero tienen marcadas diferencias al mismo tiempo. A fin de cuentas, tu libro de reglas es algo muy personal y gobierna casi todo lo que haces.

Mira el papel donde anotaste los tres recuerdos de tu niñez temprana. Los evaluarás en un par de maneras diferentes: primero, para explorar qué clase de padres tuviste; y segundo, para comprender tu personalidad.

Recuerdos de tus padres

Lo diré sin rodeos. Si puedes recordar a tus padres y sonreír, si recuerdas momentos de gozo que pasaron juntos, eres bendecido de verdad. Algunos de los que lean este libro no podrán recordar un solo momento positivo de su vida mientras

Las mentiras que te dices

No sería de esa
manera si mis padres
no hubieran hecho

_____.

Si _____
no hubiera sucedido,
yo no hubiera hecho

_____.

No hubiera hecho
_____ si mis
padres no hubieran hecho
_____.

Todo es por su culpa.
No lo merezco. No lo
valgo.

crecían. Otros recordarán dos o tres sucesos positivos en medio de una vida de inseguridad. Algunos han crecido con padres críticos y esa crítica se ha convertido en una parte de sí mismos que nunca les permite sentirse lo bastante bien, hagan lo que hagan. Otros crecieron con padres que les allanaron el camino de la vida sin pedirles cuentas por nada de lo que hacían. Luego, entraron en las fauces de la vida y descubrieron que no era tan maravillosa como lo era en casa con los queridos mamá y papá velando por ti.

Tus padres tienen mucho que ver con lo que te hace ser «tú». Sin embargo, la buena noticia es que no hay razón para que tengan la última palabra... a menos que tú les concedas ese poder.

Los padres autoritarios

Si tus padres fueron demasiado severos y aceptaron el enfoque de la crianza en el que se impone la ley a rajatabla, es probable que tengas recuerdos de haberte metido en problemas por romper las reglas. Si creciste con muchas reglas, tal vez te hayas sentido como si siempre estuvieras quebrantando al menos una de ellas.

Marcos creció con padres religiosos muy estrictos. No le permitían ir de compras los domingos, pero sus padres nunca le habían explicado bien por qué.

Un verano caluroso, el mejor amigo de Mark, Jimmy, llegó en bicicleta a la casa de Marcos, pedaleando como si su vida estuviera en peligro.

«¿Qué sucede?», le preguntó Marcos.

«¡Acaban de traer la taza de Brooks Robinson en 7-Eleven!», respondió Jimmy.

Marcos era un fanático empedernido de los Orioles y, ese año, la tienda 7-Eleven tenía tazas de plástico con fotos de los jugadores de béisbol de las Ligas Mayores. No veía la hora de comprar la taza con su jugador de tercera base favorito. Cuando entró corriendo a la casa para buscar el dinero, su madre le preguntó a qué se debía tanta prisa. De repente, Marcos recordó que era domingo y que su madre no iba a estar de acuerdo con que gastara su dinero en ninguna tienda, ni siquiera en 7-Eleven. Pensó en seguida y, luego, dijo de pronto: «Ah, Jimmy acaba de cazar una víbora en su casa. Me voy a verla».

«Muy bien, pero regresa a las cinco. Esta noche cenaremos temprano».

Marcos saltó sobre su bicicleta y fue con Jimmy hasta la tienda 7-Eleven. Podía sentir el gusto del helado de cereza aun antes de saborearlo. El frío del recipiente era agradable en su mano y, vaya, ¡qué emoción ver la foto de Brooks Robinson y un autógrafo estampado en la taza! Justo cuando Marcos y Jimmy salían de la tienda de artículos varios, los vecinos de la casa de al lado de Marcos, miembros de la iglesia donde iba su familia, pasaban por allí.

«Vaya, Marcos, ¿qué haces aquí un domingo?»

De repente, el frío del helado pareció una garantía de muerte. No había manera de que Marcos escondiera la evidencia que tenía en la

Tus padres tienen mucho que ver con lo que te hace ser «tú». Sin embargo, la buena noticia es que no hay razón para que tengan la última palabra... a menos que tú les concedas ese poder.

mano y, sin preguntar, sabía que lo primero que harían estos vecinos cuando regresaran a su casa sería hablar con sus padres. Tiró el helado a la basura, con la preciada taza de Robinson y todo, y caminó con tristeza junto a su bicicleta de regreso a casa.

Aunque esta historia toca las fibras sensibles, lo que es más significativo es que Marcos ya tenía treinta años y seguía hechizado por este recuerdo cuando me la contó. Sus padres habían muerto, pero su estilo de crianza todavía seguía con él.

Los padres autoritarios también tienden a reprimir el afecto emocional y la participación en la vida de sus hijos. Cuando Victoria tenía seis años, hizo un dibujo de su madre. Había oído a su madre decir cuánto disfrutaba de un buen atardecer, así que trabajó durante buena parte de dos días para dibujar esa escena. Al final, cuando pensó que ya estaba bien, se lo mostró con orgullo a su madre que estaba ocupada limpiando la cocina y que pareció resentirse por la interrupción.

> *De repente, el frío del helado pareció una garantía de muerte.*

La mamá dijo: «Qué bonito, querida», y de inmediato puso a un lado el dibujo. La niña se sintió herida más allá de las palabras, pero no tanto como cuando dos días más tarde, mientras sacaba la basura, encontró el dibujo todo arrugado en el cesto de basura.

¿No se te encoge el corazón por esta niña? Ahora bien, piensa que la mujer que me contó esta historia ya tenía cuarenta años... pero aun así recordaba ese suceso y sentía el dolor como si tuviera seis años otra vez.

Si tuviste padres muy autoritarios, es probable que tengas algunas de las siguientes características en tu personalidad. Ten en cuenta que algunos de estos rasgos se contradicen entre sí, pues todos respondemos de manera diferente cuando nos enfrentamos al mismo tipo de presión, pero estas son las respuestas más típicas a padres excesivamente estrictos:

- Esperaste hasta la adolescencia o los años universitarios para rebelarte y, luego, hiciste alarde de tu independencia frente a casi toda autoridad.
- Te convertiste en alguien demasiado sumiso, tranquilo y cooperador.
- Te desviviste por ser desagradable. Comenzaste discusiones tontas, participaste en muchas peleas, y has sido muy grosero e hiriente.
- No tendrás la capacidad de ser espontáneo ni de ser un pensador independiente. Tendrás muy poca creatividad. En su lugar, verás todo en blanco y negro.
- Esperarás que otros tomen las decisiones en tu lugar. Te parecerá que necesitas que te controlen, como si necesitaras tener alguna autoridad directamente sobre ti. De otro modo, la vida da demasiado temor.

Los padres permisivos

Aun con siete años, Doug sabía que nada de lo que hiciera estaba mal. Sus padres nunca le pedían que rindiera cuentas y con frecuencia se excedían en defenderlo. Doug podía hacer lo que se le daba la gana. Por eso, pensó que podía darse un poco de ventaja en el campeonato de pesca local. Después de sacar un róbalo del lago, le metió un puñado de plomos en la garganta para aumentar el peso.

Los jueces no eran ingenuos. Habían visto todos los trucos inventados habidos y por haber. De inmediato, descubrieron los plomos y descalificaron la participación del niño.

El padre estaba furioso... con los jueces, no con Doug. Pensó que solo debían sacar los plomos y pesar el pez vacío. Su hijo cometió un error de juicio, ¿pero por qué descalificarlo por un error infantil que tal vez todos los niños cometieran al menos una vez?

Otro caso clásico de un padre permisivo es el padre del golfista John Daly. A John Daly se le conoce bien como un ser atribulado. Aunque tuvo algunos éxitos notables al comienzo de su carrera profesional como golfista, ha tenido aun más luchas. Para empezar, tuvo un problema constante con su peso durante años, pero uno de sus desayunos favoritos eran galletas con salsa de chocolate. (No obstante, hace poco el muchacho regordete en el circuito de golf perdió cincuenta y dos kilos, «después de una operación y de cambiar su estilo de vida que lo llevó a pesar ciento veintisiete kilos»[7]). Su deseo por el alcohol es tan fuerte que una vez se escapó con su auto de un centro de rehabilitación sabiendo que eso le costaría un contrato de aprobación de tres millones de dólares al año con *Callaway Golf*. Ha acumulado deudas de juego de más de dos millones de dólares y se ha divorciado dos veces. Para ayudar a dominar su temperamento volcánico, el cual lo ha llevado a que lo arrestaran en varias ocasiones por disturbios domésticos, los médicos han probado con él casi todo medicamento maníaco-depresivo imaginable: litio, Prozac, Xanax, Paxil. Ha tomado todo lo que te venga a la mente[8].

Podría seguir y seguir, pero creo que ya me entiendes. Daly es un hombre aquejado de problemas. Sin embargo, cuando entrevistaron a su padre, no podía entender por qué los patrocinadores de Daly hacían tanto lío. «¡Además, están controlando su vida! He aquí un muchacho que no tiene verdaderos problemas, excepto que le gusta beber [...] De acuerdo, John tomó algunos tragos y lanzó algunas pelotas de golf donde no debía. ¿Por eso lo llevan a rehabilitación?»[9]

A cualquier hombre que lo hayan arrestado varias veces por disturbios domésticos, que tenga deudas de juego por más de un millón de dólares y que dos veces llamara a sus amigos amenazando con que se iba a suicidar, de seguro que tiene algunos problemas más que «gustarle beber». Sin embargo, algunos padres no pueden ver los problemas en los que se meten sus hijos y siguen siendo indulgentes hasta el fin de sus días, para perjuicio del hijo.

Si tus padres fueron demasiado permisivos, te apuesto a que recuerdas haberte salido con la tuya, pero que más tarde te sentiste un poquito culpable. Es probable que tus recuerdos también giren en torno a regalos, a tener fiestas en tu honor, a viajar, a que te malcriaran por completo en Navidad y a consentirte en otras actividades. Aunque este estilo de crianza tal vez te permitiera pensar que tenías un poco de diversión extra de niño, también puede traer resultados desastrosos para tu personalidad como adulto.

Si tus padres fueron demasiado permisivos, es probable que tu libro de reglas contenga algunos de los siguientes elementos:

- Tienes la tendencia a ser egoísta en extremo. Como siempre te salías con la tuya, tienes lo que otros ven como una asombrosa falta de empatía y consideración por los demás.
- Das la impresión de ser adepto a sociabilizar, pero careces de la capacidad interna para preocuparte de verdad por otros y desarrollar relaciones profundas. Por lo tanto, la mayoría de tus amigos son ocasionales y saben que no pueden contar contigo.
- Si ves algo que quieres, haces lo imposible por conseguirlo, sin importar cuánto cueste ni cuáles puedan ser las consecuencias de tus acciones.
- Tienes un espíritu y una lengua críticos.
- Es probable que tengas al menos una adicción. Puede ser el juego, el exceso de comida, el sexo o la bebida, pero en algún aspecto muestras poco o nada de control.

Los padres críticos

Uno de los casos más tristes con los que he trabajado tiene que ver con una familia con un padre demasiado crítico. Su hijo, Bobby, era un jugador de pelota bastante bueno. No era el mejor bateador del equipo, pero no se le desviaban las bolas, lo que hizo que el entrenador lo viera como uno de los bateadores más confiables y sólidos para tener en la base. El padre del niño nunca aparecía para presenciar ninguno de los partidos del hijo.

Trabajaba largas horas y se exigía tanto a sí mismo como les exigía a los hijos. Sin embargo, después que Bobby rogara toda la primavera, su padre por fin accedió a salir antes del trabajo (a las seis de la tarde) para asistir al partido de su hijo.

«¿Me harás sentir orgulloso, hijo?», le preguntó el padre esa mañana.

«Lo haré, papá», contestó Bobby.

Algo hubo en la pregunta del padre que desató un buen número de emociones negativas en el muchacho. La pregunta era más bien una orden: «No me avergüences, no me desilusiones, no me hagas parecer un tonto». Es evidente que el padre tenía sus propios problemas de inseguridad, y estos problemas se estaban filtrando en su crianza.

El niño estaba entusiasmado de que al fin su padre lo vería jugar, pero a medida que transcurría el día, se ponía cada vez más ansioso. Después de todo, los mejores bateadores de las Ligas Menores apenas si bateaban más de .400. ¿Qué era lo que su padre esperaba que hiciera? ¿Cómo reaccionaría su padre ante un *out*?

Por fin, llegaron las seis de la tarde. Como bateador líder, Bobby fue el primer bateador del partido. Miró a su padre justo antes de entrar al plato y sintió que se le retorcía el estómago. No hubo ninguna palabra de aliento de su padre. Más bien, recibió una mirada amenazadora y cada frase negativa que este niño había oído mientras crecía pasó con velocidad por su mente. Cuando llegó al plato, casi ni sabía por dónde sostener el bate.

Temeroso, Bobby se dio vuelta hacia las gradas y lo único que vio allí fue la espalda de su padre que se retiraba.

El primer lanzamiento cayó en tierra frente al plato. Ante el asombro del entrenador, su bateador líder abanicó ante la pelota y, por supuesto, perdió este terrible lanzamiento. Se oyó un quejido de la multitud. El siguiente lanzamiento fue alto, casi por encima de la cabeza del bateador. Una vez más Bobby abanicó. De nuevo, toda la multitud se quejó.

El muchachito, ahora en pánico, trató de recobrar fuerzas. «Muy bien, Bobby», gritó el entrenador. «Déjalo que te lance».

Bobby asintió y dio un paso hacia atrás en la caja. *No intentes pegarle a cualquier cosa*, se dijo, aterrorizado de volver a errar.

Por eso, dejó el bate sobre su hombro mientras el lanzador mandaba una bola rápida justo hacia la mitad del plato, lanzamiento que Bobby casi siempre hubiera mandado volando hacia el jardín central.

«Tercer *strike*, ¡afuera!», gritó el árbitro.

Tres lanzamientos. Tres *strikes*.

Temeroso, Bobby se dio vuelta hacia las gradas y lo único que vio allí fue la espalda de su padre que se retiraba. El padre de Bobby no pensaba quedarse si su hijo lo iba a avergonzar.

Los adultos que tuvieron padres críticos suelen contar recuerdos en los que se rieron de ellos por cometer un error sencillo e infantil como pronunciar mal una palabra o resolver de forma indebida una sencilla fórmula matemática.

Si tus padres fueron demasiado críticos, apuesto a que puedes sentirte identificado con algunas de las siguientes características:

- Siempre aplazas las decisiones con la excusa de que no hay tiempo suficiente, pero lo cierto es que solo tienes miedo de que se evalúe algo que haces.
- Acarreas mucha culpa y hablas de manera negativa de ti mismo. Te criticas sin misericordia por el error más pequeño, y te cuesta mucho olvidar cualquier ocasión en la que desilusionaste a alguien o te desilusionaste tú mismo.
- Nunca crees que estás en verdad a la altura de las circunstancias. Siempre sientes que estás desilusionando a alguien, que podrías hacerlo un poquito mejor.

Aunque alguien elogie tu trabajo, crees que solo lo hace por cortesía.

- Tienes muy poca confianza en ti mismo y casi ninguna autoestima.
- No te ves como un éxito. Aunque tropieces con el éxito vocacional o financiero, siempre anticipando una nueva catástrofe. Lo único que esperas es que se revele el perdedor que sabes que eres.

Cómo cambió mi vida

Mi madre siempre me presionaba cuando era pequeña, diciéndome que si no lo hacía todo al cien por cien, nunca llegaría a ninguna parte en la vida... y que quedaría atascada en un trabajo sin porvenir, igual que ella. Me fui de casa en cuanto cumplí los dieciocho años, tan solo para alejarme de su insistencia. (A decir verdad, no puedo culpar a mi padre por habernos abandonado).

Ahora vivo en mi propio apartamento y trabajo en una tienda de comestibles para llegar a fin de mes. Cuando me sentía muy mal conmigo misma, una buena amiga me prestó el libro *What Your Childhood Memories Say about You*, y la frase «¿Recuerdos = lo que eres hoy?» me impactó de verdad. Fue entonces cuando me di cuenta de lo dolida que estaba porque mi madre pensaba que nunca llegaría a ser alguien, y que estaba ayudando a que su predicción se hiciera realidad en lugar de tratar de dar lo mejor de mí misma.

La semana pasada me inscribí en una universidad municipal. Tomaré dos clases por semestre hasta que complete mis estudios universitarios. Para mí, ese es un gran paso en la dirección adecuada.

Jane, Oregón

Los padres seguros de sí mismos

Es muy probable que si estás leyendo este libro sea porque tuviste un padre autoritario, permisivo o crítico. Sin embargo, existe otra clase de padre. Si tuviste un padre *seguro de sí mismo* (pocos lo tienen), tienes una gran ventaja sobre todos los demás, y te encuentras entre la minoría de los que leen este libro. Los padres seguros de sí mismos tienden a preguntarles a sus hijos qué sucedió en determinada situación antes de apresurarse a sacar conclusiones. Velan por el bienestar de su hijo, pero también le permiten experimentar las consecuencias de su conducta. Le conceden que haga elecciones acordes con su edad y establecen pautas para la conducta al trabajar a su lado. Le brindan oportunidades al hijo para que tome decisiones y desarrollan una disciplina coherente y amorosa. Le piden cuentas al hijo y permiten que la realidad sea la maestra. Le transmiten respeto, valía propia y amor, y de esa manera mejoran la autoestima del hijo.

¿Esta fue tu experiencia en casa? Si fue así, las bendiciones se amontonan sobre tu cabeza porque tienes el fundamento de un hogar equilibrado para seguir como ejemplo y tomar decisiones. Tus padres no solo tomaron decisiones sabias, sino que quizá te ayudaran en la travesía hacia la toma de decisiones sabias. Eres la persona que menos necesita este libro. ¡Préstaselo a un amigo!

¿Cuál es la diferencia entre los estilos de crianza de los hijos? Cualquier estilo extremo de crianza hará que los hijos se rebelen. Con un padre permisivo no hay pautas y los hijos quedan a la deriva. Con el padre autoritario o crítico, todo es mano dura. El padre sabio encuentra el punto intermedio[10].

Ahora, ¿qué me dices de *tus* rasgos?

Hemos examinado tus recuerdos con relación a la manera en que te trataban tus padres. Ahora, miremos los recuerdos que revelan tus propias tendencias. Sin duda, el estilo de crianza de tus padres te dio forma, pero tú también tomaste algunas decisiones respecto a cómo responder. Además de comprender cómo te criaron, necesitas familiarizarte con los rasgos que desarrollaste como respuesta.

Recuerda que ninguna de las cuatro «etiquetas» de las que hablaremos a continuación es mala en sí. Por ejemplo, hasta ser controlador puede ser un buen rasgo. Conozco a muchas enfermeras que son maravillosas controladoras y estoy feliz de que tomen el control. Si no lo hicieran, ¡los que a veces tenemos que ir a un hospital estaríamos en problemas!

Lo importante es entender en qué te has convertido como respuesta a tus recuerdos, a fin de que puedas cambiar las partes de ti mismo con las que no estás contento. ¿Eres controlador? ¿Eres complaciente? ¿Eres encantador? ¿Eres una víctima?

El controlador

Un recuerdo de control es aquel en el que estabas al mando: estás organizando el juego del vecindario, eres el chico al que llaman en caso de una emergencia, traes orden al caos. Los recuerdos de control son comunes sobre todo en los temperamentos de gran danés.

Si noto recuerdos relacionados con el control de tu primera infancia, puedo realizar algunas suposiciones básicas sobre quién eres. Es probable que tuvieras grandes expectativas para contigo mismo y para con los demás. Tal vez prefieras trabajar solo, porque entonces nadie puede arruinar lo que estás haciendo. Es probable que detestes las sorpresas porque nunca quieres que te tomen desprevenido ni mal preparado. Sientes profunda satisfacción al lograr algo, es probable que seas bastante competitivo y prefieras ser la persona que lleve la batuta. Desde

> *Es probable que tuvieras grandes expectativas para contigo mismo y para con los demás.*

tu punto de vista, la gente tiende a ser un poquito despreocupada; si no quieren ganar, no deberían participar en el juego. No me sorprendería que tuvieras alguno que otro problema con tu genio.

Trabajé con Dick, un primogénito que tenía recuerdos de su primera infancia relacionados con el control. En muchos aspectos, era un clásico manual de gran danés. Su esposa, Terri, había cometido un terrible error para su fiesta para celebrar sus cuarenta y cinco años: había decidido sorprenderlo. Si Terri me hubiera consultado, le hubiera dicho que una fiesta sorpresa era lo último en lo que debía pensar, pero como yorkie, creyó que una fiesta sorpresa sería divertida.

Primer *strike*.

Debido a que Terri tenía que preparar el salón alquilado para la fiesta, hizo los arreglos para que su hijo adolescente, Ryan, convenciera a su padre de que necesitaba que lo llevara al *Grange Hall* para una función juvenil del fin de semana. Bueno, Terri no se dio cuenta de que su esposo gran danés tenía planes para el día: al fin iba a pintar la cerca.

Cuando Ryan salió a pedir que lo llevaran, Dick tenía puesto una vieja camisa para pintar, unos pantalones cortos coloridos y pasados de moda, unas zapatillas sucias y un sombrero para pintar. Ryan sugirió que tal vez su padre querría cambiarse, pero Dick lo miró como si estuviera loco: «¿Para qué necesito cambiarme para llevarte hasta ese lugar?».

Ryan se enfrentaba a un dilema: echar a perder la sorpresa o dejar que su padre lo llevara a la fiesta vestido de esa forma tan ridícula. El muchacho decidió mantener la sorpresa y dejar que su padre fuera vestido como estaba.

Segundo *strike*.

Dick apareció con su ropa ridícula y Ryan lo convenció de que necesitaba que lo acompañara hasta adentro del salón. Para entonces, a Dick le entró la sospecha. Cuando se dio cuenta de que sus amigos y que los miembros de su familia estaban esperando para gritar «¡Sorpresa!», se sintió más agitado que

> *Hazle un favor a tu familia. Ten una conversación franca con ellos.*

feliz. Detestaba que lo pusieran en una situación para la que no estaba vestido como es debido. Además, había dejado afuera la pintura y las brochas, y en lo único que podía pensar era en el proyecto a medio terminar que estaba en casa.

Tercer *strike*.

Si eres un primogénito gran danés con recuerdos de control, hazle un favor a tu familia. Ten una conversación franca con ellos. Explícales cómo te gusta que se manejen las cosas. Dales la oportunidad de comprenderte y de evitar cometer errores que te parecen obvios a ti, pero que para ellos quizá no lo sean.

El complaciente

Los recuerdos de complaciente son más comunes entre las mujeres. He conocido pocos hombres con recuerdos de ser complacientes, pero esta es una categoría que tiene una definida tendencia de género. Tal vez una niña tratara de ayudar a su padre a pintar la casa y lo que hizo fue un desastre. Quizá tratara de ayudarlo a lustrarse los zapatos y olvidara lustrar un pedazo. Incluso intentó cortar el césped y cortó algunas flores sin querer. Otros recuerdos de un complaciente terminan con el niño que siente culpa, aunque no haya tenido responsabilidad alguna.

> *Los recuerdos de un complaciente terminan con el niño que siente culpa, aunque no haya tenido responsabilidad.*

Veo esta clase de recuerdos más a menudo con los hijos del medio, el setter irlandés, y con primogénitos complacientes. Por lo general, a esta gente le falta confianza, vive con bastante temor (siempre esperando que suceda lo inevitable), permite que los demás le pasen por encima, casi nunca se defienden a sí mismos y suelen tener baja autoestima.

Si eres un setter irlandés complaciente, tienes debilidad por cualquier perdedor que se te cruce en el camino. Podrás convencerte de que a ese tipo nunca lo han comprendido, y que si alguien lo amara, se reformaría. Lo más probable es que el perdedor con el que empezarás una relación sea un fuerte controlador y te hará sonar como a un Stradivarius. Sabe con exactitud qué botones apretar y cómo manipular tus emociones para que tú, como complaciente, gastes cualquier cantidad de dinero, tiempo y energía en su persona.

Una de tus mayores debilidades es basar tu sentido de autoestima de forma exclusiva en tu actuación. Necesitas aprender a defenderte, a decir no y a tomar el control de tu propia vida. No eres importante solo por lo que haces, importas por quién eres. Sin embargo, esta será una de las lecciones más difíciles que te tocará aprender.

El encantador

Es probable que a esta altura puedas decir que los yorkies y los hijos menores casi siempre tendrán recuerdos relacionados con el encanto. La gente encantadora recuerda momentos en que hizo reír a toda la familia

> *Aprende a defenderte, a decir no y a tomar el control de tu propia vida.*

> *La gente encantadora recuerda momentos en que hizo reír a toda la familia o en que manipuló a los padres, los maestros de la escuela o los hermanos para salirse con la suya.*

> *Lo importante es que entiendas que la vida no siempre será como quieres.*

o en que manipuló a los padres, los maestros de la escuela o los hermanos para salirse con la suya. Los recuerdos en los que eres el centro de atención también entran en esta categoría.

He aquí un recuerdo común del encantador: «Tenía cinco años, era muy pequeño por mi edad y era el último de los nietos. En cierta ocasión, cuando estábamos todos reunidos en la casa de mi tía para el Día de Acción de Gracias, la abuela y el abuelo entraron en el comedor y el abuelo se dirigió directamente hacia mí, me levantó en brazos y me dijo: "Missy, ¡cuánto te extrañé!". Me dio un beso y un abrazo, y me hizo prometer que nunca crecería. Luego, la abuela dijo: "Herbert, no olvides saludar a los otros niños. También te están esperando". Me hizo sentir muy especial que el abuelo me prestara más atención a mí».

Si tienes recuerdos de persona encantadora, es probable que disfrutes de ser el centro de atención. Te sientes mejor cuando haces reír a toda una sala, y te sientes más deprimido cuando piensas que te pasan por alto o te tratan como si fueras insignificante. Es probable que seas un extravertido y es muy posible que tengas la tendencia de hacer pucheros cuando no se hacen las cosas a tu manera.

Lo importante es que entiendas que la vida no siempre será como quieres.

La víctima

¿Los recuerdos te dejan con la sensación de que recibiste un trato injusto? ¿Sacan a la luz sentimientos de injusticia o tal vez de resentimiento?

Si es así, puedes entrar en la categoría de víctima.

Las víctimas suelen ser los hijos del medio. Creen que si algo sale mal, lo más probable es que los culpen a ellos, ¡porque siempre los han acusado!

He aquí un recuerdo común de la víctima: «Tenía seis años. Había un grupo de unos ocho niños, incluyendo a dos de mis hermanos, que jugaban a la pelota en nuestro patio del frente. Uno de los niños pateó la pelota en la calle y un vecinito corrió para atraparla. No miró a dónde iba y corrió justo frente a un auto. El conductor clavó los frenos y no lo atropelló. Todos corrimos a la calle para ver qué había sucedido y mi mamá nos siguió de cerca. Estaba muy asustada y enojada, y como yo tenía la pelota en las manos, supuso que era yo el que causó el problema. Me pegó frente a todos, aun cuando algunos de los otros niños gritaban: "¡No fue él!". Lo que más me molestó fue que supusiera que fui yo. Siempre me echaban la culpa».

Como víctima, te consideras una de las personas más desafortunadas del mundo. Puedes sentirte más cómodo cuando los demás te muestran lástima. Puedes ser un poco paranoico y llegar a desarrollar problemas de salud (como excesivo aumento de peso o una lista interminable de dolencias médicas) que encajan a la perfección con la manera en que te ves. Ambas condiciones te hacen llamar la atención, pero a la larga tendrás que aprender que no es la mejor manera de hacerlo.

Ya sea que hayas representado el papel de controlador, de complaciente, de encantador o de víctima, estos papeles han afectado tu interacción con los demás. El controlador quiere respeto; el complaciente quiere que lo aprecien; el encantador quiere afecto; la víctima quiere lástima. Y los demás pueden presentirlo con facilidad. Las señales no verbales que envías marcan con claridad tu libro de reglas.

Sin embargo, ¿es eso lo que quieres ser en realidad? ¿Así es que quieres

> *¿Los recuerdos te dejan con la sensación de que recibiste un trato injusto?*

que te trate la gente? Si no es así, es hora de comprender qué impresión das y de realizar un cambio.

Enfrentemos las mentiras

Qué me dirías si te preguntara: «¿Cuán satisfecho estás en verdad del rumbo que tiene tu vida hoy?».

La mayoría me respondería: «Bueno, bastante satisfecho, supongo». Serían muy pocos los que dirían: «Dr. Leman, debo decirle que mi vida se está desmoronando».

No obstante, sé que quieres que *algo* cambie o no hubieras gastado dinero para comprar este libro, ni invertido el tiempo requerido para leer hasta esta altura.

Si ya estás ocupándote de los aspectos que necesitan cambio, te felicito. Te admiro. Aun así, algunos pueden ser como Trisha: «Todo está bien, Dr. Leman. No podría ser más feliz. Claro que ha habido momentos difíciles, pero la vida ha sido maravillosa en general».

«Muy bien», le respondí, «entonces, ¿te sientes cómoda con tener treinta y un años y haberte divorciado tres veces, haber caído en bancarrota y haber tenido una depresión nerviosa?»

O pueden ser como Mac:

—Usted no me entiende, Dr. Leman. Mi vida está bastante entera. Estoy aquí para ayudar a mi esposa para que se enderece, pero yo no necesito nada.

—Ah, ¿de verdad? —le respondí—. Bueno, ¿puedo hacerte una sola pregunta?

—Claro que sí.

—Tienes treinta años y ya has pasado por cuatro carreras diferentes. ¿Eso se planeó o es una señal de que el mundo de los negocios no

> *Qué me dirías si te preguntara: «¿Cuán satisfecho estás en verdad del rumbo que tiene tu vida hoy?».*

puede ser lo bastante perfecto para ti que no has encontrado tu función específica?

Las mentiras que te dices

Estoy bien así como soy.
En realidad, no necesito cambiar.
No es tan malo.
Puedo vivir con esto.

La gente puede vivir con todas las señales de caos, desorganización y hasta desesperación, pero por alguna razón mantienen un increíble sentido de negación, como si nunca nada hubiera andado mal. En cambio, si su primer y segundo recuerdo de la niñez son negativos y el tercer recuerdo huele a «¡No estuviste a la altura de las circunstancias! ¡No eres lo bastante bueno!», puedo decirte que esta gente no tiene una vida feliz. Se siente agobiada, lucha por algo que nunca llega a alcanzar por completo, y necesita liberarse del pasado que le ata. En el presente pueden decir: «¡Todo está bien!», pero los recuerdos de su pasado revelan la verdad.

¿Te encuentras en el mismo bote? ¿Te encuentras negando que necesitas un cambio, pero algo en ti anhela el cambio?

Piénsalo de esta manera. Tal vez hayas sido quien eres durante veinte, treinta o cuarenta (o más). Te hundiste en algunos hábitos de la personalidad cuando eras niño y esos hábitos se consolidaron aun más debido a la dinámica de tu familia durante tus años de crecimiento. Como resultado, comenzaste a hacer suposiciones que le dieron forma a tu libro de reglas.

En resumidas cuentas, creíste las mentiras que te has estado diciendo durante mucho tiempo. Entonces, cuando comiences a hacer un cambio, te encontrarás con mucha resistencia interna. El cambio no es fácil. Reescribir tu libro de reglas no es algo instantáneo. No existe una

¿Te encuentras negando que necesitas un cambio, pero algo en ti anhela el cambio?

píldora que puedas tomar tres veces al día para «arreglarlo» y que te haga sentir bien a la mañana siguiente. No obstante, si te decides a programar de nuevo tus respuestas, tus actitudes y tus conductas, pronto las nuevas parecerán tan normales como solían serlo las destructivas.

Siete pasos para programar de nuevo tu libro de reglas

Naciste con una cierta disposición que se intensificó y solidificó por tu orden de nacimiento y por el entorno familiar. Considera que estos factores son el «equipo informático» de tu personalidad.

El «*software*» se incorporó cuando comenzaron a sucederte cosas en la vida. No eras más que un enano, demasiado pequeño como para ver por encima de la mesa de centro y sin ninguna clase de experiencia. No habías viajado a Europa; no tenías educación. No, saliste desnudo a este mundo, y a partir de ese momento, casi a cada hora de cada día los estímulos comenzaron a atravesar tu cabecita y tuviste que descifrarlos para que tuvieran sentido: *¿Cómo me hago notar? ¿Por qué mis padres me tratan de esta manera? ¿Cómo es esto de que a mi hermana la tratan de forma diferente?*

Comenzaste a hacer suposiciones. Comenzaste a responder la pregunta que le daría forma a tu libro de reglas: *Solo me prestan atención cuando* _____.

El cambio no es fácil. Reescribir tu libro de reglas no es algo instantáneo.

No eras adulto cuando llegaste a estas conclusiones. No tenías un título universitario. Tu pensamiento abstracto era nulo. Sin embargo, encontraste algunas respuestas definitivas.

El problema es que tal vez no fueran las acertadas. Aun así, quedaste atascado en tus hábitos.

Ahora tienes la oportunidad de usar el cerebro adulto que te entregó el Dios todopoderoso. No te contengas. No te derrotes más a ti mismo. Convéncete de que puedes hacerlo, de que cambiarás. *Puedes* ser libre del temor y de toda la basura con la que creciste. A pesar de eso, debes estar dispuesto a mirarte a fondo y con severidad (dónde has estado, dónde estás ahora y a dónde quieres ir), y realizar los cambios necesarios.

> *No te contengas. No te derrotes más a ti mismo. Convéncete de que puedes hacerlo, de que cambiarás.*

Si quieres dejar de ser la víctima, no tienes por qué serlo. Es saludable que admitas: «¿Sabes? Es verdad que me he sentido más cómodo cuando la gente ha sentido lástima de mí, pero ya no quiero que me tengan lástima. Quiero que me respeten». Eso es madurez. Eso es pensar como un adulto.

El complaciente puede decir: «Muy bien, crecí pensando que solo valía cuando hacía algo, pero eso ya no es verdad. Quiero una intimidad real basada en una verdadera relación. Quiero estar en una relación de concesiones mutuas». Esto se llama crecer. Entonces, ¿cómo puedes reescribir tu libro de reglas?

1. Reconoce que el futuro no es prisionero del pasado

Hace muchos años, trabajé con una niña vietnamita. La había adoptado una familia estadounidense muy amorosa, pero llegó a nuestras costas con muchas cicatrices dolorosas, tanto físicas como espirituales. Supe que había mucho trabajo que hacer cuando le pregunté sobre las marcas en sus brazos y me dijo que eran cicatrices de quemaduras de cigarrillo, una de las peores formas de castigo con las que me he encontrado en décadas de psicoterapia. Tal vez nunca sepamos todo lo que sucedió en su primera infancia.

Como era de esperar, mi joven paciente veía el mundo como un lugar detestable, doloroso y malévolo. Incluso después de haber vivido en un ambiente afectuoso y protegido durante más tiempo de lo que vivió en el ambiente horrendo, le costó muchísimo liberarse del terrible pasado. Comprendí por qué sucedía esto, pero no estaba dispuesto a permitir que permaneciera allí. Es verdad, tenía algunos capítulos espantosos en su vida, pero debía seguir adelante.

> *El pasado ya influyó en tu presente, pero depende de ti cuánto influye en tu futuro.*

Tú también debes hacerlo. Ahora eres adulto. A fin de convertirte en el nuevo y saludable «tú», debes desechar lo que te hicieron y comenzar a concentrarte en cómo deseas que te traten en el futuro.

Por ejemplo, tal vez cuando eras pequeño te echaran la culpa más a menudo que a tus hermanos. Quizá sintieras que debías controlarlo todo. A lo mejor necesitaras complacer a otros para sentirte aceptado.

Sin embargo, no tienes por qué seguir atascado en ninguno de estos hábitos. Puedes salir como adulto y decir: «Así actuaba en el pasado. Eso creía cuando era niño. En cambio, ya no soy un niño y no voy a seguir actuando de ese modo».

Debes separar el pasado del futuro. El pasado ya influyó en tu presente, pero depende de ti cuánto influye en tu futuro.

2. Cambia tu diálogo interno

Este diálogo interno es muy importante aquí. ¡Puedes convertirte en tu mejor consejero! Mi objetivo con todos mis clientes siempre es el mismo: Quiero que aprendan a aconsejarse de modo que ya no me necesiten. Mi tarea es darles los recursos básicos de la psicología para que puedan hacerse su propio tratamiento.

No me malinterpretes; la gente dañada necesita profesionales. Sin embargo, hasta la gente dañada puede llegar a aprender a tomar los recursos que reciben en la terapia y ponerse a trabajar por cuenta propia. Una vez que comprendes tu entorno, tus puntos fuertes y débiles inherentes, y la manera en que has respondido a tu medio, puedes

> *Evita la conversación con la que te derrotas.*

liberar tu futuro de tu pasado y comenzar a construir sobre tus puntos fuertes.

Evita la conversación con la que te derrotas. Los comentarios como los siguientes deben desaparecer de tu vocabulario:

> Cuando se trata de comida, no puedo controlarme.
> Siempre lo arruino todo.
> Soy el mayor perdedor del mundo.

Esta clase de diálogo interno solo fortalece aun más la inclinación negativa que recibiste de tu niñez.

He aquí una forma de diálogo interno:

> En el pasado he tenido problemas con la comida, pero ayer fue un día muy bueno y hoy he comido con responsabilidad en dos de tres comidas, con solo un bocadillo ligero. Eso es mejorar.
>
> No siempre pienso bien lo que hago antes de disponerme a hacerlo, pero ahora me detengo y cuento hasta diez antes de actuar.
>
> En el pasado, he fracasado en un par de empleos. Sin embargo, ahora he adquirido algunas habilidades interpersonales nuevas y en verdad pienso que esta vez puedo salir adelante.

3. Conviértete en tu propio padre

Ahora que eres adulto, puedes hablar contigo mismo como si fueras tu propio padre. La diferencia es que ya tienes experiencia y tienes preparación. Ahora comprendes la manera en que funciona el mundo y, como fruto de toda esa madurez, puedes hacer una mejor tarea moldeando tu personalidad.

Por ejemplo, el controlador puede decir: «Me asusta permitir que los demás tengan el control, en especial cuando no estoy seguro de que puedan hacer el trabajo tan bien como yo. Por otra parte, es arrogante de mi parte suponer que soy el único que sabe cómo hacer algo. Esta actitud provoca estrés en mi matrimonio, marca de forma negativa a mis hijos y me da una reputación de la que no disfruto. Es hora de comenzar a cambiar».

Cómo cambió mi vida

Cuando oí decir en la radio que la personalidad de un niño está casi formada hacia los cinco años, me quedé boquiabierta. Mi hijo mayor está a punto de cumplir cinco años. Es un niño dulce, pero perfeccionista en extremo. Una vez, rompió una nota que le escribió al padre, porque una letra no se imprimió lo bastante bien para su gusto. Puede leer muy bien, pero se niega a hacerlo porque no lee en forma fluida como yo. Cada vez que se equivoca, no para de decir cuánto se detesta por ser un niño malo. Siempre he tratado de enseñarle que no hay problema en cometer errores, y me he esforzado por hacerle ver mi propio lado perfeccionista, pero de alguna manera, todavía le llega el mensaje de que debe ser perfecto. Fue necesario oírlo a usted para darme cuenta de que antes de cambiar a mi hijo, necesito cambiar yo misma. Sé que es más fácil decirlo que hacerlo. No obstante, mi hijo lo vale. ¡Solo desearía haberme dado cuenta de esto hace cinco años atrás!

Pat, Ontario

Los cambios vendrán en aumento. Cuando el padre controlador le permite al hijo lavar el auto, va a tener que contenerse para no señalarle cada pequeño lugarcito que se le escapó al hijo. No, es probable que el hijo no pueda lavar el auto tan bien como papá, ¿y qué? ¿Acaso tu vehículo entrará en algún concurso para ver cuál es el auto más limpio?

> *Edifícate con un bien merecido estímulo. Sé amable contigo mismo cuando falles.*

Entonces, ¿por qué no conversar contigo como le habla un buen padre equilibrado a su hijo? Edifícate con un bien merecido estímulo. Sé amable contigo mismo cuando falles. Aprende a juzgar tu conducta de forma objetiva y a corregirla de manera acorde.

No te conformes con actuar o con sentir: ¡piensa! Examina por qué siempre te sientes cómodo teniendo el control, por qué siempre tratas de complacer a alguien, por qué anhelas tanto ser el centro de atención o por qué tu primer instinto es buscar que alguien te tenga lástima; luego, recuerda por qué no quieres representar más ese papel.

4. Convierte un mal recuerdo en bueno

Cuando el actor Jack Lemmon murió en 2001, me llamó la atención un artículo que recordaba su vida debido a una historia que era muy similar a la mía. ¿Recuerdas cuando arruiné un número de animadoras cuando era niño e hice reír a todo el mundo? Lemmon hizo lo mismo, solo que fue en una obra de teatro. Tenía ocho años, y como otro niño se enfermó, a Jack le pidieron que participara y ayudara con una obra de teatro escolar. Jack aprendió bien la primera línea, pero se equivocó en la segunda. Sus compañeros comenzaron a reír. Lo que podría haber sido una experiencia humillante se convirtió en una liberadora. En lugar de resentirse, de llorar o de salir corriendo avergonzado, Lemmon comenzó a sacarle el jugo al error y a generar más risas. Para cuando terminó, ¡la clase entera aplaudió![11] Al volver la vista atrás, Jack vio ese incidente como un momento decisivo en su vida. «Pensé: "Creo que esto me gusta". Este ha sido el mejor día de mi vida»[12].

Para muchos niños, que toda una clase se ría de ellos hubiera sido un día humillante en el mejor de los casos, pero para Jack fue el comienzo de algo especial. Había descubierto su llamado y usó este don para sacar el máximo provecho a su carrera, en la cual apareció en más de quinientos programas televisivos y actuó en algunas películas comiquísimas con uno de sus colegas favoritos, Walter Matthau. No se han hecho comedias mucho mejores que *Dos viejos gruñones*. En el camino, Lemmon ganó dos Óscar y un Emmy.

No hay una sola persona que no albergue algún recuerdo malo y hasta doloroso. Piensa en una mujer que de niña experimentó la violación y la pobreza. Luego, consiguió por fin un trabajo en un canal de televisión local, pero allí le dijeron que su nariz, su cabello y su boca «estaban mal». Fue a un peluquero francés en la ciudad de Nueva York para tratar de hacer algo con su cabello, ¡y terminó calva y con costras en el cuero cabelludo!

Sin embargo, insistió y al final consiguió la posibilidad de aparecer en el programa de Joan Rivers, donde Rivers la humilló preguntándole por qué era tan gorda. Cuando caminaba, podía oír cómo se rozaban sus muslos y esto fue suficiente para convencerla de que debía ir a una granja para obesos a perder peso, pero la visita quedó en la nada cuando Steven Spielberg la llamó para decirle que pensaba que sería perfecta para el personaje de Sofía en una nueva película que estaba filmando llamada *El color púrpura*. Sin embargo, el ofrecimiento llegó con una advertencia. Le dijo que si perdía un kilo más, tendría que darle el papel a otra actriz. Oprah Winfrey dejó la granja ese día, y de camino a casa, se detuvo a comer un gran helado[13].

La gente exitosa suele tener tantos malos recuerdos como las personas «normales». En realidad, muchas veces tienen más.

Cuando un reportero le preguntó a Ernest Hemingway cómo ser un buen escritor, él respondió: «Debes tener una niñez desdichada».

La diferencia es que la gente exitosa usa sus malos recuerdos como motivación para crear buenos recuerdos. Jack Lemmon encontró algo positivo en hacer reír a los demás, aunque fuera a sus propias expensas, y lo usó para convertirse en un actor famoso. Oprah luchó para salir de la pobreza y de su estereotipo para convertirse en la hermana mayor favorita de los Estados Unidos.

He aquí un secreto que debes aprender: el único poder que tienen los recuerdos para retenerte es el que le otorgas tú. No huyas de tus recuerdos. ¡Acuérdate de ellos! Cultívalos, vuelve a evaluarlos y, luego, úsalos como motivación. Encuentra el lado positivo de cada recuerdo doloroso. Aun cuando algo haya sido terrible de verdad, como la violación de Oprah, puedes pensar: *Eso fue horrible, pero sobreviví*. Hasta los malos recuerdos, mirados a través de esta lente, pueden hacernos más fuertes.

> *La gente exitosa suele tener tantos malos recuerdos como las personas «normales». La diferencia es que la gente exitosa usa sus malos recuerdos como motivación para crear buenos recuerdos.*

Por ejemplo, tomemos la situación a la que se enfrentó mi paciente vietnamita. En lugar de decir: «Cuando era bebé me quemaron; por lo tanto, el mundo es un lugar horrible», pudo decir: «Lo que me hicieron fue terrible. Ningún bebé debería pasar por algo así. Sin embargo, todo salió bien. Dios me colocó en una amorosa familia. Las cosas cambiaron y no hay razón para creer que no seguirán cambiando para lo mejor».

> *El único poder que tienen los recuerdos para retenerte es el que le otorgas tú.*

El niño que erró con una palabra fácil en un concurso de ortografía, y recibió como respuesta las risas despiadadas, puede consolarse diciendo: «¿Saben una cosa? Tenía presión, estaba nervioso y me equivoqué en una palabra fácil. Puede sucederle a cualquiera. Mi valor no está ligado a que, cuando estaba en segundo grado, no pude deletrear "masa". Es tiempo de seguir adelante».

El niño que mencionamos antes y que recibió azotes frente a sus amigos puede volver a visitar sus recuerdos y decir: «Apuesto a que mamá estaba asustada de verdad. Y aunque no fue justo que me culpara, y aunque es verdad que muchas veces me culpaban por cosas que no había hecho, ya no vivo con mamá. Cuando voy a trabajar, no me ven como el hijo del medio, sino como el gerente de contaduría. Hago un buen trabajo y mi temor a fallar es irracional. Aún no he tenido una mala evaluación. Más bien, mi jefe ha estado hablando de una promoción y un aumento. A decir verdad, he crecido en mi competencia como trabajador y ahora es tiempo de que crezca en lo emocional como persona».

Cómo cambió mi vida

Pasé veinte años enojado con mi padre por la manera en que me trataba cuando yo era niño. Hace un mes, papá murió. A la semana siguiente, después de oírlo hablar a usted en un programa de radio, lo entendí: nunca tuve una relación con mi padre. Además, acabo de darme cuenta por qué mi padre hizo algunas de las cosas que hizo: porque así lo criaron a él. Lo peor es que vi algunas de esas mismas cosas en mí (yo también soy padre ahora). Es demasiado tarde para la relación con papá, pero no es demasiado tarde para la relación con mi hijo, Justin.

Tate, Michigan

5. Perdona a tus padres

Nuestra cultura ha convertido en deporte nacional el aporreo a los padres. En lugar de hacernos responsables por las personas en quienes nos hemos convertido, nos gusta echarles la culpa al papá disfuncional y a la mamá maníaca.

Es cierto que, como consejero, he visto más de lo que he contado acerca de las historias de terror de los padres. Sé lo crueles, vengativos e hirientes que pueden ser algunos padres, pero lo que voy a decir está basado en mi experiencia al trabajar con niños de familias muy disfuncionales: cuanto más mala fuera tu vida en el hogar, más necesitas perdonar a tus padres.

Algunos lo entienden al revés. Piensan que si los padres hubieran sido promedio, o tal vez un poquito por debajo del promedio, podrían perdonarlos. En cambio, si se encuentran un diez por ciento más bajo, nunca podrían perdonarlos.

Pienso que sucede exactamente lo opuesto, porque creo que el perdón es uno de los mejores recursos que puedes usar en la autodefensa emocional. Cuando tienes la oportunidad, dale una mirada al innovador libro del Dr. Lewis Smedes *Perdonar y olvidar*, ¡y te darás cuenta que la primera persona a la que se le concede el perdón es la misma que perdona!

La amargura, la ira prolongada y el resentimiento son toxinas emocionales; envenenan nuestras almas. El perdón es un gran cauterizador. Quema las emociones enfermas y nos libera de la prisión del pasado.

Sé de lo que estoy hablando aquí. Los niños del vecindario solían decirle a la oficina de mi papá la fábrica de ginebra. Vengo de una larga línea de bebedores y he tenido mi cuota en cuanto a tener que perdonar. He aprendido que no ganaré nada y que perderé bastante si me aferro al pasado y me quedo amargado, enojado y rencoroso.

> *Cuanto más mala fuera tu vida en el hogar, más necesitas perdonar a tus padres.*

> *Necesitas perdonar, no porque tus padres merezcan el perdón, sino porque tú mereces la libertad que proviene del acto de perdón.*

Cuando te aliento a que traigas a memoria los recuerdos de la primera infancia, quiero que rechaces las mentiras que le han dado forma a tu lógica privada y que han escrito tu libro de reglas. Necesitas perdonar, no porque tus padres merezcan el perdón, sino porque *tú* mereces la libertad que proviene del acto de perdón.

Tal vez tuvieras buenos padres que se equivocaran alguna vez. Muchos padres no necesitan tanto perdón como comprensión. Nadie es perfecto y está garantizado que alguien con quien vives durante dieciocho años o más te decepcionará de vez en cuando o dirá algo desconsiderado. No te ofendas con tus padres por ser humanos. La comprensión de sus debilidades puede hacer mucho para depurar la relación.

Si tus padres viven todavía, inicia el perdón reuniéndote con ellos. Enfatiza que deseas conocerlos de nuevo, como adulto, si esa relación puede basarse en el respeto mutuo. Sin embargo, en algunos casos (tales como en los de abuso), es mejor evitar el contacto personal. Aun así, eso no quiere decir que tu corazón no pueda avanzar hacia el perdón.

6. Toma medidas

Cambio no es más que una palabra vacía a menos que hagas el esfuerzo de poner lo aprendido en acción.

Por ejemplo, una mujer que tiene el hábito de entrar en relaciones románticas destructivas puede decir: «No tendré más relaciones sexuales hasta que me case. Debo realizar un cambio para poder encontrar a alguien que se preocupe de verdad por mí, no solo alguien que esté buscando su propio placer».

El hombre que no puede tener un trabajo puede decir: «La próxima vez que me enoje con mi jefe, o la próxima vez que me digan que haga algo que me parece tonto, no voy a renunciar. He dejado demasiados trabajos con buenos salarios por el acaloramiento del momento. A partir de ahora, la única manera en que dejaré un lugar de trabajo será a través de una carta escrita de renuncia, lo que me dará la oportunidad de pensar de verdad en mi decisión en lugar de actuar impulsado por una emoción».

El verdadero cambio no tendrá lugar hasta que enfrentes las mentiras, cambies tu libro de reglas para tener estos pensamientos y, luego, los pongas en práctica.

7. Asóciate con alguien

Si quieres cambiar en realidad, cuéntaselo a alguien en quien confíes y pídele ayuda: «Megan, estoy tratando de eliminar las rosquillas. Cuando salgamos a tomar un café, ¿me podrías ayudar a recordarlo?».

Cuando no le rindes cuentas a nadie, corres el riesgo de andar a la deriva sin ningún puerto de escala a la vista. La desviación puede ser lenta, pero si es constante, puede llevarte muy lejos si alguien no lo detiene. Puedes comenzar a cambiar ahora mismo si levantas el teléfono, le cuentas a alguien que quieres cambiar y le pides su ayuda. La confesión pública les muestra a ti y a los demás que quieres cambiar de verdad.

¡No creas las mentiras!

A Zane Grey le dijeron que no podía escribir. Nadie pensaba que Thomas Edison era brillante. ¿Y Albert Einstein? Bueno, le faltaba un tornillo.

Ahora, te pregunto, ¿qué hubiera sucedido si estas tres personas brillantes hubieran creído las mentiras y las hubieran interiorizado?

Intentar cambiarte a ti mismo es mucho más difícil que tratar de cambiar a otro. ¿Será posible que se deba a las mentiras que te dices a ti mismo *sobre* ti mismo? ¿Que no tienes valor?

¿Que no eres lo bastante bueno? ¿Que no puedes hacerlo porque lo has intentado antes y fracasaste? ¿Que toda la culpa de tus padres por la manera en que te criaron?

Ahora es tiempo de sacar a la luz esas mentiras, por tu propio bien y por el de los que te aman. ¿Por qué no tomas el toro por los cuernos y te conviertes en la persona que siempre has deseado ser?

Sé que eres listo, entonces, ¿por qué no jugar el juego de la vida de forma inteligente?

Qué hacer el miércoles

1. Vuelve a mirar la lista de tus tres recuerdos de la primera infancia. ¿De qué manera influye tu lógica privada actual?
2. Confecciona una lista de lo que hay en tu libro de reglas. ¿De qué manera este libro de reglas te ha ayudado a convertirte en lo que quieres ser? ¿Cómo te ha impedido convertirte en un nuevo «tú»?
3. Identifica el estilo de crianza de tus padres:
   - Autoritario
   - Permisivo
   - Crítico
   - Seguro de sí mismo
4. Precisa cuál de estos tiendes a ser:
   - Controlador
   - Complaciente
   - Encantador
   - Víctima
5. Vuelve a leer la sección «Siete pasos para programar de nuevo tu libro de reglas».

Jueves

¿Cómo deletreas «amor»?
(Mi esposa lo deletrea V-i-s-a)

¿Qué te hace sentir amado y qué dice eso de ti? La comprensión de tu propio estilo y el de los demás puede suavizar los choques relacionales en el camino.

Justo antes de que Sande y yo cumpliéramos quince años de casados, me encontraba dando vueltas por una tienda, pensando en qué podía comprarle para sorprenderla, cuando me topé con el regalo perfecto. Allí, sobre el estante frente a mí, se encontraba la tostadora más elegante, más duradera y más hermosa que hubieras visto en toda tu vida. ¡Y era para cuatro tostadas! Nada de esas enclenques tostadoras que hacen dos tostadas para *mi* esposa. Quería que tuviera la mejor para mostrarle cuánto la amo. Y este elegante electrodoméstico hasta tenía suficientes ranuras para tostar rosquillas de pan. ¿Qué más podía pedir Sande?

Compré la tostadora y le pedí a la señora de la tienda que la envolviera. «¿Es un regalo de bodas?», preguntó.

«No», le dije, «es un regalo de aniversario para mi esposa».

> *Este elegante electrodoméstico hasta tenía suficientes ranuras para tostar rosquillas de pan. ¿Qué más podía pedir Sande?*

Ante mi sorpresa, la amable señora me lanzó unas cuantas miradas fulminantes. Supuse que estaba pensando en su propio esposo y que se preguntaba por qué no tenía el buen gusto para llevarle un regalo tan fino. Sin duda, pensaba: *¿Por qué no habré tenido la buena suerte de casarme con un hombre tan sensible y creativo?* Sí, de seguro que pensaba eso.

Pocas horas después, llegó el momento mágico: Sande abrió el regalo que yo le había escogido de manera tan considerada. «Ah, qué bonito», dijo, y lo puso en un lugar destacado en la cocina.

Me sentí muy bien por dentro al saber que había anotado un *jonrón*.

Media hora más tarde, me di cuenta de que hacía un rato que no veía a Sande. Bueno, para ser sincero, fue mi hijo de cinco años, Kevin, quien me dio una pista.

«Papá», me preguntó, «¿por qué mami está llorando en el baño con la puerta cerrada?»

Gemí, sabiendo que había cometido un error, uno grande, otra vez. Pensaba que había aprendido.

Verás, en los primeros años de nuestro matrimonio, solía regalarle a Sande ropa interior que jamás usaría. De todas las excusas absurdas, decía que lo que le compraba era «demasiado incómodo». Me llevó algunos años descubrir que la idea de Sande de ropa interior cómoda se parece en gran medida a la de maternidad. Piensa que se necesita espacio para dos, aunque es una mujer muy esbelta.

Luego, llegó el tiempo en el que pensaba que debía esforzarme más en el romanticismo con mi esposa, así que fui a una tienda y le compré un estupendo camisón. Vaya si era sexy. Sande abrió el regalo, comentó lo bonito que era, me dio un beso en la mejilla y volvió a ponerlo en la caja. Esa fue la última vez que vi el camisón hasta dos años después, cuando lo rescaté del fondo de una bolsa para trapos con un ligero aroma a limpiador con limón. Que yo sepa, ese camisón se convirtió en el trapo para limpieza más caro en los anales del mundo.

Mi historia en cuanto a dar regalos (que ha mejorado, de paso, lo que les da algo de esperanza al resto de los románticos bobalicones) es buena prueba de cómo actuamos la mayoría de nosotros en las relaciones. Les damos a los demás lo que queremos nosotros. Sin embargo, ¿qué me dices de lo que desea la otra persona?

Algunas veces, el mejor regalo que puedes dar es encontrar algo casi idéntico a lo que te regalaron a ti.

Te harías un grandísimo favor si comprendieras que las diferentes personas quieren que las amen de diferentes maneras y a través de medios diferentes. Lo que a ti te entusiasma y te resulta significativo, puede que no lo sea para los demás. Esta comprensión te ayudará a definir más aun tus propias cualidades únicas y también te ayudará para que puedas explicarles a los demás cómo eres. También te ayudará a comprender cómo ama la gente que es especial en tu vida, de modo que se estimulen las relaciones más íntimas.

Saber amar no es algo que surja con naturalidad en ninguno de

> *Algunas veces, el mejor regalo que puedes dar es encontrar algo casi idéntico a lo que te regalaron a ti.*

> *Saber amar no es algo que surja con naturalidad en ninguno de nosotros; es una habilidad que debemos aprender.*

nosotros; es una habilidad que debemos aprender. Por fortuna, contamos con ayuda. Mi amigo Gary Chapman escribió un libro maravilloso, *Los cinco lenguajes del amor,* que ayuda a identificar las necesidades emocionales de cada persona. Su libro está escrito particularmente para parejas casadas, pero también es interesante para quienes piensan iniciar una relación de noviazgo o quienes ya están en ella.

Las mentiras que te dices

A mí me gusta, así que a ella le gustará.

Por supuesto, todo el mundo quiere uno de esos. ¿Quién no lo querría?

Existe una sola manera de expresarle el amor a tu cónyuge: relación sexual.

Él debería darse cuenta de lo que me gusta. ¡No tendría que decírselo!

¿Qué llena tu tanque?

¿Sabías que es poco común que un esposo y una esposa tengan el mismo lenguaje del amor? Eso significa que la esposa amará casi siempre al esposo como a *ella* le gusta que la amen... y, como resultado, deja vacío el tanque emocional del amor de su esposo. El frustrado esposo, a su vez, amará a su esposa justo como *él* quiere que lo amen, con la esperanza de darle una pista a ella. Por supuesto, ella no la recibe, debido a que no puede imaginarse por qué su esposo la trata como si fuera él. A ella no le gusta que la amen de esa manera, así que de ningún modo amará a su esposo de esa forma.

Así es que puede comenzar a crecer la distancia emocional en el matrimonio.

Seré bien directo. Detrás de cada matrimonio fracasado, de cada hijo rebelde o de cada relación rota hay un tanque de amor vacío. En lo profundo, esa persona no se siente amada porque no está recibiendo la clase específica de atención que dice «Te amo». Recuerdo a una clienta que vino a verme, agotada por la distancia emocional que había en su matrimonio. Tanto ella como su esposo trabajaban todo el tiempo y recuerdo haber pensado: *Esta mujer es la candidata principal para la infidelidad del esposo. Y su esposo también.*

«¿Te has sentido tentada a tener una aventura amorosa?», le pregunté.

Casi se ríe. «Ya lo hice», confesó. «¿Cómo lo sabe?»

No es ciencia espacial. Un tanque de amor vacío suele ser un factor que contribuye a la ruptura matrimonial, y también a la delincuencia juvenil. Si deseas tener una vida exitosa y feliz, un hogar saludable y quieres convertirte en el «nuevo tú» con el que sueñas, es vital que puedas identificar tu propio lenguaje del amor y que también aprendas a hablar el de la persona a quien amas.

Primer lenguaje del amor: Palabras de afirmación

El silencio nunca es oro para la gente cuyo lenguaje del amor son las palabras de afirmación. Existen ciertos miembros del género humano que viven para recibir un elogio bien dicho, una palabra cariñosa o una palabra de aliento. Puedes hacer toda clase de cosas positivas con estos individuos: prepararles una rica comida, darles un abrazo de corazón, pasar largas horas en su presencia, pero si no expresas tu afecto y compromiso con palabras, no se sentirán amados.

A las palabras de afirmación las llamo «deslizarle a tus seres queridos mensajes comerciales». En mi práctica, por ejemplo, he oído demasiados comentarios negativos y críticos por parte de los padres, y he sido testigo de la devastadora destrucción que pueden hacer los padres severos. Tal vez debido a esta experiencia es que haga hasta lo imposible por proporcionarles a mis hijos comentarios alentadores que los edifiquen: «Cariño, traer a ti y a tus amigas a casa de la pista de patinaje me recuerda el

> *Existen ciertos miembros del género humano que viven para recibir un elogio bien dicho, una palabra cariñosa o una palabra de aliento.*

buen trabajo que has hecho al escoger tus amistades; son chicas maravillosas, todas, y estoy orgulloso por las decisiones que has tomado».

Entonces, si tu ser amado tiene ese lenguaje del amor, ¿por qué no usarlo? Digamos que tu hijo ha estado luchando con el *swing* en el golf y, por fin, obtiene un tanto. ¿Por qué no decirle: «Bueno, Tommy, parece que esa práctica está dando buenos resultados»?

Una vez, mi amigo el cabezón y yo nos encontrábamos en un restaurante cuando vimos a un muchacho que llevaba una camiseta que me hizo reír entre dientes. Como yo solía jugar al golf, me sentí identificado. La camiseta tenía cuatro frases:

«Detesto el golf».
«Detesto el golf».
«Buen tiro, amigo».
«Me encanta el golf».

Es asombroso cómo una frase positiva puede transformar por completo una mala experiencia frustrante, ¿no es así?

Sin embargo, tampoco hablo de elogios huecos, eso es falso y repugnantemente empalagoso. El aliento significativo es notar un rasgo positivo en un hijo, en el cónyuge o en un amigo y decir: «Este es un rasgo que se debe reafirmar y sobre el que se debe construir».

Este lenguaje del amor es el que suele producir la mayor cantidad de problemas en un matrimonio cuando es el favorito de la esposa, en gran parte porque los hombres no somos buenos con las palabras. Somos grandiosos haciendo ruidos, gruñidos y dando órdenes, ¿pero en términos cariñosos? Solo digamos que, en general, los hombres podrían hacerlo mucho mejor. En promedio, los hombres usan tres veces menos palabras por día que las mujeres. Cuando la mayoría de nosotros llega a casa del trabajo, ya ha usado el noventa y nueve por ciento de nuestras palabras. Nunca he conocido a un hombre que me diga que después de regresar a casa, al final de un largo día de trabajo en la oficina, lo primero que pensó fue: *Lo que me vendría muy bien es tener una conversación de cuarenta y cinco minutos con mi esposa.* Esta clase de hombre existe, ¡pero todavía no he conocido a ninguno! Frente a esta realidad, no es difícil entender por qué las mujeres que se sienten amadas, sobre todo a través de las palabras de afirmación, pueden sentirse estafadas en muchos matrimonios.

Si el que lee esto es un hombre, ¿puedo sugerirte que debes reconsiderar tu silencio por amor a tu esposa y a tus hijos? He atendido a un sorprendente número de hombres que me dijo:

—Mire, Dr. Leman, le hice una promesa a mi esposa el día de nuestra boda y me propongo guardarla.

—¿Qué promesa?

—Le dije que la amaba mucho, y que si alguna vez cambiaban las cosas, sería la primera en saberlo. Mientras tanto, a menos que yo saque el tema, no tiene que preocuparse pensando

> *Nunca he conocido a un hombre que me diga que después de regresar a casa, al final de un largo día de trabajo en la oficina, lo primero que pensó fue:* Lo que me vendría muy bien es tener una conversación de cuarenta y cinco minutos con mi esposa.

> *Tu matrimonio no es como un bosque antiguo; es como un jardín recién plantado.*

si la amo o no. Puede recordar lo que le dije el día de nuestra boda.

Lo lamento, amigo, pero eso no va a resultar si el lenguaje del amor de tu esposa son las palabras de afirmación. Ella necesita oírlo una y otra vez.

Tu matrimonio no es como un bosque antiguo; es como un jardín recién plantado. Los bosques antiguos son bastante fuertes. No hace falta regarlos. No necesitan desyerbarlos. Si no los contaminas, ni los envenenas, ni los incendias, van a seguir bien.

Por otra parte, un jardín es justo lo opuesto. Si no lo riegas, si no te aseguras de que reciba la suficiente luz solar, si no sacas las malezas, lo cuidas y lo fertilizas, no conseguirás nada. Tendrás una ensalada con una zanahoria enclenque y una lechuga toda llena de insectos.

> *Una oración requiere varios elementos que incluyen un sujeto, un verbo y un predicado. «¿Eh?», «¿Qué?», «No» y «Lo que sea» no reúnen las condiciones de las oraciones.*

Tu matrimonio es como ese jardín. Un riego no dura cincuenta años. Debes regar tu matrimonio todos los días, algunas veces a cada hora.

Entonces, hombres, si el lenguaje del amor de sus esposas son las palabras de afirmación, permítanme que los ayude a aplicar este consejo. Tu esposa necesita que tomes algunas palabras y que hagas algo que tal vez no te parezca natural. Piénsalo como un proyecto de construcción, solo que esta vez construirás una oración. Una oración requiere varios elementos que incluyen un sujeto, un verbo y un predicado. «¿Eh?», «¿Qué?», «No» y «Lo que sea» no reúnen las condiciones de las oraciones en esta discusión. Las oraciones de las que hablo son como estas:

«Te amo más de lo que nunca he amado a nadie. La vida contigo se vuelve cada vez más dulce».
«Eres muy buena para mí. ¿Cómo podría arreglármelas sin ti?»
«Hoy me sentía un poquito deprimido, así que comencé a pensar en ti. Eso me hizo sentir muchísimo mejor».

Cualquiera de estas oraciones se puede pronunciar en diez segundos o menos, pero cada una puede darle brillo a la semana de tu esposa si las dices con sinceridad.

En el caso de los hombres a quienes les resulta difícil expresarse, sugiero que usen una descripción verbal vívida. Los hombres no solemos ser muy buenos con los sentimientos, así que nos puede ir mejor con las imágenes. «Estoy tan enojado que me siento como un perro que trata de hacer trizas un bistec crudo». «Siento como si me hubieran puesto el peso del mundo sobre los hombros, y estoy demasiado cansado como para seguir de pie». «En el trabajo me siento como si tuviera dos tantos en mi contra y un árbitro que me detesta; no hay manera de evitar el *ponche*».

Sé que algunos pueden sentirse incómodos conversando sobre sus temores, sus emociones o sus sueños, pero no hay problema si es así. ¿Quieres convertirte en un nuevo «tú», verdad? Algunas veces, convertirse en un nuevo «tú» es incómodo. Significa cambiar la manera en que te relacionas con los demás (empezando por los que están más cerca de ti). Significa correr riesgos para que tu cónyuge (y tus hijos, si los tienes) se sientan amados, cuidados y plenos.

Si el lenguaje del amor de tu cónyuge son las palabras de afirmación, deja de lado el negativismo. Quejarte y protestar no te hará ningún bien. Para quienes tienen un lenguaje del amor verbal, las palabras positivas los estimulan como ninguna otra cosa, pero los comentarios negativos los hacen caer tan bajo como pueden llegar. Son sensibles en extremo, tanto al elogio como a la crítica. La crítica los cerrará.

Si en verdad quieres ver sonreír a tu cónyuge, háblales bien de su persona a los demás. Te garantizo que le dirán lo que dijiste.

Si tu lenguaje del amor es verbal y todavía no te has casado, encuentra a un hombre o a una mujer que sepa cómo comunicarse de esa manera. Si estás casado con una persona cuyo lenguaje del amor es verbal, solo debes desarrollar las habilidades de conversación; es la única manera en que tu cónyuge se sentirá amado.

Segundo lenguaje del amor: Tiempo de calidad

Una madre venía a verme frustrada por la relación con su hija mayor. Hacía lo imposible por llegar con palabras a su hija, pero parecía que no iba a ninguna parte. Su esposo, por otro lado, era del tipo silencioso y pensativo que casi nunca habla, pero tenía la devoción y el afecto perpetuo de su hija.

La mamá no podía entender cómo este hombre callado podía haber captado el corazón de su hija siendo que ella, que la acribillaba con preguntas, parecía no llegar a ninguna parte.

Dediqué algún tiempo a conversar con la hija y de inmediato entendí cuál era el problema. Cuando volvimos a encontrarnos con los padres, le hice un par de preguntas sencillas a la madre. Comencé con la siguiente:

—Cuando a tu hija le cuesta dormirse, ¿qué CD le gusta escuchar?

—No lo sé.

—*New Kids on the Block* —contestó el papá.

—Perfecto —dije.

—¿Cómo lo sabes, querido? —le preguntó la mamá a su esposo.

—Porque algunas veces me pide que se lo ponga cuando me voy de la habitación.

—Cuando su hija está en la cancha jugando *sóftbol*, ¿qué hace? —continué.

La mamá se veía anonadada.

—Golpea dos veces el suelo con el bate cuando se siente confiada, pero me busca con la mirada cuando se siente nerviosa —dijo el papá.

El lenguaje del amor de esta hija era el tiempo de calidad. El papá le daba ese tiempo, mientras que la mamá solo le daba palabras. Ade-

> *Era natural que la hija se sintiera más cerca de su papá. Él la amaba de la manera en que ella quería que la amaran.*

más, las preguntas con las que la acribillaba la madre no parecían de afirmación; más bien parecían salidas de la gran inquisición. Por lo general, a los adolescentes no les gustan las preguntas. Así que era natural que la hija se sintiera más cerca de su papá. Él la amaba de la manera en que ella quería que la amaran.

Una de las mejores maneras en que podía mostrarle amor a una de mis hijas cuando crecía era sentarme y escuchar con ella sus nuevos CD. Me convertí en un fanático de *Dixie Chicks*, así que no me sacrificaba mucho para escuchar su último CD, pero el amor hacia mi hija era la *única* razón por la que me sentaba a escuchar a los *NSYNC y los *Backstreet Boys* mientras canturreaban abriéndose paso hacia otro CD exitoso en ventas. ¿Y cada vez que se aparecía con algo que no me gustaba? Siempre y cuando no tuviera letras ofensivas, encontraba algo positivo y lo mencionaba: «Bueno, tiene un buen ritmo», o «Esa mujer tiene una voz alucinante».

A algunos cónyuges e hijos no les importa en lo más mínimo recibir regalos. Quieren tu tiempo. Quieren que te sientes a su lado, que hables con ellos, que los acompañes a ver un partido,

> *A algunos cónyuges e hijos no les importa en lo más mínimo recibir regalos. Quieren tu tiempo.*

a mirar una película o solo que llegues a tiempo a casa para cenar juntos. Hacerlo no te cuesta un centavo. No necesariamente piden que pases tiempo en la playa, en un hotel caro, ni en un palacio, solo quieren estar a tu lado.

Los hijos que tienen este lenguaje del amor quieren que estés en sus partidos. No es lo mismo si estás demasiado ocupado, te pierdes el partido y luego le ofreces que se sienten a escuchar un resumen. Quieren mirar hacia las gradas y verte allí. Si cantan en un coro, no les importa si no puedes distinguir sus voces. Su tanque de amor se siente lleno cuando encuentran tu rostro familiar al mirar a la audiencia.

Sande me tocó de verdad el corazón a los pocos años de casados, cuando se apareció para verme cuando recibía mi título de doctor. Tal vez eso no te parezca gran cosa, pero considera las circunstancias: Recibí el diploma un sábado por la tarde, y el jueves por la noche (unas treinta y seis horas antes), Sande había dado a luz a nuestra segunda hija, Krissy. Todavía estaba en una silla de ruedas, pero fue a la ceremonia y para mí significó muchísimo que hubiera realizado un esfuerzo tan heroico para estar presente en ese momento.

Si tu cónyuge o tus hijos poseen como lenguaje primario del amor el tiempo de calidad, debes ser implacable con tu agenda. Si no estableces algunas líneas de conducta, el exceso de actividades arruinará a tu familia.

Tengo un pequeño ejercicio para ayudar a las familias excedidas en actividades. Sin pensarlo mucho, les digo que hagan una lista con todas las actividades de cada uno. La lista podría llegar a ser cómica si las consecuencias no fueran tan terribles. He visto niños que juegan en tres equipos distintos de béisbol, durante la misma temporada. He visto padres que juegan al golf mientras la mamá monta a caballo y los hijos están diseminados por toda la ciudad.

Una vez que colocan la lista frente a mí, les doy un rotulador y les digo:

—Muy bien, redúzcanla a la mitad.

—¡Usted está bromeando! —protestan.

—No bromeo. Deben recortar sus actividades en un cincuenta por ciento.

Algunas de estas familias son como los alcohólicos: están tan ocupados que no comprenden en realidad el estrés que hay detrás de lo que hacen. Pueden desesperarse cuando por fin se les pide que hagan algunos cambios y que se den cuenta de que algunas veces debes dejar pasar algunas actividades muy provechosas para evitar estar demasiado ocupado.

> *Si existe alguna duda, di que no.*

Una vez que se realizan los dolorosos recortes, mi siguiente consejo es que escriban algo breve en una tarjeta y que la pongan junto al teléfono. La nota dice así: «Si existe alguna duda, di que no». La gente demasiado ocupada tiene filtros defectuosos. En su subconsciente, reciben pequeñas advertencias como: «¿Susan tiene tiempo de verdad para realizar otra actividad más?», pero después la mamá comienza a razonar y a pensar en lo que se «perderá» su hija y, antes de que puedas darte cuenta, la cansada niña está anotada para el décimo compromiso semanal. En mi libro, si existe alguna duda, responde cortándola. A menos que puedas defender por completo el tiempo que empleas en esta actividad, líbrate de ella.

No quiero que esto parezca una advertencia, pero en muchos sentidos lo es: si no pasas tiempo de calidad con la gente que tiene este lenguaje del amor, no se sentirán amados, y vivimos en un tiempo en que hay muchos brazos que esperan recibir a personas que las han descuidado. En caso de que no

Casi todos nosotros seguimos buscando hasta encontrar a alguien que desee estar a nuestro lado.

sea lo bastante específico, seré más directo: tus seres queridos encontrarán por fin a alguien que desee pasar tiempo con ellos. Si no eres tú, se conectarán con algún otro. Tu hijo adolescente encontrará una jovencita y tal vez la deje embarazada, o empiece a merodear con una pandilla de vendedores de droga si su familia está demasiado ocupada como para crear un sentido de pertenencia. La persona que en verdad puede estar sola es una en un trillón. Casi todos nosotros seguimos buscando hasta encontrar a alguien que desee estar a nuestro lado.

En el caso de la persona que se siente amada mediante el tiempo de calidad, tampoco se puede pasar por alto la cantidad. La calidad no compensará la falta de cantidad; los niños no piensan de ese modo. Mientras procuras proporcionar una generosa cantidad de tiempo, tampoco te olvides de buscar algo de tiempo *significativo*. Mirar juntos la televisión puede aumentar el índice de audiencia de algún programa, pero no significa nada para tu hijo ni para tu cónyuge. Leer el periódico durante el desayuno coloca a dos personas en la misma habitación, pero en planetas diferentes por completo. Tener la radio encendida mientras están juntos en el auto no crea recuerdos comunes.

Mirar juntos la televisión puede aumentar el índice de audiencia de algún programa, pero no significa nada para tu hijo ni para tu cónyuge.

El tiempo significativo no sucede por accidente; debes buscarlo. Tendrás que motivarte para apagar la televisión, salir y jugar a la pelota con tu hijo. En lugar de escaparte solo, tal vez puedas sorprender a tu familia al sugerir que se junten todos a jugar al Monopolio u otro juego de mesa. O quizá puedas decirles a los niños que terminen de lavar los

> *El tiempo significativo no sucede por accidente; debes buscarlo.*

platos y, luego, tomar de la mano a tu esposa y decirle: «Ven cariño, salgamos a caminar. Quiero que me cuentes cómo fue tu día».

También desearás concentrarte en acontecimientos esporádicos de calidad. Si tu esposo es un gran fanático del béisbol, tal vez puedas comprar dos boletos para un partido y sorprenderlo, aun si nueve entradas te parezcan como ocho entradas demasiado largas. Si a tu hija le encanta la danza jazz, llévala a ver un espectáculo, aunque te parezca aburrida la danza. Si a tu esposa le encanta el arte y te enteras de que hay una nueva exhibición en un museo local, menciónaselo. Para tu ser querido tendrá muchísimo significado que seas tú el que inicie la acción en lugar de responder de mala gana a sus pedidos.

No solo pases tiempo... crea un recuerdo

Mira a tu esposa a los ojos.

Préstale total atención.

Mantén la boca cerrada hasta que ella termine de hablar.
   (Algo muy difícil para nosotros los hombres, ya que en seguida queremos resolver el problema).

Observa el lenguaje de su cuerpo.

Escucha lo que sucede en su corazón.

Cómo cambió mi vida

Mi esposa y yo siempre nos llevamos bien, pero hace dos meses, llegamos al punto más bajo de nuestro matrimonio. Al final, ambos estuvimos de acuerdo en que nuestra relación era aburrida. Así que en mayo asistimos a uno de sus seminarios para matrimonios. La vida nunca será igual (¡y gracias a Dios por ello!).

Los dos somos hijos del medio (no es de extrañarse que no hubiera pasión en nuestro matrimonio y que los dos nos sentáramos como teleadictos los viernes por la noche), pero no teníamos idea de cómo habían afectado nuestro matrimonio los rasgos de hijos del medio. Tampoco tenía idea de lo importante que era para mi esposa recibir regalos (su lenguaje del amor). Creo que durante un par de años en nuestro matrimonio me olvidé de hacerle regalos. Ahora, todos los días trato de llegar con alguna cosita para ella, aunque sea una margarita de nuestro jardín sobre su almohada para decirle que la amo. Todo lo que puedo decir es que... los viernes por la noche ya no son aburridos. Por cierto, algunas veces tenemos que enviar a los niños a la casa de la abuela a pasar la noche.

Sean, Tennessee

Tercer lenguaje del amor: Regalos

Muy bien, ya saben que hacer regalos no es mi fuerte, pero en defensa propia, mi esposa no es exactamente la persona más fácil para comprarle regalos. Solía tener su propia tienda llamada *Shabby Hattie*, donde vendía esas cosas que se conocen con cariño como «shabby chic» [estilo decorativo con artículos antiguos y elegantes]. Traducción Leman: Cosas que la gente solía tirar, pero que ahora paga fortunas por adquirir.

Cuando tenía esa tienda, yo me encontraba en verdaderos problemas. Verás, lo que a ella más le gustaba, lo compraba y lo ponía en su tienda. Sin embargo, yo no podía comprarle presentes a mi esposa *de* mi esposa. ¡No me habría dado ningún mérito!

Una vez, cuando nos encontrábamos veraneando en la parte norte del estado de Nueva York, Sande encontró unas gastadas tablas de una cerca. Como es natural, pensó que a alguien le encantaría pagar buen dinero por esas tablas y usarlas para decorar, así que las guardó afuera hasta que pudo traerlas con nosotros a Tucson. Las tablas no podían estar más gastadas de lo que ya estaban, así que no hubo necesidad de cubrirlas.

Alrededor del mismo tiempo, vino un hombre intrigante (solo digamos que era un hombre pintoresco, con un vocabulario pintoresco) a limpiar nuestra fosa séptica. No estoy seguro de cuál era la historia de este hombre, pero cualquier persona que solo tiene siete dedos, de seguro que tiene algunas cuantas historias que contar.

Entró con el camión en nuestro patio, comenzó a limpiar la fosa séptica y, entonces, descubrió que el tanque de su camión estaba lleno y necesitaba vaciarlo antes de poder terminar el trabajo. No quería dejar abierta la fosa séptica, así que miró a su alrededor para ver si había algún objeto sin valor que pudiera usar para cubrir el agujero.

> *Los regalos que hacemos y la manera en que los recibimos dicen mucho de nosotros.*

¿A que no sabes lo que encontró?

Los gustos difieren, pero los regalos que hacemos y la manera en que los recibimos dicen mucho de nosotros. El mejor regalo que Sande me haya dado jamás, aparte de mi preciado gramófono, fue uno hecho por ella. Tomó la tapa de mi primer libro, la enmarcó y la puso sobre una base dorada que decía: «Esposo número uno, padre número uno, autor número uno». Todo no debe haber costado más de veinte dólares, pero para mí es invaluable, porque el regalo me dijo que Sande me conocía, que conocía mi corazón. Estaba pensando en mí y en lo que más significado tendría para mí.

Si estás casado con alguien cuyo lenguaje del amor es recibir regalos, necesitas ser creativo, dentro de tu presupuesto, para encontrar regalos. Un regalo no necesariamente tiene que costar cien dólares. Un buen regalo puede ser una flor, una valiosa tarjeta de béisbol, boletos para un partido o para la ópera... Tan solo piensa en tu cónyuge. ¿Qué le gustaría? El regalo puede ser gratuito o costoso, pero debe ser un regalo.

Mujeres, ustedes pueden pensar que hacer todas las tareas de la casa (lavar la ropa, cocinar, pagar las cuentas y más) es suficiente. En cambio, si a tu esposo le gusta recibir regalos y no le das regalos que sean adecuados para él, se sentirá menospreciado.

> *Si estás casado con alguien cuyo lenguaje del amor es recibir regalos, necesitas ser creativo, dentro de tu presupuesto, para encontrar regalos.*

Si eres soltera y te gusta recibir regalos, no te cases con un hombre obsesionado consigo mismo ni con uno que tenga poca creatividad. De paso, aquí tienes una pista: por muy creativo que él sea mientras son novios, divide esa creatividad por la mitad y eso es lo que puedes esperar en el matrimonio. Si ya estás desilusionada con este muchacho mientras todavía eres soltera, ni siquiera pienses en casarte con él. Descarta al bobalicón. No mejorará, te diga lo que te diga.

Hombres, ustedes pueden pensar que proveer un ingreso como para que la esposa pueda decidir trabajar o no, tener una casa espaciosa y comprarle vehículos último modelo habla de por sí respecto al afecto que sientes por ella. No obstante, si el lenguaje del amor de tu esposa es recibir regalos, no sentirá otra cosa más que distancia emocional en esa nueva casa y con ese nuevo auto. Así que llénalos los dos con símbolos visuales de tu amor.

Para mostrarle esta clase de amor a una mujer, necesitas llegar a conocerla. En el caso de los principiantes, deben entenderla lo bastante bien como para saber si pensará que algo es de mal gusto o atractivo. ¿Se siente motivada por el precio y el lugar donde lo compraste o por el pensamiento que hay detrás del regalo? ¿Le importa que recuerdes que las rosas amarillas son sus favoritas o está feliz de recibir *cualquier* flor porque el simple acto de recibir algo de ti le muestra que estabas pensando en ella?

> *Por muy creativo que sea mientras son novios, divide esa creatividad por la mitad y eso es lo que puedes esperar en el matrimonio.*

Cuando mi hijo, Kevin, tenía tan solo cuatro años, enterneció por completo el corazón de Sande, aunque su acción fue un robo descarado. Se levantó una mañana, dio una vuelta por el vecindario y se sirvió algunas de las flores más coloridas de nuestros vecinos. Luego, entró en la cocina y le entregó a su mami el precioso ramillete. Sande anduvo ronroneando durante horas (aunque me di cuenta de que puso las flores en un lugar donde no se pudieran ver a través de las ventanas).

Cómo cambió mi vida

Amo a mi esposo, pero cuando se trata de hacer regalos, es un fracaso. Es un gran proveedor, siempre ayuda con los niños y es fácil llevarse bien con él. La vida debería ser maravillosa, ¿no? Sin embargo, siempre me siento vacía en ocasiones como el Día de los Enamorados o nuestro aniversario.

Nunca me había dado cuenta del porqué, hasta que descubrí en su seminario la semana pasada que mi lenguaje del amor es recibir regalos. Creo que el último regalo que recibí de mi esposo fue el anillo de compromiso. También recordé que usted dijo que los hombres son más tontos que una piedra respecto a las cosas que les gustan a las mujeres. Entonces, hablé con Dave al respecto.

¡La expresión de su cara no tenía precio! Fue esa de más tonto que una piedra que dijo usted. Entonces, cuando le dije lo importante que era para mí recibir regalos, lo entendió. Y de verdad lo está intentando. En la semana desde que estuve en el seminario, me ha traído una rosa roja (vaya, yo hubiera estado encantada incluso con las margaritas de nuestro jardín), una barra de chocolate que a mí me encanta y una bolsa sorpresa con todas mis comidas favoritas. Usted tenía razón. No tendría que haber juzgado al muchacho por aquello de lo que no tenía la menor idea. Tan solo necesitaba un empujoncito. Bueno, eso hice. Gracias por ser el que diera el codazo.

Sandra, Nebraska

Así como los regalos detallistas pueden hacer maravillas, los regalos que hacemos sin tino pueden herir en lo profundo. Cuando un padre le compra a su hija de dieciséis años un regalo inadecuado para su edad, por ejemplo, un DVD de Mary Kate y Ashley solo porque le gustaban esas mellizas cuando era preadolescente, la hija se siente incomprendida, insultada y no amada. Para hacer de verdad un buen regalo, este debe ser producto de la comprensión y la intimidad.

Y he aquí la trampa: algunas veces, el amor requiere que *recibamos* un regalo en lugar de conformarnos solo con dar uno. Algunas personas son prototipos de mártires: siempre hacen cosas por los demás. Sin embargo, nunca permiten que nadie haga algo por ellas. Aunque esto parezca generoso, en realidad les están negando a los demás el placer que reciben al dar.

Si a tu cónyuge, a un amigo o a un miembro de la familia le gusta hacer regalos, aprende a recibirlos, por el bien de ellos, no el tuyo. Hasta puedes usar el camisón como trapo de limpieza o una espantosa corbata como algo para limpiar la varilla medidora de aceite del auto, pero sé benévolo. Recibir regalos puede ser tan importante como darlos.

Las mentiras que te dices

Es más importante dar que recibir. Basta con decir una vez «Te amo». Ella debería saber que nada ha cambiado. A él le gustaba el año pasado, así que le gustará este año.

Cuarto lenguaje del amor: Actos de servicio

Tengo un amigo que viaja bastante y su esposa detesta la idea de entrar en las gasolineras. Pareciera que es alérgica a ellas. Sería capaz de conducir un auto con los vapores de la gasolina durante seis meses, antes de entrar en la cola de autoservicio. Antes de la mayoría de los viajes de mi amigo, uno de sus últimos preparativos es revisar el tanque de gasolina del monovolumen familiar. Si está por debajo de la mitad, se asegura de llenarlo.

Sin embargo, no se da cuenta de que está llenando algo más que un tanque de gasolina; también está llenando el tanque de amor de su esposa. Algunos responden mejor a actos concretos de servicio. Hasta las cosas como cambiar las piedritas del cajón del gato o recoger los regalitos del perro en el jardín pueden parecerle románticas a la persona que recibe estas acciones.

Si eres mujer y tu lenguaje del amor son los actos de servicio, es probable que te sientas más amada cuando tu esposo o tu novio arregla la tubería, cambia el aceite de tu auto o te ayuda a armar un mueble para ensamblar.

Si eres un hombre, puedes sentirte más amado cuando tu esposa o tu novia te cocinan algo especial o te ahorran el fastidio de comprarte ropa eligiéndote algo para que te pongas.

Tengo otro amigo que es más del estilo literario. En la universidad, se especializó en lengua inglesa, le gustan las palabras y hasta solía escribir poesía. Ha intentado amar a su esposa con palabras de afirmación, mediante el uso de frases creativas en lugar de frases acuñadas, y una vez su esposa le respondió: «¡Ah, esa está buena, Jim!». Ana admiraba su creatividad, pero no le tocaba el corazón en realidad.

También probó con regalos creativos, como una almohada japonesa de trigo negro y algunos alimentos saludables especiales. Ana los aprecia, pero no la conmueven, incluso cuando él acierta bien con algo que ella disfruta de verdad.

> *En realidad, lo que a ella le encanta es que su esposo haga lo que él detesta: cambiar un inodoro con escape, arreglar una bisagra rota o colgar un espejo pesado.*

En realidad, lo que a ella le encanta es que su esposo haga lo que él detesta: cambiar un inodoro con escape, arreglar una bisagra rota o colgar un espejo pesado.

Cuando se mudaron a una casa nueva, Ana compró un espejo para la sala que pesaba veintisiete kilos. Jim tenía temor de colgarlo porque sabía que si eso sucedía, podría llegar a caerse y romperse. Aquel espejo estuvo apoyado contra la pared de la sala durante tres meses, y cada día que pasaba allí, Ana se sentía un poco más frustrada y un poco menos amada. No quería palabras. No quería regalos. Quería que el tonto espejo estuviera colgado.

Cuando por fin Jim acusó recibo y encontró a un amigo que lo ayudó a hacerlo bien, esa noche Ana lo recompensó de una manera muy íntima y creativa. Sin embargo, lo que sigue es aun más interesante: Por fin, al cabo de cinco años de casados, Jim comenzó a darse cuenta de lo que hacía en realidad que su esposa se sintiera amada... ¡y lo que hace que ella quiera devolverle el amor! En el caso de algunos de ustedes, ha pasado mucho más tiempo que eso.

La gente que disfruta de los actos de servicio tiende a ser menos sentimental y mucho más práctica que la que disfruta de las palabras o de los regalos. Toda la cuestión del romance está bien para una diversión ocasional, pero el sustento de todos los días consiste en hacer cosas prácticas que les hagan más fácil la vida.

Sé que pareceré repetitivo aquí, pero una vez más quiero que los solteros consideren esto como parte de la experiencia de noviazgo. Mujeres, si saben que este es su lenguaje del amor y planean casarse con un muchacho que tiene un doctorado en literatura antigua, pero que no es capaz de unir doce piezas de un rompecabezas y mucho menos un escritorio para ensamblar, piénsenlo dos veces.

Si eres un muchacho soltero con este lenguaje de amor, no te cases con una mujer perezosa y que ande con la cabeza en las nubes. Cásate con alguien que tenga la iniciativa y la habilidad que para ti es tan importante.

> *La gente que disfruta de los actos de servicio tiende a ser menos sentimental y mucho más práctica que la que disfruta de las palabras o de los regalos.*

Quinto lenguaje del amor: Toque físico

Una vez tuve un cliente que quizá estuviera mejor alimentado que ningún otro esposo que haya conocido. A su esposa le encanta cocinar, y cuando digo «cocinar», no me refiero a echar unos fideos a la olla. Es una de esas mujeres que piensa que la presentación es tan importante como el sabor, así que planea la cena no solo por su contenido nutricional y por su sabor, sino por la apariencia que proporcionan los colores en el plato.

Es la hermana gemela de Martha Stewart. El armario de su esposo está tan organizado que me da dolor de cabeza con solo mirarlo. Cada zapato tiene su lugar y casi cada calcetín y ropa interior se ha inventariado y catalogado.

Nunca olvida el cumpleaños ni el aniversario de los parientes, porque su esposa Martha Stewart se lo recuerda justo con tres semanas de anticipación. Si con esa información no hace nada, le hace un recordatorio a las dos semanas. Si se demora uno o dos días más, le presenta tres opciones escritas en tarjetas y le pide que firme una.

No he conocido a ningún hombre tan bien cuidado. Sin embargo, terminó en mi oficina, frustrado ante la tremenda falta de amor que sentía en su matrimonio. Su esposa no podía entender su sensación de alejamiento. ¿Qué más podía hacer por él? Ya hacía de todo.

Te diré lo que le dije a ella. Podía tocarlo. En cualquier lugar, en cualquier momento y casi en cada lugar. Él deseaba afecto físico. Sin ese contacto, nunca se sentiría amado.

Gary Chapman escribe: «El toque físico puede fomentar o destruir una relación. Puede comunicar odio o amor. Para la persona cuyo lenguaje primario del amor es el toque físico, el mensaje de este modo será mucho más claro que las frases "Te odio" o "Te amo". Una bofetada es perjudicial para cualquier niño, pero es devastadora para un niño cuyo lenguaje primario del amor es el toque físico. Un tierno abrazo le comunica amor a cualquier niño, pero le grita amor al niño cuyo lenguaje primario del amor es el toque físico. Lo mismo sucede con los adultos»[1].

Para ambos sexos, existe un poder increíble en el contacto físico. A muchas mujeres les encanta que las toquen (nota para los hombres: que las toquen y las acaricien, no que las apretujen). Los hombres no son muy diferentes. En el noventa por ciento de los casos, si quieres llamar la atención de un hombre, solo tócalo. Puedes tocarnos donde quieras, ¡cualquier parte del cuerpo es buena! (Está bien, es verdad, algunos lugares son más especiales que otros).

Cuando las mujeres me preguntan cómo pueden hacer que su hombre las escuche, suelo alentarlas a que usen el contacto físico antes de hablar y mientras hablan. Eso atrae la atención del maridito (o del novio). Bésale la base del cuello, tómalo del brazo, mordisquéale con suavidad la oreja. Él es todo tuyo. Luego, mientras lo tocas, puedes deslizar el anuncio publicitario que quieres que oiga.

Inténtalo y verás. En el caso de la mayoría de los hombres, este enfoque resulta mucho mejor que comprarle a tu esposo un audífono. Además, es mucho más barato y no tendrás que guardar baterías por la casa.

Un toque es poderoso. En el funeral de mi padre, uno de mis mejores amigos, Bill Foster, nunca me dijo una palabra. Solo se me acercó y me tocó el brazo. Eso era todo lo que tenía que hacer. Sabía con exactitud cómo se sentía y lo que estaba diciendo.

Este es un aspecto en el que una mujer puede perder por completo el corazón de su esposo. Una esposa hace muchísimas cosas por su esposo y su familia, pero no se da cuenta de que dentro de este hombrón hay una persona que muere para que lo necesiten. No me refiero a que lo necesite la gente en el trabajo, sino su esposa. ¿Qué lo hace sentirse necesitado? ¿Una casa limpia? No. ¿Una buena comida? No. Esas cosas hacen que se sienta servido, pero no *necesitado*.

Cómo cambió mi vida

Crecí en un hogar donde fui víctima de abuso sexual a manos de mi padrastro. Cuando me enamoré y me casé al terminar la universidad, traté de dejar atrás el pasado, pero todavía sigo luchando. Cada vez que Andrew me tocaba (es un muchacho tocón), me retraía porque las imágenes del abuso comenzaban a correr por mi mente.

Alrededor de un año después, Andrew se dio por vencido. Vivíamos en la misma casa, pero como compañeros, no como amantes. Solo cuando una buena amiga me llevó a uno de sus seminarios, entendí lo que sucedía. Andrew es el bebé de su familia, cuyo lenguaje del amor es el contacto físico. Yo soy una primogénita y mi lenguaje del amor son los actos de servicio. Cuando por fin lo entendí, estuve en condiciones de ir a casa y hablar con Andrew. Lloramos juntos (sí, los hombres también pueden llorar) y acordamos ir juntos a terapia.

Han pasado dos meses y nuestro matrimonio es diferente por completo. Ahora, hablamos sobre las cosas cuando nos suceden y nos estamos esforzando por amarnos el uno al otro de una manera que podamos recibirlo. Gracias por comenzar la transformación de nuestro matrimonio.

Kendra, Wisconsin

Casi todos los hombres se sienten necesitados y deseados cuando su esposa les muestra un interés sexual activo.

Ay no, están pensando algunas mujeres. *Otra vez con lo mismo. ¿Acaso los hombres no pueden pensar en otra cosa que no sea el sexo?*

¡Claro que podemos! ¡También pensamos en la comida y en los deportes!

Dejando de lado las bromas, las estadísticas de divorcio hablan por sí solas. En la actualidad, la mayoría de los hombres no se sienten necesitados. Buscan trascendencia, y cada vez menos la encuentran en el lugar de trabajo. Si una mujer capta la realidad de que a su hombre le hace falta sentirse necesitado y que el contacto físico forma gran parte de esto, aumentará la probabilidad de convertirse en una sola cosa con su compañero... y de conservar a ese compañero durante toda la vida[2].

Hombres, ustedes necesitan saber que lo que desea su esposa es lo que llamo «dar un toque». Eso significa un toque amoroso ocasional que no incluye un programa sudoroso ni de desnudez. Muy a menudo oigo las quejas de mujeres que dicen que lo único que querían hacer era darle un simple abrazo y un besito a su esposo, pero el maridito entendió mal. Al momento siguiente, la mujer se encuentra sin ropa, mirando el techo y pensando: *Esto no es exactamente lo que tenía en mente.*

Entonces, hombres, toquen a su esposa con suavidad, con admiración y sin pedir nada a cambio. Cuando salgan a caminar, tómale de la mano de vez en cuando; aminora

> *El toque tiene el poder de hacer mucho daño o de comunicar un afecto saludable. ¿Cómo lo usas en tus relaciones?*

el paso lo suficiente como para darle un besito rápido en la mejilla (o mejor aun, darle un tierno beso en la boca). Cuando ella te abrace, devuélvele el abrazo. Cuando está triste, cuando se siente sola o cansada, abrázala, frótale los pies o siéntate en silencio a su lado y rodéala con el brazo.

Si eres padre, necesito comentar algo contigo. El Dr. Harry Schaumburg, que trabaja con líderes en los problemas de mal comportamiento sexual y adicciones sexuales, advierte: «Casi todos los adictos al sexo que he tratado me han contado que sus padres, o la gente que los crió, eran "fríos", "distantes" o "no mostraban mucho afecto". A lo largo de los años, me he dado cuenta de que el contacto físico apropiado representa un papel vital en el desarrollo de la intimidad en las relaciones y también en enseñar límites físicos apropiados. La gente tiende a prosperar de manera física y emocional cuando recibe el cuidado que proporciona un contacto físico apropiado. Ayuda a proporcionar la afirmación del amor y la aceptación, aparte del bienestar físico»[3].

El toque tiene el poder de hacer mucho daño o de comunicar un afecto saludable. ¿Cómo lo usas en tus relaciones?

Entonces... ¿cómo me doy cuenta?

Algunos estarán pensando: *¿Cómo me doy cuenta de cuál es el lenguaje del amor de mi cónyuge o de mi hijo cuando no quieren hablar conmigo o cuando ni ellos mismos lo saben?* Es simple. Pregúntate: *¿De qué se queja más esta persona?*

Nueve de cada diez veces, esa queja gira en torno del lenguaje del amor de esa persona.

«Jerry es muy bueno conmigo, Dr. Leman», me dijo una mujer. «A menudo me trae regalos, arregla todo lo que está roto, pero nunca quiere sentarse conmigo. ¡No puedo explicarle cuánto me duele esto!»

Tu objetivo es aprender a amar a alguien expresándole intimidad de un modo en que pueda recibirla.

En seguida supe que el lenguaje del amor de esta mujer era el tiempo de calidad, no los regalos ni los actos de servicio.

«A Bob le encanta estar conmigo», me dijo otra mujer, «pero yo desearía que, en cambio, me arreglara la lámpara rota». De inmediato supe que deseaba que la amaran con actos de servicio, no con tiempo de calidad.

Entonces, abre los oídos a tus seres queridos, y ellos te dirán cómo desean que los ames (¡aunque no lo sepan!). Conviértelo en tu misión secreta y te sorprenderás ante lo que descubres.

Mejor aun, ¿por qué no tener una conversación profunda durante la cena esta noche? Si estás sola con tu esposo, o con tu novio, o tal vez esté toda la familia (con los hijos), ¿por qué no traer este libro a la mesa, describir cada lenguaje del amor y pedirle a cada uno que elija el que más signifique para sí?

Recuerda que tu objetivo es aprender a amar a alguien expresándole intimidad de un modo en que pueda recibirla. Cualquiera de los lenguajes del amor se pueden usar para manipular en lugar de amar, pero algunos están más dispuestos al abuso que otros. He visto a algunos individuos que, al parecer, aman con actos de servicio, pero en realidad encubren el hecho de que les resulta difícil lograr la intimidad con las palabras o con el contacto físico. Hacer regalos puede implicar cierta distancia: «Te traeré flores, pero no hablaré contigo. No me entregaré a ti». No estoy degradando estos lenguajes del amor. Solo quiero ser cuidadoso en cómo usarlos y en advertirte que no los uses para tapar alguna falta de amor.

> *Imagina el maravilloso matrimonio que podrías tener si ambos conversaran en serio sobre el lenguaje del amor del otro.*

Sin comprender cómo dan y reciben amor los demás, no hay manera de que puedas convertirte en el «nuevo tú» que anhelas ser, debido a que tus relaciones no cambiarían. Seguirás actuando de la misma manera hacia el ser amado, con los mismos resultados. Y si no comprendes cuál es *tu* forma de dar y de recibir amor, no podrás identificar lo que deseas y necesitas para sentirte amado.

Si estás casado...

Ya no tendrás que esperar que tu cónyuge descubra tu lenguaje del amor por si solo. Podrás describirle con exactitud lo que te hace sentir amado. Y si tienes un cónyuge listo que desea el «felices para siempre» contigo, deseará preocuparse por satisfacer esta necesidad. Del mismo modo, al descubrir lo que necesita tu ser amado, al ser la persona lista que eres, sabrás cómo satisfacerlo. Imagina el maravilloso matrimonio que podrías tener si ambos conversaran en serio sobre el lenguaje del amor del otro. Puedo garantizarte que la atmósfera de tu dormitorio pasará en un instante de la monotonía aburrida a la pasión fabulosa[4].

Si eres soltero o estás soltero de nuevo...

Si sabes cómo te gustaría que te amaran, será mejor que estés preparado para elegir un compañero adecuado. Por ejemplo, si tu lenguaje del amor es que alguien pase tiempo de calidad contigo, no te cases con un hombre del tipo de los que trabajan en la bolsa de Wall Street. Lo único que conseguirías es frustrarlo y lastimarte a ti misma. Si tu lenguaje del amor es oír palabras de afirmación, no te cases con un tipo silencioso y pensativo. (En el futuro, de nada te servirá que te traiga flores todos los días).

Puede parecer frío y poco romántico, pero hechos son hechos. Si deseas un perrito mimoso que se siente tranquilo en tu regazo, no sigas buscando un Doberman. Si quieres un perro que te proteja, mantente alejado de los caniches. No me adhiero a la teoría de que existe una persona hecha a medida para cada uno de nosotros y que el «destino» los une. Pienso que la mayoría de nosotros podríamos estar felizmente casados con cualquiera si sencillamente nos concentráramos en la compatibilidad y el sentido común[5].

Entonces, ¿cómo te gusta que te amen? ¿Cómo tiendes a dar amor? Al identificar tu propio lenguaje del amor, puede ser una combinación de lenguajes o solo uno, estarás bien encaminado para convertirte en un nuevo «tú».

> *Si quieres un perro que te proteja, mantente alejado de los caniches.*

Sin embargo, el objetivo de este libro no es tan solo que te comprendas a ti mismo, sino que lo hagas en el contexto de las relaciones. Tu tarea es ponerte detrás de los ojos de tus seres amados para ver lo que es importante para ellos, lo que hace que valga la pena vivir. Y una vez que lo sepas, no debería haber nada que te impida lograr que esto suceda en la vida de tus seres queridos.

Cuando comienzas a dar amor a los demás del modo en que pueden aceptarlo, es asombroso cómo cambian las relaciones para bien; además, el hogar puede convertirse en un lugar mucho más agradable donde estar. Hasta te ganarás el respeto de tus vecinos y compañeros de trabajo. ¿Por qué no intentarlo y ver?

Qué hacer el jueves

1. Considera de qué te quejas. ¿Cuál es tu lenguaje del amor?
2. Identifica de qué se quejan los que están más cerca de ti. ¿Cuáles son sus lenguajes del amor?
3. Piensa con creatividad algunas maneras en las que puedes expresarles amor a cada persona en su propio lenguaje del amor... luego, pon alguna en práctica.

Viernes

Sé tu propio psicólogo

Eres experto en ti mismo, ¿entonces por qué no ahorras doscientos veinticinco dólares por sesión para ver a un psicólogo profesional? (Estoy seguro de que puedes gastar ese dinero de mejores maneras). Te mostraré cómo.

Este capítulo es el que te hará ganar dinero de verdad. En lugar de gastar miles de dólares en terapia costosa, por los pocos pesos que cuesta este libro te llevará a través de nuevas creencias, actitudes y acciones que te ayudarán a darle una nueva y mejor forma a tu personalidad.

Aun así, hay algo que debes hacer primero.

Debes dejar de fingir. No tendrás la energía para crear una persona falsa (ese débil barniz que quieres que la gente vea cuando te mira) y a la vez mejorar la real (la persona que sabes que eres por dentro). En algún momento, tendrás que escoger: *¿En realidad quiero cambiar o quiero seguir fingiendo?*

Todos tenemos dos alternativas: construir sobre lo que somos o fingir que somos otra persona. Lo triste es que muchos

> *Todos tenemos dos alternativas: construir sobre lo que somos o fingir que somos otra persona.*

dedicamos buena parte del día a construir una personalidad falsa.

Si ese es tu caso, te preguntaré algo: ¿por qué habrías de querer ser otra persona? Eres único, como los copos de nieve. Tal vez algunas veces no te guste la forma en particular que tiene tu copo de nieve, pero algunas de esas rarezas son las que te hacen ser «tú»... el único tú en el universo.

Entonces, en lugar de gastar todo tu tiempo y tu energía en tratar de ser algo que no eres, ¿por qué no dejas de fingir?

Al identificar tu personalidad, al entender cómo funciona tu orden de nacimiento y tus puntos fuertes y débiles inherentes, al negarte a mentirte (o aceptar las mentiras que se filtran en tu mente) y al conocer tu lenguaje del amor, ya te has convertido en un nuevo «tú». Si no estás seguro, solo fíjate dónde estabas el lunes... ¡y te asombrarás!

Sin embargo, la tarea no ha terminado. Hace mucho tiempo que eres la persona que eres. Ahora, tu tarea es tomar lo que has aprendido y seguir adelante con una nueva determinación de no castigarte con mano dura. En otras palabras, date un respiro. ¡Relájate!

Cuando pienso en individuos que se sometieron a un verdadero cambio personal, siempre me acuerdo de Steve Martin, uno de mis actores favoritos.

> *Date un respiro. ¡Relájate!*

Un muchacho salvaje y alocado

En un comienzo, al actor Steve Martin lo conocían mejor por la exitosa sátira *Saturday Night Live*, titulada «Dos muchachos salvajes y alocados». Junto con Dan Aykroyd, Martin se vestía con trajes brillantes, hablaba con saña y, en esencia, hacía el papel de un verdadero fastidio, con resultados jocosos. Uno de los primeros álbumes de comedias de Martin lo mostraban por un lado con globos en la cabeza y, por el otro lado, una flecha que le atravesaba la cabeza. Si algo podía causar risa, Steve Martin lo probaba. Una vez patinó sobre el escenario de *The Tonight Show* con un traje de Tutankamón.

> *Si algo podía causar risa, Steve Martin lo probaba.*

Un yorkie de pura raza como ninguno.

Como es de imaginar, Martin es el menor de dos hijos. Desde temprano tuvo un don para la actuación. Cuando tenía tan solo cinco años, memorizaba los programas de Red Skelton y los representaba en los momentos permitidos en la escuela. De adolescente, Martin trabajó en *Disneylandia* y en el parque *Knott's Berry Farm*. Era el comediante consumado de su clase y pronto se ganaba la vida escribiendo para comediantes bien conocidos, incluyendo los Smothers Brothers, Sonny y Cher, y Dick Van Dyke.

En 1970, Martin decidió ponerse a trabajar por cuenta propia y realizó una comedia por sí mismo. Su carrera despegó seis años después con *Saturday Night Live*, y a los pocos años, su exitosísima comedia *Un loco anda suelto* lo colocó como uno de los comediantes más populares de su época.

De todas las películas de Martin, mi favorita es la de 1986, *Tres amigos*. Siempre pensé que esa película merecía cinco estrellas, y mi familia la ha visto conmigo tantas veces que casi me la sé toda de memoria. No te imaginas la emoción que sentí cuando me enteré de que *Tres amigos* también podía ser una de las películas favoritas de Martin. Le contó a una revista que *Tres amigos* es el caso poco común de una película suya que ha visto de principio a fin y que lo ha hecho «desternillarse de risa»[1].

Es interesante que, a lo largo de toda su vida, haya probado personalidades alocadamente divergentes. Si fueras a pegarle la etiqueta de yorkie sobre él y a dejarla sin variaciones, estarías tristemente equivocado. Aunque era el payaso de la clase, Martin obtuvo las máximas calificaciones en la universidad estatal de Long Beach; y de todas las cosas, planeaba convertirse en profesor de filosofía, pero después abandonó la universidad para interpretar un espectáculo donde contaba chistes tontos y hacía escandalosas insinuaciones. Más tarde, regresó a lo que un escritor llamó su «período de persona muy convencional». Martin se cortó el cabello, se afeitó la cara y apareció en el escenario vistiendo un traje blanco de tres piezas. Eso no duró mucho. Pronto volvió a su estilo escandalosamente gracioso que se podría describir mejor como estrafalario, y allí alcanzó el triunfo.

Martin siempre ha desafiado el etiquetado fácil.

Sin embargo, a continuación del extraordinario éxito *Un loco anda suelto*, volvió a ponerse serio cuando protagonizó *Dinero caído del cielo*, una película muy sombría con un final triste. Aunque después vinieron otras comedias, a menudo Martin emprendía la retirada a programas más serios (como *El alma de la ciudad* y *La trama*). Escribió algunas obras muy elogiadas por la crítica, incluyendo *Picasso at the Lapin Agile*, así como una novela titulada *Prohibido enamorarse*.

¡Esas son acciones de un gran danés o de un caniche estándar, no de un yorkie hijo menor! Aunque sus acciones estrafalarias encajan a la perfección en las características de un yorkie, Martin siempre ha desafiado el etiquetado fácil. Vive en un edificio bastante peculiar en forma de «L» en Los Ángeles, que no tiene ventanas al frente, morada a la que Martin ha llamado «la casa que dice "váyase"»[2].

Esta mezcla de la personalidad extravertida de un yorkie con vetas de una personalidad reservada e introvertida se ha visto mejor en las tarjetas de presentación de Martin. No le gusta firmar autógrafos y mezclarse con sus seguidores, así que, en cambio, ha firmado tarjetas de presentación que dicen: «Esto certifica que has tenido un encuentro personal conmigo y que te he resultado afectuoso, amable, inteligente y gracioso»[3].

Me da la impresión de que Martin tiene tendencias de un caniche estándar (perfeccionista). Una vez, se le citó diciendo: «Escribo poco a poco. Algunas veces, me lleva años

Las mentiras que te dices

No puedo cambiar.
No tengo tiempo para cambiar.
No me importa lo que piensen los demás.
Lo intento, pero no puedo hacerlo.

terminar». Luego, despliega su naturaleza de yorkie en la misma cita: «Nunca quiero pensar que es trabajo. Si pensara que tengo que escribir por trabajo, estaría a punto de morir». Para reafirmar de nuevo su calidad de yorkie, Martin añade que la actuación cómica es algo que le sale en forma natural. «Es un gen salvaje», dice. «Supongo que soy un fanfarrón»[4].

Las palabras de Steve Martin muestran lo beneficioso que es ser más consciente de uno mismo. Reconoce que le gusta divertirse. No quiere pensar que escribir sea un trabajo, pero también se da cuenta de que él es algo más que diversión. Además, tiene una veta seria. Se pone en contacto con los aspectos diversos de su personalidad de los que hablamos en el capítulo «Lunes».

El ejemplo de Martin también nos muestra cómo una persona puede adaptar su personalidad mientras sigue manteniendo su verdadera forma de ser. Él dice que su obra *Picasso at the Lapin Agile* «es un momento decisivo en mi vida [...] Recuerdo haberla visto un año después y haber pensado: "En verdad, estoy orgulloso de esto"»[5]. Su éxito al escribir guiones lo ha liberado para perseguir proyectos tan diversos como escribir un ensayo sobre tocar el banyo para *The Oxford American* y un ensayo sobre un pintor para *Art News*.

Parte de su desarrollo tiene que ver con la madurez. Martin explica: «Recuerdo que cuando era más joven, cuando la gente decía "No me importa lo que piensen". Yo les respondía: "¿A qué te refieres? Porque a *mí* sí me importa lo que piensen". Y, luego, siempre oías a la gente mayor decir: "No me importa lo que piensen", y pensabas: "Claro, puedes hacerlo cuando eres mayor". Entonces, comencé a comprenderlo. En algún momento, empiezas a no preocuparte por lo que piensan los demás; pero debes llegar a ese punto. Debes atravesar una transición»[6].

Los cómicos tienen una preocupación apasionada por la respuesta de los demás: sus carreras dependen de esto. Que Martin confiese que no le importa lo que piensen los otros demuestra un desarrollo impresionante de verdad. El payaso de la clase *puede* calmarse cuando es lo apropiado.

¿Eres vino o jugo de uvas?

Una de las influencias más profundas en la vida de Martin llegó cuando su padre y dos amigos cercanos murieron con una diferencia de un par de años el uno del otro. Durante el mismo período, Martin también sufrió un divorcio doloroso y algo enredado.

Tal vez haya circunstancias similares en tu vida que te llevaran a escoger este libro. Un amigo cercano murió, perdiste el empleo, falleció uno de tus padres o te sucedió algo importante que te estremeció y te llevó a comenzar a pensar, quizá por primera vez, sobre como te recordarán, cuáles son tus verdaderas prioridades en la vida y si todavía tienes tiempo para cambiar, como Scrooge en la víspera de Navidad.

> *Martin se tomó tres años libres y decidió trabajar en su personalidad.*

Como respuesta a las presiones en su vida, Martin dice: «De algún modo, me transformé de manera psicológica y profesional. Examiné lo que estaba haciendo y no me sentía tan satisfecho... en las películas. En el mundo de la escritura, estaba muy feliz. En realidad, eso fue lo que de algún modo me salvó en lo emocional: tener algo de lo cual podía estar orgulloso»[7].

Martin se tomó tres años libres y decidió trabajar en su personalidad. Los amigos notaron una diferencia. «Pienso que se volvió más franco», afirma el director Frank Oz. «Se ha convertido en un individuo más afectuoso y más multidisciplinar.

> *«Hubiera deseado prestarle tanta atención a mi vida personal como se la di a mi vida profesional».*
> Steve Martin

Creo que se ha convertido más en vino que en jugo de uva, lo cual es bueno»[8].

¿No es esa una afirmación impactante? ¿No te gustaría que uno de tus amigos viera tal madurez en ti que pudiera decir: «Sí, Susan se ha convertido más en vino que en jugo de uva»?

Brian Grazer, un productor de Hollywood, solía tolerar que Martin lo llamara por teléfono y le dijera: «Hablemos», para luego oírlo decir a los quince o treinta segundos: «Muy bien, ¡nos vemos!»[9].

Esa clase de actitud sería jugo de uvas.

Ahora, Martin ha decidido ofrecer cierto número de fiestas todas las semanas con un círculo rotativo de amigos, a fin de crear a propósito algo más de vida social para sí, y para hacer el esfuerzo de invitar a personas que no pertenezcan a Hollywood para ampliar su experiencia y ensanchar su personalidad.

Esa clase de actitud es vino.

En este momento, más o menos a los sesenta y cinco años, Martin tiene la oportunidad de volver a evaluar cómo ha vivido. «Hubiera deseado prestarle tanta atención a mi vida personal como se la di a mi vida profesional», le dijo a un escritor. «No sabía cómo hacerlo, pero eso está cambiando. Lo único que lamento es no haber aprendido más rápido en la vida. Hace poco, me senté junto a una mujer de unos ochenta años que me dijo: "Bueno, al fin te has vuelto sabio, y no es demasiado tarde"»[10].

Sin perder su sentido natural del humor, un verdadero regalo invaluable, Martin ha profundizado en sí mismo para que sus amigos también lo conozcan como «sabio».

Tú también eres una obra en progreso. ¿Qué debilidades has identificado en tu vida como resultado de leer este libro? ¿Qué cambios has decidido hacer?

Rompamos el patrón

Si quieres convertirte en un nuevo «tú», debes decidir que quieres cambiar de verdad. Debes eliminar la persona fingida y decidir que serás real, contigo mismo y con los demás. Sin embargo, nada de eso contará si no entiendes el siguiente punto importante.

Me gustaría usar como ejemplo a un hombre llamado Wayne Carlson. Este hombre comenzó con el pie izquierdo. Lo arrestaron y lo condenaron a prisión por robo de autos cuando era apenas un adulto, dieciocho años, y lo sentenciaron a un año en la penitenciaría Príncipe Alberto en Saskatchewan.

Para un joven de dieciocho años, un año puede parecer mucho tiempo, y la prisión es un lugar inhóspito para vivir. Por ejemplo, los cigarrillos están prohibidos (aunque los pasan de contrabando), así que la única manera de encender uno es envolver un tenedor con papel higiénico y embutirlo en un tomacorriente (si es que no pierdes la vida en el proceso).

Después de varios meses, Carlson había tenido suficiente y decidió escapar. Logró hacerlo, pero más tarde lo capturaron y sentenciaron a un período más largo por haber escapado. Lo único que logró la sentencia más larga fue hacer que Carlson estuviera más decidido a salir de la cárcel, así que volvió a escapar. Esto sigue siendo un récord norteamericano de trece evasiones de la prisión. La sentencia inicial de un año de Carlson se prolongó hasta alcanzar una dura experiencia de tres décadas[11].

Wayne Carlson nunca adquirió sabiduría. Su mal comienzo se convirtió en un mal hábito que le costó tres décadas de la vida.

¿Qué me dices de ti? ¿Qué malos comienzos y malos hábitos te impiden tener la vida que quisieras tener o convertirte en la persona que quieres ser?

La mejor definición de locura que he oído es «hacer lo mismo una y otra vez esperando resultados diferentes». Sin embargo, ¿acaso no es eso lo que hacemos, una y otra vez, cuando se trata de cambios en la personalidad? Como Wayne Carlson, seguimos cometiendo los mismos errores, empeorando una situación y muchas veces arruinamos nuestra vida, y la de otros, en el proceso.

¿Sabes por qué la gente está dispuesta a entregar doscientos veinticinco dólares para hablar con un psicólogo? Han tomado malas decisiones. Es así de sencillo. Y la razón por la que muchos están dispuestos a seguir pagando doscientos veinticinco dólares durante meses y meses es que siguen tomando malas decisiones y necesitan una voz objetiva que los ayude a romper el patrón y a ser más responsables.

Seré bien directo. La lectura de este libro no te hará ni un poquito de bien si sigues tomando las mismas malas decisiones que tomaste en el pasado. Te derrotarás antes de siquiera poder comenzar a cambiar para mejor.

Como la joven cerca de los treinta años que vino a verme porque «la vida ha sido muy injusta». El muchacho con el que se fue a vivir la cambió por otra, después de engendrar un bebé. Lo cierto es que, en primer lugar, tomó una mala decisión al empezar una relación con este tipo. (El viejo adagio es cierto: encuentras lo que buscas). Así que ahora tendrá que vivir con las consecuencias. Si no se da cuenta de que fueron sus decisiones y acciones las que la llevaron a la difícil situación actual, continuará relacionándose con esa misma clase de muchacho. En muy poco tiempo, tendrá tres o cuatro hijos, todos de padres diferentes

> *La mayor mentira que puedes decirte es: «Intentaré hacer esto». No se intenta. Se hace o no se hace.*

(ninguno de ellos en condiciones de mantener económicamente a un hijo, por supuesto). Para cuando llegue a la cuarta o quinta década, su apariencia de animadora rubia habrá desaparecido, estará sola y continuará pensando que este mundo es terriblemente cruel e injusto.

En cambio, ¿el mundo es cruel e injusto o ella tomó algunas decisiones malísimas y tiene que vivir con las consecuencias?

No puedo decirte cuántos hombres han venido a mí con el deseo de arreglar a sus hijos, cuando en realidad ellos eran los únicos que necesitaban arreglo. Después de todo, estos hombres destruyeron sus familias por irse con una mujer más joven o por tener libertad en la crisis de los cuarenta. Y, ahora, parecen sorprendidos, y hasta enojados, de que sus hijos manifiesten todas las señales de inseguridad, rebeldía y abandono.

La gente que comete una vez tras otra los mismos errores suele tener una visión ideal de sí misma que nunca coincide con la realidad. Entonces, basan sus decisiones en suposiciones equivocadas y continúan tomando decisiones pobres. Siguen creyendo las mentiras que se dicen a sí mismos de ellos mismos.

La mayor mentira que puedes decirte es: «*Intentaré* hacer esto». No se intenta. Se hace o no se hace. El intento es un estado de la mente.

¿Cuál es la diferencia entre intentar y hacer? El nivel de compromiso. Es más fácil decir: «Intentaré hacer tal cosa», porque entonces existe la posibilidad de escapar si decides que es demasiado difícil y que no vale la pena todo el esfuerzo necesario para seguir adelante.

Entonces, si dices: «Voy a intentar hacer las cosas de manera diferente en mi vida... uf, digamos el mes que viene... uf, como parte de mi determinación de año nuevo... uf, el año próximo, después que consiga un nuevo empleo», no irás a ninguna parte. En cambio, si dices: «Estas son las cosas que cambiaré esta semana, estas son las cosas que cambiaré la semana siguiente y estas son las cosas que cambiaré el mes próximo», ¡entonces lo lograrás!

Tu transformación personal

Si personas como Steve Martin pueden poner en marcha una transformación de la personalidad, ¿por qué no intentarlo?

En este libro te he dado mucha información para que digieras. Con algo de suerte, te has quedado conmigo a través del lunes, martes, miércoles y jueves. Si no lo hiciste y saltaste a este último capítulo, ¡no es justo! Vuelve atrás y lee los otros capítulos, porque de lo contrario, no sacarás el máximo beneficio del nuevo «tú».

Hoy es el gran día... el día en que te conviertes en el nuevo «tú». El día en que juntas todo eso de lo que hablamos y decides pensar y actuar de una nueva manera para alcanzar el objetivo que te propusiste alcanzar.

¿Cómo lograrás esta transformación personal?

Primer paso: Mira hacia atrás

Compraste este libro porque quieres cambiar ahora algo en tu forma de ser que transformará tu futuro. Por ejemplo, tal vez quieras encontrar una dieta que dé en el clavo y que te haga perder quince kilos. O a lo mejor quieras ser la clase de persona que tu esposo desea encontrar al llegar a casa, o el gerente a quien respeten sus compañeros de trabajo. Sin embargo, la única manera en que puedes influir de manera positiva en tu futuro es siendo más consciente de tu pasado, a fin de poder tomar decisiones diferentes y mejores.

Entonces, ¿cuál es el primer paso para cualquier cambio? Mirar hacia atrás.

Eso fue lo que hice durante mi último año en el instituto. Todos mis compañeros hablaban de la universidad a la que irían. Mientras ellos estaban entusiasmados por sus planes, yo estaba triste. Me resultó evidente que esta maravillosa y pequeña familia de personas de nuestro pueblo ya no se pasaría el resto de la vida pasando el rato en el puesto de perros calientes de Jack los viernes por la noche. «¿Quieres decir que no veré a Jim el tonto dando vueltas con *ketchup* en el borde de la boca toda la noche, ajeno a que todos lo veían?», me pregunté ese día. «¿Quieres decir que Jill ya no estará parada junto al auto de Gordy, con su suéter rosado y moviendo esa preciosa melena de cabello dorado? ¿Quieres decir que el cabezón y yo no le pegaremos más papelitos en el pantalón a John ni haremos reír a todos al izar la ropa interior del pequeño Dickie en el mástil de la escuela? ¿Todo eso se acabará?»

De repente, se me ocurrió pensar: *He sido un tonto. He pasado cuatro años en el instituto entreteniendo a mis compañeros de clase, en gran parte debido a mis inseguridades. Sin embargo, ¿qué me han dejado todas esas payasadas? Nada. Mis amigos se están preparando para forjar un futuro, ¿y yo? Bueno, yo no tengo ninguna expectativa... más allá de la aterradora realidad del clásico bajo rendimiento.*

> *Charlie no tenía razón para creer todo lo que le dijo Lucy, pero nunca miró hacia atrás. Solo miró hacia delante y se cayó sentado una vez tras otra.*

No puedo decirte lo importante que fue para mí mirar hacia atrás hasta el momento donde mis acciones pasadas se habían apoderado de mí y por qué. Si solo hubiera mirado hacia delante, pensando a quién entretener el próximo año, hubiera sido como Charlie Brown, que en verdad creía que esta vez sería diferente. Esta vez, Lucy no le sacaría la pelota de delante de los pies justo antes de que la pateara. Basándose en el pasado, Charlie no tenía razón para creer todo lo que le dijo Lucy, pero nunca miró hacia atrás. Solo miró hacia delante y se cayó sentado una vez tras otra.

Una vez que miré hacia atrás con sinceridad (y dolor), estuve dispuesto a admitir que tenía que hacer las cosas de manera diferente. Gracias a Dios por aquella maestra, la Srta. Wilson. Ella me mostró que tal vez podría usar esas payasadas cómicas y peculiares para hacer el bien algún día.

Tenía razón. Creo que uno de los motivos por los que a menudo tengo una asistencia completa en los seminarios es que poseo la inclinación de asegurarme que todos la estén pasando bien. Eso hace maravillas en la publicidad de palabras.

Cinco maneras de garantizar el éxito... en cualquier cosa

1. Establece una meta.
2. Haz que tu meta sea razonable. (No tomes un bocado mayor del que puedes masticar).
3. No te critiques.
4. No escuches a los pesimistas.
5. Como dijera Winston Churchill durante un tiempo de guerra: «Nunca te des por vencido».

La filosofía abarca casi todo lo que hago. Por ejemplo, una vez me presenté en un programa de radio nacional por el que todos los escritores se mueren, aunque invitan a muy pocos. La razón por la que tantos escritores quieren estar en este programa es que tan solo una aparición puede hacer que despeguen las ventas de tu libro. Aparecer dos días seguidos es un sueño. Sin embargo, los productores me anotaron para tres programas completos. ¿Por qué? Bueno, debo haber tenido algo que decir, pero pienso que también pasaron un buen momento mientras estábamos en el aire. Cada vez que aparezco en los programas *The View* o *Today*, mi indicador de éxito no es: «¿Qué piensa el presentador?», sino más bien: «¿Hice reír al equipo de filmación?». Si la gente de

> *Sigo siendo el payaso de la clase, pero ahora he aprendido a usar esta habilidad para tener éxito en la vida, en lugar de meterme en problemas.*

producción se desternilla de la risa, pienso: *¡Esto está resultando!*, y sé que volverán a invitarme.

La clave es mirar hacia atrás y comprender los puntos fuertes básicos que trajiste a la vida y, luego, pensar la manera de darles el mejor uso y la forma de usarlos para distintos propósitos. Sigo siendo el payaso de la clase, pero ahora he aprendido a usar esta habilidad para tener éxito en la vida, en lugar de meterme en problemas.

Steve Martin era una persona profunda, pero se dio cuenta de que como hijo menor yorkie también era divertido por naturaleza y podía escribir comedias. Un escritor de comedia sigue siendo escritor, y Martin decidió construir sobre eso para crear una carrera como novelista y ensayista a la vez de como actor.

En resumidas cuentas, Martin no ha permitido que lo encasillen. Ha mirado hacia atrás, ha construido sobre sus puntos fuertes y, luego, ha continuado expandiéndose y desarrollando su personalidad, sacándole provecho a su historia para crear un futuro más prometedor aun. Tú puedes hacer lo mismo.

Segundo paso: Da pequeños pasos

Cerca de *Tres amigos*, mi otra película favorita es *¿Qué pasa con Bob?* En esta comedia clásica, Leo Marvin (interpretado por Richard Dreyfuss) acaba de escribir un éxito de librería descomunal titulado *Pequeños pasos*, cuando se encuentra con el neurótico de los neuróticos, Bob (interpretado por Bill Murray).

Una de las cosas graciosas de esta película es cómo se burlan del título de un libro que en verdad tiene mucho sentido:

la salud mental y el cambio personal se consiguen mejor mediante los pequeños pasos. Algunos tienen mucha intención de cambiar, pero después toman la dirección equivocada para lograrlo. En lugar de trabajar con constancia hacia el progreso, procuran dar saltos colosales, que prácticamente les garantizan el fracaso. Al final, dicen: «¿Ves? Sabía que iba a fracasar. Ni siquiera tendría que haberlo intentado».

¿Cómo actúas de manera diferente?

Comienza tomando muchas decisiones diferentes a diario. No existe tal cosa como una bala de plata. Necesitas todo un arsenal que esté siempre a tu disposición. Como dijo San Pablo: «Me digo que no debo hacer estas cosa, pero aun así las hago» (traducción Leman). El punto crucial de cualquier cambio de conducta es mirar primero hacia atrás y admitir que lo que estuviste haciendo en el pasado no ha dado resultado, de eso hablamos en el primer paso, y luego, realizar muchos cambios pequeños para ir hacia un lugar diferente.

> *Veía algo, lo quería y lo compraba. Así es el yorkie.*

Por ejemplo, tomemos a June, clásica complaciente que vino a verme debido a un agotamiento total. Esta mujer dice que sí aunque quiera decir que no. Permite que los demás casi le pasen por encima, y cada vez que algo sale mal, de inmediato acepta la culpa, aunque el problema no fuera suyo. No soporta desilusionar a nadie, lo cual la hace desdichada, ya que no deja tiempo para sí misma y acepta un programa que la deja exhausta.

Para June, no existe una receta mágica. ¿Qué tiene que hacer para convertirse en la persona que desea ser en realidad? Debe dejar de decir que sí cuando quiere decir que no, a partir de hoy mismo. Y debe aprender a decir que no. Como los complacientes se preocupan ante todo por no ofender a los demás, su «no» suele ser bastante flojo. Entonces, debe encontrar una manera diferente de comunicarse.

Esto es lo que le dije:

—Cuando te pidan algo que sabes que no debes hacer, quiero que comiences la oración con la palabra *no*. ¿Entendido? Lo primero que salga de tu boca debe ser "No", como por ejemplo "No, no estoy en condiciones de ayudarte". Cuando Patricia de la asociación de padres de la escuela comienza a hablar sobre lo bien que preparas una fiesta, no le digas: "Bueno, Patricia, de verdad me gustaría ayudar, pero...". En cambio, dile: "No, Patricia, este año no puedo ayudar". Y hagas lo que hagas, no des ninguna excusa.

June comenzó a moverse en la silla.

—Pero Dr. Leman, ¿por qué?

—Porque cuando das una excusa: "Me gustaría ayudar, pero Jack trabaja horas extra y nuestra hija ha comenzado danza y tiene muchos recitales, y yo no tengo tiempo para ocuparme de toda la fiesta", le das tiempo a Patricia para decir: "¿Y si le digo a Lisa que te ayude este año? Es muy buena para decorar y para administrar su tiempo". Patricia sabe tocar tus cuerdas de complaciente como un maestro titiritero, y antes de que te des cuenta, te sentirás como una marioneta indefensa que acaba de acceder a hacer algo más para lo que no tienes tiempo. Entonces, corta por lo sano. Solo dile: "No, Patricia, este año no puedo ayudar".

Ahora bien, antes de que June pueda cantar victoria, tendrá que repetir este proceso muchas veces. No deja de ser complaciente con tan solo una visita a mi oficina. Tiene que aprender, a través de una serie de pequeños pasos, a decir que no. Si en verdad está hasta el cuello como complaciente, es probable que tenga que comenzar a practicar la manera en que se enfrentará a la gente. Por ejemplo, en lugar de enfrentar a su suegra, debería practicar diciendo que no a un vendedor que la llama por teléfono. Lo importante es que reconozca que el cambio es un proceso largo.

Un amigo mío ha sufrido de depresión la mayor parte de su vida adulta. Me encontraba cerca de su ciudad mientras estaba en un viaje de negocios y decidí ir a visitarlo. Mi visita era personal. Solo quería ser su amigo, no su psiquiatra. Sin embargo, en cuanto abrió la puerta, supe que necesitaba ayuda. La barba en su rostro debía tener tres o cuatro días sin rasurar.

—Jim, ¿te estás convirtiendo en oso? —le pregunté después de conversar un rato y ponernos al día.

—No —respondió Jim con un tono muy bajo y deprimido.

—¿Puedo darte una sencilla sugerencia, solo como amigo?

—Por supuesto.

—Mañana por la mañana, cuando te levantes, aféitate.

Cómo cambió mi vida

He tenido una vida dura, en gran parte por mi culpa. Luego, hace seis meses, lo escuché hablar en la radio sobre el perfeccionismo. La gente que me conoce jamás lo adivinaría (mi apartamento es un desorden tremendo), pero usted me describió a la perfección. No tenía idea de que era un perfeccionista frustrado, pero cuando pensé en todo lo que usted dijo, todo tuvo sentido. Soy un primogénito, y nunca podré ser lo bastante perfecto para mis padres. Así que, en cuanto cumplí los dieciocho años, me fui de casa y nunca regresé. Digamos nada más que no me hice ningún favor con mi estilo de vida.

Entonces, lo escuché y me di cuenta por primera vez de que estaba gastando la vida tratando de vengarme de mis padres (hacía nueve años que no les hablaba). Ahora estoy dando pequeños pasos para llegar a la clase de vida que quiero vivir... a la persona que quiero ser. No estoy seguro de tener alguna vez el valor para volver a hablarles a mis padres, pero hay algo que sé: por primera vez en la vida, me gusta quien soy.

Jake, Washington DC

Quizá haya parecido necio y trillado de mi parte ofrecer un consejo tan básico para la depresión, pero todo esto vuelve a los pequeños pasos. Aun cuando estés deprimido y no tengas deseos de afeitarte, ni de lavarte el cabello, ni de ducharte, algunas veces necesitas obligarte a ti mismo a hacer esas cosas cotidianas. Con el tiempo, esas tareas insignificantes en apariencia se convierten en pasos profundos hacia los cambios de personalidad a largo plazo.

Este mismo principio es cierto si estás tratando de controlar hábitos destructivos de alimentación, conductas sexuales inapropiadas o cualquier rasgo de la personalidad que quieras cambiar. Si sabes que hablas demasiado a la hora de comer, decide que la próxima vez que comas con un grupo de personas recortarás tu charla en un veinticinco por ciento. Oblígate a estar callado, a escuchar y a prestarles atención a los demás.

Es probable que la práctica no nos haga perfectos, pero si crees en la receta mágica, también puedes creer en el ratoncito Pérez. Ambos te traerán lo mismo... ¡nada!

Tercer paso: Mejora tu monólogo interno

En esa película cinco estrellas *Tres amigos*, hay una escena graciosísima en la que el personaje de Steve Martin se encuentra en una terrible dificultad con cadenas en muñecas y tobillos. Se echa con fuerza hacia atrás para tratar de liberarse y repite: «Voy a lograrlo, voy a lograrlo, voy a lograrlo». En cambio, justo antes de llegar al punto donde podía agarrar la palanca que lo liberaría, sale disparado y se precipita contra la pared.

La vida puede ser así algunas veces, ¿no es cierto? Piensas que estás a punto de lograrlo, perdiste cuatro kilos y estás comiendo mejor de verdad, cuando te invitan a la boda de tu sobrino. Ese día en particular, comes liviano: un pequeño tazón de avena para el desayuno y una ensalada para el almuerzo. Como te ha ido tan bien, te das permiso para comer un pedacito de tarta. A los quince minutos, ya te comiste tres pedazos, por eso dices: «Ya lo he arruinado, así que tiro todo por la borda. Bien puedo comerme un cuarto pedazo».

Los reveces vendrán. No se trata de si lo harán, sino de cuándo lo harán. ¿Has desarrollado la habilidad de hablar contigo mismo a través de los tiempos de fracaso?

Por ejemplo, una mujer atrapada en un ciclo de fracaso puede decirse: *Lo arruiné. ¡Tres pedazos! ¿Cómo pude ser tan tonta? Siempre seré gorda. Bueno, si seré gorda, un pedazo más de tarta no cambiará nada. En realidad, otro pedazo de tarta puede hacerme sentir mejor.*

> *Los reveces vendrán. No se trata de si lo harán, sino de cuándo lo harán.*

En cambio, una mujer que aprende las habilidades de las que estoy hablando, pensaría: *Muy bien, es probable que no debí comerme ese segundo pedazo, y mucho menos el tercero. Aun así, hasta ahora me ha ido bien y me he esforzado mucho. Dos pedazos no me matarán. Sin embargo, no quiero comer un tercero, porque esa es la clase de cosas que hacía cuando perdía el control. Necesito alejarme de esta mesa y encontrar alguien con quien hablar. Ah, allí está Marta. Ella siempre da aliento. Pienso que iré a hablar con ella y me alejaré de esta mesa.*

Esto no es una simple teoría para mí. He tenido que ponerlo en práctica en mi propia vida.

Uno de mis pasatiempos favoritos es comer pastel de calabaza. Una noche, mientras estábamos cenando fuera, de repente Sande mostró esa mirada sorprendida como de haber recordado algo. Resulta que a la noche siguiente venían visitas para la cena. Tenía que levantarse temprano para decorar la iglesia para una actividad, y eso significaba que no tendría tiempo para preparar el postre desde cero, lo cual es su especialidad. Entonces me dijo: «Leemie, tienes que hacerme un gran favor. Mañana por la mañana tienes que ir a la tienda *Marie Callender* para buscar dos pasteles: uno de calabaza y otro de limón con merengue».

> *Mis papilas gustativas se estaban volviendo locas. Ese pastel no solo era bueno, sino casi perfecto.*

A la mañana siguiente, cuando llegué a la tienda, descubrí que tenían una oferta especial de pasteles de calabaza, así que decidí comprar dos pasteles de calabaza y uno de limón con merengue. Cuando llegué a casa, no había nadie. Eran las once de la mañana y esa mañana no había tenido tiempo para desayunar. Bueno, miré hacia la mesa y me di cuenta de que allí tenía un pastel de calabaza extra. Un pedazo de aquel pastel con un poquito de crema batida sería delicioso con una taza de café.

Corté una generosa rebanada y la sostuve en la mano en lugar de usar un tenedor.

Ese fue mi primer error. Me lo comí a bocados, sin saborearlo.

Vaya, ese primer pedazo pasó con demasiada facilidad, demasiada rapidez.

De algún modo, mi cerebro no había registrado que había comido un pedazo bastante generoso de pastel de calabaza. Además, mis papilas gustativas se estaban volviendo locas. Ese pastel no solo era bueno, sino casi perfecto.

Pensé: *Vaya, ese maldito estaba demasiado bueno, y saca el mejor sabor de mi taza de café. Debería repetir.*

Tiempo para el segundo acto. Corté otro pedazo, este un poco más grande. Al fin y al cabo, ¡no tenía sentido que me engañara! El segundo pedazo pasó con tanta facilidad como el primero. Miré el pastel, tres octavos del cual había desaparecido, pero todavía tenía un café más para beber y nada con qué acompañarlo.

Tomaré solo una rebanada de dos centímetros para ayudarme a terminar el café, pensé, pero una rebanada de dos centímetros es como un bocadito. Un impacto directo en la lengua y había desaparecido. Lo hice varias veces, hasta que desaparecieron las dos terceras partes del pastel.

Ahora, tenía un tremendo dilema. Por fin mi cerebro se estaba poniendo al día con mi estómago y gritaba: *¡Sobrecargado! ¡Sobrecargado!*

Aun así, también tenía otro gran problema. Sande llegaría pronto a casa y vería que no había nadie en la casa excepto yo. ¿Y qué le diría? «Ah, querida, el ladrón de pasteles pasó por nuestra casa y se comió casi la mitad del pastel, después yo ayudé con lo que sobraba».

No, no, dijo mi ser consciente. *Me sobrexcedí. Ya sabes, Leman, hay una manera de salir de esto*, me dijo mi otro yo.

¿Cuál es?

Cómete la evidencia.

El razonamiento me pareció convincente. Con un solo movimiento del cuchillo, dividí lo que quedaba del pastel en dos pedazos y me embutí los dos. Algo a mi favor era que no le había puesto nada de crema batida a los últimos pedazos.

A fin de cuentas, me comí el pastel entero. Casi no podía moverme, pero sabía que ahora estaba obligado y que debía destruir toda evidencia, incluyendo el recipiente de papel de aluminio, así que lo escondí en el fondo de la basura.

Me senté un momento, mientras pagaba con creces y de manera muy incómoda mis decisiones, hasta que Sande entró por la puerta unos veinte minutos más tarde.

—Hola, querido —dijo—. ¿Compraste los pasteles?

—Sí, están en la encimera.

—Prepararé una taza de café. ¿Quisieras una?

—Por supuesto.

Luego, Sande lanzó un grito desde la cocina: «Este pastel huele demasiado bien y tendría un sabor delicioso con tu taza de café. ¿Quisieras que te corte una rebanada?

—No, no, cariño —dije con el estómago que me explotaba—, debo comenzar a cuidarme de lo que como.

> *No hagas algo y nada más, ¡plántate allí!*

Verás, soy tan débil como tú, solo que quizá tenga fracasos mayores y peores. He tenido que aprender a tomar pequeñas decisiones, igual que tú.

La próxima vez, en lugar de solo dejar que sucedan las cosas, detente por un momento, piensa en lo que está sucediendo y convéncete para alejarte de la tentación. Cuando la gente se enfrenta a ciertas rutinas de la personalidad y las adicciones, la mayoría de las veces lo único que hace es reaccionar: dan con un estímulo (deliciosa tarta de bodas o fabuloso pastel de calabaza) y permiten que se produzca el colapso sin usar su cerebro como el poderoso recurso que puede ser.

Me gusta usar frases que sorprendan a la gente para ver la verdad de una forma nueva. Una de esas frases es: «No hagas algo y nada más; ¡plántate allí!». La frase convencional, por supuesto, es justo lo opuesto: «No te quedes allí parado; ¡haz algo!». En cambio, si te enfrentas a un hábito de la personalidad, debes retraerte de la acción y reflexionar con sumo cuidado en los próximos pasos.

Otra buena estrategia detrás del monólogo interno positivo es que recuerdes a menudo que, a pesar de que no estás bajando de peso, hay otras cosas buenas que te suceden: la familia, el trabajo, las amistades, etc. Entonces, ¿cuál escogerás como centro de atención? ¿Lo único en lo que estás fallando o las siete cosas en las que te está yendo bien? Siempre habrá algo en la vida que no sale perfecto, pero la gente de mente sana aprende a mantener la perspectiva al pensar en las cosas que la estimulan y le dan esperanza.

Cuarto paso: Haz acopio de tu energía imaginativa

Eileen vino a verme porque ya había intentado numerosas veces perder peso sin conseguirlo.

—¿De verdad quieres bajar de peso? —le pregunté.

—Claro que sí —me contestó—. Por eso estoy aquí.

—Aquí tienes —le dije entregándole una tarjeta en blanco—. Esta es tu clave.

Me miró como si yo tuviera una flecha atravesada en la cabeza.

—¿Qué se supone que debo hacer con esto?

> *La mayoría de las personas pasa la mitad del día negando sus problemas.*

—Quiero que anotes tu peso actual, que le pongas fecha y, luego, lo pegues en la puerta de tu refrigerador. Dirá lo siguiente: "El 25 de enero de 2010, mi peso es de noventa y tres kilos".

—¡Pero todos pueden verlo allí!

—¡Exactamente! —le dije—. Esa es la idea.

Ahora, Eileen pensó de verdad que estaba loco.

—Y de paso —le dije—, ¿por qué no preparas una segunda tarjeta? Puedes pegarla sobre tu escritorio en el trabajo.

No todos responden de forma positiva a esta sugerencia, pero los que lo hacen, descubren que es tremendamente benéfica. Se preocupan por pasar vergüenza, pero para ser sincero, si estás por encima de los noventa kilos, ya todos lo saben. Tu peso no es secreto y, a decir verdad, si piensan que pesas ciento cinco o ciento diez, ¿te parece que les importa en realidad? Es probable que no. Sin embargo, a ti te importa, y cuando en público muestras tu peso, estás comenzando a reunir el poder de tu energía imaginativa.

La mayoría de las personas pasa la mitad del día negando sus problemas. Cuando ponen el problema ante sí, se destruye la negación y, al final, están en condiciones de hacer algo al respecto.

Yo mismo lo hago. Cuando fui al médico, me revisó los signos vitales y suspiró.

«¿Qué sucede Doc?», pregunté.

«Dr. Leman, su tensión arterial está peligrosamente alta. Me temo que tendrá que comenzar a cuidarse de lo que come».

Al estar en los sesenta, con una hija que no ha terminado aún el instituto, me gustaría quedarme por aquí un poquito más, aunque solo sea para hacerle las cosas más difíciles al hombre que se quiera casar con Lauren cuando venga a pedirme la mano. Como Lauren tiene tres hermanas mayores (Krissy y su novio, Dennis, tuvieron que ser los conejitos de India cuando él vino a pedirme su mano), supongo que tendré mucha práctica para ese entonces y que de verdad podré dejarle un par de recuerdos al muchacho. Por esta y otras razones, tengo amplia motivación para cuidarme de verdad respecto al estado de mi tensión arterial.

El problema es que la tensión arterial no tiene un efecto inmediato en mi vida; es una de esas cosas que sé que algún día tendré que tratar. Entonces, cuando salgo de la oficina a mitad de la tarde, siento que el estómago comienza a agitarse y paso frente a una tienda con un gran cartel que anuncia su sándwich de panceta con doble queso cordón azul... bueno, *eso* es presión inmediata. Es como si el auto se detuviera solo frente a este lugar.

Entonces, tomé una de las tarjetas de mi médico, la abrí y anoté mi tensión arterial. Luego, la pegué en el tablero del auto. Todas las mañanas, ese número es una de las primeras cosas que veo. A la hora del almuerzo, vuelvo a ver los números. Después del trabajo, de camino a casa, me miran a la cara, y me ayudan a pasar frente a esa tienda y a seguir hacia casa, tomar un tazón de cereal con leche descremada, en lugar del sándwich de panceta y doble queso cordón azul que se ve, debo admitir, mucho más atractivo. Aun así, el cereal puede hacerme aguantar hasta la cena.

Lo que me gusta de este ejercicio es que no solo reúne mi energía imaginativa, sino que también reúne la energía de mi familia y de mis amigos. Cuando un socio viene conmigo a almorzar, de forma invariable hace algún comentario sobre la tarjeta:

—¿Qué diablos es eso?

—Mi tensión arterial.

—Vaya, Cachorro, ¡será mejor que dejes la mantequilla de maní!

—Lo sé. Por eso pongo la tarjeta allí.

Entonces, cuando entramos al restaurante y comienzo a mirar la parte equivocada del menú, mi socio, mi esposa o uno de mis hijos sonríen, repiten el número de la tarjeta y me señalan las ensaladas y las alternativas con bajo contenido en grasa.

Las simples tarjetas como las mías son solo recursos que te recuerdan hacia dónde quieres ir. Muestran que de verdad estás dispuesto a cambiar.

Si tienes hijos y tus hijos han decidido que quieren permanecer vírgenes hasta la noche de bodas (y espero que lo hayan hecho), pueden pegar una tarjeta sobre el espejo de su dormitorio o en el tablero del auto: «Valgo lo suficiente como para esperar». Si alguna vez un muchacho entra al dormitorio o al auto de tu hija, de inmediato conocerá sus objetivos: esperar hasta el matrimonio.

La mayoría de las familias que me hacen preguntas durante los seminarios o los programas de radio no tienen puertos de escala. Es decir, no tienen una bahía segura a la cual correr ni una estrategia para superar las presiones y las tentaciones inevitables de la vida. Entonces, cuando las olas golpean, muchos zozobran. Aunque nunca he corrido un maratón (si alguna vez quiero sentir esa clase de dolor, solo le pido a uno de mis hijos que me golpee varias veces con un palo y me ahorro las ampollas), he conversado con personas que lo han hecho y con los que han tenido éxito, y todos dicen lo mismo: «Debes comenzar la carrera con algunas estrategias si quieres terminarla». Debes pensar en los momentos de decisión con antelación: qué harás si te sientes cansado a los quince kilómetros, cómo responderás si crees que te estás retrasando en el paso y te sientes cansado en especial a los treinta kilómetros, etc.

Un joven que ganó la carrera del campeonato estatal de institutos impresionó a su entrenador por la manera en que hacía acopio de su energía imaginativa. «Si me quedo atrás en la primera vuelta, haré lo siguiente», le dijo al entrenador de camino a la competencia. «Me iré hacia afuera, pero me aseguraré de mirar por encima del hombro para no tropezar. Si el ritmo es lento, tomaré la delantera. Si es demasiado rápido, me quedaré atrás, pero seguiré manteniendo el contacto. Al llegar a la tercera vuelta, quiero estar justo sobre los talones de Rob Waller...». Usó su energía imaginativa para pensar en cada posible problema de modo que, cuando surgiera, supiera qué hacer con exactitud.

Si quieres cambiarte a ti mismo, necesitas usar ese mismo poder. Haz acopio de tu energía imaginativa.

Regresemos a Eileen, la mujer que quería bajar de peso. Además de pegar en público estos números, la ayudé a desarrollar algunas estrategias.

—Tú te conoces, Eileen. Sabes cuál es tu perdición. ¿Qué es lo que de verdad te hace aumentar de peso? ¿Cuál es tu bocadillo favorito por la noche?

—Eso es fácil. Helado de menta con chispas de chocolate y salsa de chocolate.

—¿Quién trae el helado a casa?

—Yo.

—Entonces, ¿cuál te parece que sería una buena estrategia?

—No comprar el helado.

—Eso es un avance, ¿pero qué harás cuando sientas el antojo de comer helado?

(Verás, conozco estas historias, porque yo también las he vivido).

—Es probable que salga a comprarlo —dijo Eileen con una sonrisa.

—Claro que lo harás. Dime, ¿te gustan los sorbetes?

—Sí, pero no tanto como el helado.

—A mí tampoco. Entonces, ¿por qué no compras una pinta de sorbete la próxima vez que estés en el supermercado? En lugar de abstenerte por completo de lo dulce, cuando sientas el antojo de comer helado, puedes servirte una pequeña taza de sorbete.

Y veamos si podemos hacer durar esa pinta de sorbete al menos siete o diez días, ¿de acuerdo?

Les diré que si Eileen puede sustituir un kilo de helado por medio litro de sorbete, habrá hecho un gran adelanto. Sin embargo, para llegar allí, debe desarrollar una estrategia con antelación. Tendrá que hacer acopio de su energía imaginativa.

Quinto paso: Conoce tu destino

Además de conocer el problema (hablar sin parar, ser impaciente, chismoso, etc.), debes conocer la solución. Cuando mi médico me dijo que mi tensión arterial estaba mal, me dio los números a los que debía apuntar. Si quiero bajar algunos kilos, no solo quiero saber dónde estoy, sino también dónde espero estar dentro de dos o tres meses. Sin una meta, no hay manera de llegar a ninguna parte.

La mejor forma de tratar un vicio es plantar una virtud opuesta. He aquí lo que quiero decir.

Una de mis hijas se encontró una vez atrapada en un desagradable juego del instituto: el chisme. El chisme puede ser una enfermedad entre las adolescentes y puede esparcirse como mantequilla líquida sobre una tostada caliente. Mi hija quedó pegada en ese chisme, pero una noche confesó lo culpable que la hacía sentir.

—Papá, sé que está mal hablar mal de alguien por la espalda, pero algunas veces parece que no puedo evitarlo. Quiero unirme a la charla y ser parte del grupo. ¿Qué otra cosa puedo hacer?

Mi hija no era tonta. Sabía que si todos hablan siempre de los demás, era solo cuestión de tiempo hasta que le tocara a ella, si no había sucedido ya. Además, se sentía terriblemente mal cuando volvía a ver a una de las muchachas sobre la que había estado hablando mal. La escuché y luego le dije:

—Cariño, ¿por qué no eres diferente?

Lo lamentable es que *diferente* no es una palabra que a las muchachas en edad escolar les encante, así que añadí:

—¿Estarías dispuesta a probar un pequeño experimento? No quiero que te sientas culpable y pienso que esto te ayudará a tener incluso más amigos.

—Muy bien, papá.

—Intenta plantar una virtud cada vez que te encuentres con un vicio.

—¿Qué? —dijo frunciendo las cejas.

—¿Qué es lo opuesto al chisme?

—No estoy segura.

—Bueno, si oyeras a alguien que habla sobre ti, ¿te gustaría oír cosas negativas o positivas?

—Supongo que positivas.

—Claro que sí. Entonces, esto es lo que quiero que hagas. ¿Por qué no hablas con Megan sobre Shawna, pero procuras que Megan diga algo positivo? Ponle un señuelo: "Megan, ¿no te parece que el cabello de Shawna es bonito?". Ese tipo de cosas. Megan estará de acuerdo contigo si continúas dándole oportunidades. Luego, debes ir a Shawna y decirle: "Esta mañana oí a Megan hablando de ti". "¿Sí?", te preguntará Shawna. "¿Qué dijo?" Al principio, Shawna tendrá sospechas y pensará algo negativo, pero la sorprenderás al decirle: "Me decía lo dulce que eres y cuánto le gustó la ropa que tenías puesta ayer". Entones, lo más probable es que Shawna diga algo bueno sobre Megan.

> *La mejor forma de tratar un vicio es plantar una virtud opuesta.*

—¿Cómo lo sabes?

—Soy psicólogo, cariño, confía en mí. Dirá algo como: "Megan es muy alentadora. Además, me encanta el corte de cabello que se hizo la semana pasada", ¿y sabes lo que harás a continuación?

—¿Le diré a Megan lo que dijo Shawna?

—¡Eso es! Hazlo con los peores chismes. Ayúdalas a sentir lo maravilloso que es descubrir el aliento en lugar de la crítica.

Mi hija fue a sus compañeras de clase y puso en marcha este experimento. Fue un éxito sin precedentes. Aunque todavía había algunas sesiones ocasionales de chismes, en general, las amigas dieron un gran paso adelante en alentarse en lugar de estar destrozándose.

Tú puedes hacer lo mismo. En lugar de decirte: *No quiero gritarles a los niños*, piensa en una respuesta positiva: *Estableceré líneas de conducta firmes. Si no siguen esas líneas, no gritaré. En cambio, les diré con calma cuáles son las consecuencias, que ya se las advertí antes. No habrá discusiones ni peleas, solo guías claras y consecuencias claras*[12].

Craig vino a verme porque luchaba con la pornografía. ¿Cuál fue mi objetivo? Hacer que pusiera la misma cantidad de energía, tiempo y dinero que gastaba en la pornografía en la relación romántica con su esposa. «¿Por qué no tomas todo el dinero que te ahorras al no llamar a los números de pornografía y le traes a tu esposa unas flores inesperadas? En lugar de pasar una velada en el club nudista, ¿por qué no haces los arreglos para buscar una niñera y llevar a tu esposa a un bonito hotel?»

Los hombres que tienen actividades «extracurriculares» deben planificar cómo cubrir las huellas, y la industria del sexo no es barata. Un hombre puede dejar cientos de dólares al mes en esta adicción. Se quejan de que su esposa no se muestra interesada, pero si emplearan la misma cantidad de tiempo que usan para planear una excusa y salir a hurtadillas en planear una velada romántica con ella, descubrirían que cambiaría el ambiente en la casa.

Si eres demasiado duro con tus hijos, concéntrate en ser más blando. Si hablas demasiado en un grupo, concéntrate en convertirte en un buen oidor. Si eres demasiado tímido, planea presentarte al menos a tres personas que nunca hayas conocido en la próxima fiesta a la que asistas.

En resumen, debes saber a dónde quieres ir y, luego, dar los pasos para llegar hasta allí.

Sexto paso: Date margen para fracasar

Ichiro Suzuki invadió los titulares del mundo en 2001 cuando se convirtió en el primer jugador de Japón en conseguir un lugar a tiempo completo en una de las Ligas Mayores de béisbol (los Marineros de Seattle). Los titulares siguieron nombrándolo cuando Ichiro llegó a un asombroso promedio de .360 en los primeros dos meses de la temporada, y a esta altura, tenía el segundo promedio más alto de toda la liga estadounidense como bateador.

Sin embargo, piensa en esto: ¿qué significa un promedio de .360 para un bateador? Significa que Ichiro consigue batear un *hit* más o menos una de cada tres veces, un poquito más, pero no mucho. Casi nadie anota cuatro *hits* de cada diez veces al bate a lo largo de la temporada, lo que significa que el béisbol aprecia mucho a la gente que en la caja de bateo apenas falla las dos terceras partes de las veces.

Casi nunca resulta la teoría de «todo o nada»: «Me daré por vencido para siempre». Cuando alguien vive según esta filosofía, lo que suele suceder es que deja de fumar con éxito un par de semanas y, luego, el techo se le viene abajo (las presiones financieras, un hijo descarriado, un tiempo difícil en el trabajo) y casi desesperado, enciende un cigarrillo. La persona que vive según la teoría del «todo o nada» piensa: *Bueno, lo eché a perder. Tenía un cigarrillo, arruiné todo lo que había hecho, así que bien puedo volver a fumar.*

> *Casi nunca resulta la teoría de «todo o nada»: «Me daré por vencido para siempre».*

Sugiero que lo que tengas sea una respuesta diferente por completo. Aliéntate con estas palabras: «¡Pasé dos semanas sin fumar un cigarrillo! Me hubiera gustado pasar dos meses, pero dos semanas es un buen comienzo. Aunque hoy lo eché a perder, mañana será un nuevo día y lo haré mejor».

Un jugador de béisbol no deja de intentar después de un *ponche* ni de una serie de *ponches*. En realidad, no es poco común que los jugadores que tienen un gran año tropiecen de de vez en cuando. En su primer año del famoso contrato por veinticinco millones de dólares, Alex Rodríguez Jr., de los Texas Ranger, tenía una temporada sensacional. Iba a la cabeza de la liga estadounidense en *jonrones*, también lideraba las carreras y tenía un muy respetable promedio de .333. Sin embargo, durante una serie con su equipo anterior, A. Rod bateó 1-10, o .100. ¡Eso quiere decir que se *ponchó* nueve de cada diez veces al bate. Aun así, nadie pensó que iba a rendirse. Nadie dijo: «Está perdido». El béisbol nos enseña que debemos manejar el fracaso y seguir adelante. La vida también.

> *Una metida de pata no significa que fracasara todo el programa. Solo significa que eres humano. Debes juntar tus fuerzas y volver a intentarlo otra vez.*

¿Recuerdas los pequeños pasos? Eso es lo que necesitas. ¿Alguna vez has visto caminar a un bebé? Algunas veces, retroceden. A ti también te sucederá. Una metida de pata no significa que fracasara todo el programa. Solo significa que eres humano. Debes juntar tus fuerzas y volver a intentarlo otra vez.

¡Refuerza la visión!

Al parecer, Steve Martin elaboró mucho de esto por cuenta propia. Su biógrafo, Morris Walker, escribe:

> Así como Steve salió disparado hacia la galaxia de las estrellas, realiza una implosión en el microcosmos. Cuanto mayor se vuelve, sigue arreglándoselas para

«volverse más pequeño». Es interesante destacar que aunque Steve ha alcanzado tanto en la vida, su membrete personal con un sencillo tipo de helvética en la parte superior de la página decía con letras mayúsculas, claras y en relieve: «Steve Martin». Más tarde, alrededor de 1990, cambió el tradicional membrete de Steve. Todavía tenía el simple «STEVE MARTIN» en el margen superior de su papel de carta color crema que usó durante veinticinco años, pero este nuevo membrete recibió una nueva frase:

STEVE MARTIN
«Por fin alguien con una visión»

[...] Cualquiera que haya trabajado alguna vez con Steve, que haya visto su actuación u observado su intento de lograr todo lo que se haya propuesto, es consciente en gran medida de su visión. Es una visión de túnel. Sin embargo, como he mencionado muchas veces en estas páginas, Steve es una persona muy privada. Su visión corta es una manifestación evidente de sus aspiraciones. Es el método mediante el cual alcanza cualquier cosa [...] La luz distante al final es solo un destello incluso para el mayor visionario. Solo Steve ve sus visiones como algo que existirán algún día[13].

¿Tienes esa misma visión? ¿Estás dispuesto a edificar sobre lo que eres para llegar a lo que no eres aún, pero que quieres ser?

¿Y estás dispuesto a poner un poquito de esfuerzo?

Aunque Fred Astaire fue sin duda el bailarín más elegante, más encantadoramente maravilloso y tal vez uno de los mejores que haya llegado jamás a Hollywood, lo cierto es que no nació así. Se esforzó y mucho.

Un día, frente a la ceremonia de los Premios de la Academia, en la que recibiría un Óscar de por vida, Astaire pasó gran parte de la tarde practicando cómo levantarse del asiento y subir por las escaleras hasta la plataforma para recibir su premio. La noche de la ceremonia de premios, millones de espectadores vieron a un bailarín muy dotado que parecía deslizarse al parecer sin esfuerzo escaleras arriba; lo que nunca vieron fue la práctica que terminó en la creación de un esfuerzo tan «natural»[14].

> *Todos deseamos cambiar. Aun así, no todos tenemos el valor ni la visión para hacerlo.*

El nuevo «tú» puedes practicarlo de la misma manera. Al comienzo, es probable que la paciencia no te salga con naturalidad. Tal vez estés más inclinado a chismear que a alentar. Es posible que te cueste contenerte para no hablar de ti mismo, o quizá seas demasiado tímido o demasiado agresivo. En cambio, si practicas como lo hizo Astaire, si pones en práctica los principios de los que hemos hablado, con el tiempo puedes crear la mejor versión de ti mismo. Por más imperfecto y defectuoso que seas, puedes avanzar en la vida a medida que caminas hacia la visión de la persona que quieres ser.

Y he aquí lo más asombroso de todo: si los demás perciben que eres auténtico, te buscarán. Hasta es probable que te pidan consejo al verte cambiar. Verás, debajo de todo, cada uno de nosotros está insatisfecho, de una forma u otra, con algún aspecto de nosotros mismos. Todos deseamos cambiar. Aun así, no todos tenemos el valor ni la visión para hacerlo.

¿Y tú? ¡Este es tu momento!

Conoces tu personalidad, tus puntos fuertes y débiles. Conoces los rasgos de tu orden de nacimiento. Has explorado los recuerdos de tu primera infancia, así como las solapadas mentiras que te dices, y has decidido que ya no caerás en ellas. Conoces cuál es tu lenguaje del amor y por qué conocer el tuyo y el de los demás es tan importante. También tienes una visión.

Comprendes quién eres y dónde has estado, y sabes hacia dónde vas. Te has convertido en un experto en ti mismo a través de estos seis pasos, y tienes la garantía de obtener un nuevo «tú» para toda la vida.

Por supuesto, estás listo para alcanzar todo tu potencial. El nuevo «tú» no está solo en el futuro, sino que está aquí y ahora.

Mientras tanto, sonrío al ver cuán lejos has llegado.

Qué hacer el viernes

1. Decide que esta vez cambiarás de verdad. No hay más intentos. Solo existe el hacer.
2. Señala tu destino. (¿Cómo puedes llegar a alguna parte si no sabes a dónde vas?).
3. Despójate de cualquier fachada. Decide ser real.
4. Deja de criticarte.
5. Mira hacia atrás de modo que puedas avanzar.
6. Date margen para fracasar.

Sección extra para curiosos

Cómo funciona el nuevo «tú»

En las relaciones, en el trabajo... tu vida puede
transformarse con estas rápidas sugerencias.

Comprende el nuevo «tú»

Ya conoces cuál es tu personalidad o qué mezcla tienes de personalidades.

Esto te ha ayudado a comprender *quién* eres.

Además, conoces cuál es tu orden de nacimiento: el orden numérico que, por supuesto, no era difícil de entender, pero también en lo funcional, que tal vez requiriera algo más de investigación de tu parte. Esto te ha ayudado a tener un cuadro más claro de *por qué* eres como eres.

Asimismo, viste cómo respondiste a tu personalidad y a tu orden de nacimiento, al igual que a los acontecimientos que experimentaste en tu niñez, a fin de llegar a formar tu propia lógica privada, tu visión de ti mismo y del mundo.

Por otra parte, identificaste tu lenguaje del amor, la manera en que más te gusta dar y recibir amor.

Ahora bien, ¿cómo puedes usar de manera específica lo que has aprendido?

El nuevo «tú» en las relaciones

Ya seas soltero o casado, la comprensión de tu personalidad, tu orden de nacimiento, los recuerdos de tu primera infancia y los lenguajes del amor pueden desempeñar un papel valioso para enseñarte cómo amar y cómo encontrar a la persona adecuada a la cual amar. Esta información también puede ayudarte a ser un mejor padre.

Si eres soltero o estás soltero de nuevo...

Si eres soltero o estás soltero de nuevo, te encuentras en un lugar crucial. Es como pararse en un cruce de vías, mirar hacia la izquierda y después hacia la derecha para verificar si vienen trenes, y también buscar las luces que advierten del peligro inminente. Si decides pasar por alto la barrera protectora que baja antes de que el tren llegue a la estación, y cruzas la vía, es probable que termines atropellado.

Entonces, este es el momento para detenerte, mirar y escuchar.

Durante un minuto, mira hacia atrás en tu vida y en los modelos de personas con las que saliste. Luego, pregúntate: *Cuando se trata de relaciones, ¿cómo me ha ido?* Si en este sentido tu vida es un desastre, estoy dispuesto a apostar a que has basado gran parte de tus decisiones anteriores en los sentimientos. Estabas convencido de que esa mujer (o ese hombre) era «la elegida», tu alma gemela. El cosquilleo que sentiste la primera vez que la besaste te convenció de que «esta es la persona con la que pasaré el resto de mi vida».

Muy bien, ¿qué resultado te dio? Es probable que no fuera muy bueno. Si tomaste este libro, lo hiciste por una razón: porque quieres realizar un cambio.

Este es el momento para detenerte, mirar y escuchar.

¿Estás dispuesto a hacer algo diferente? Para algunos de ustedes, lo que diré a continuación les resultará terriblemente despojado de romanticismo. Aun así, escúchame. Pienso que puedo ayudarte a elegir mucho mejor cuando consideres quién será el compañero de tu vida.

Por ejemplo, digamos que eres un hijo menor. A esta altura, conoces tus debilidades: saltar con ambos pies al agua para descubrir que está hirviendo. Como bebé de la familia, es probable que te haya costado dominar tus tendencias impulsivas. Tal vez te guste ser el centro de la escena o, al menos, que te atiendan bien.

> *Mi norma general respecto al orden de nacimiento es la siguiente: cásate con tu opuesto.*

Quizá tengas un don especial para gastar el dinero (incluso, de vez en cuando, dinero que no tienes). ¿Me equivoco?

Dime, ¿qué sucedería si te casaras con alguien igual que tú, es decir, otro hijo menor? Nueve de cada diez veces, ¡sería un desastre! Estarías en quiebra, la casa sería un caos, nadie pagaría las cuentas y tu naturaleza despreocupada entraría en una seria pendiente descendente hacia el desánimo, tal vez hasta la depresión.

Como hijo menor, puedo decirte que una de las mejores decisiones que tomé en mi vida fue casarme con mi esposa hija mayor. Mi norma general respecto al orden de nacimiento es la siguiente: cásate con tu opuesto. Dos primogénitos sacarían más chispas que el «4 de julio». Dos hijos menores pueden divertirse mucho al principio, pero con el tiempo perderán el rumbo. Dos hijos del medio tal vez nunca puedan tomar una decisión sin preocuparse por ofender a la otra persona.

> *Los hijos del medio son como el tipo de sangre O: se llevan bien con casi todos, excepto tal vez con otro hijo del medio.*

Esto significa que las combinaciones de matrimonios ideales son primogénito-hijo menor o hijo menor-hijo único. ¿Y qué me dices de

> ### Las mentiras que te dices
>
> Estamos enamorados, ¡todo saldrá bien!
> Una vez que nos casemos, él cambiará.
> Todos los días serán tan románticos como este.

los hijos del medio? Los hijos del medio son como el tipo de sangre O: se llevan bien con casi todos, excepto tal vez con otro hijo del medio. Recuerda que existen diferentes tipos de hijos del medio. Un hombre que es hijo del medio y que también es el varón mayor puede ser una muy buena elección para una mujer hija menor; pero el mismo hombre puede vivir a los cabezazos con una esposa primogénita.

Una mujer que es hija del medio y que es la mujer menor de su familia podría ser la compañera ideal para un varón primogénito; pero tal vez no sería la mejor elección para un hijo menor varón.

Analiza toda la situación familiar y aprende a tomar una decisión sabia. Cásate con tu opuesto y no podrás equivocarte demasiado.

El mismo principio es válido para el gran danés, el caniche estándar, el setter irlandés y el yorkie. En general, lo mejor que puedes hacer es casarte con tu opuesto. Algunos setter irlandeses se llevan mejor con un yorkie, su naturaleza tranquila y pacífica cuenta con otro que tiene agallas, mientras que otros quizá prefieran un gran danés o un caniche estándar que se hagan cargo de la situación.

Si dos gran daneses entran en una relación, verás cómo vuelan las chispas o se abren las brechas; lo mismo sucedería con dos yorkies, dos caniches estándares o dos setter irlandeses. Ya he dicho que veo a la mayoría de los hijos menores como yorkies, a la mayoría de los hijos del medio como setter irlandeses, la mayoría de los caniches estándares como hijos únicos y la mayoría de los gran daneses como primogénitos. Esto no es cien por cien preciso, por supuesto, así que aprende a mirarte con equilibrio; por ejemplo, un hijo menor con tendencias de yorkie, pero también con una inclinación hacia gran danés. Si este es el caso, considera casarte con un setter irlandés. Si eres un hijo menor con tendencias de setter irlandés, busca a un caniche estándar o a un gran danés.

Antes de que los románticos comiencen a aullar por lo poco romántico que parece esto, te diré lo siguiente: He aconsejado, de manera formal e informal, a miles de parejas, la mayoría de las cuales estaban perdidamente enamorados el uno del otro, embargados de dicha ante la idea de pasar el resto de la vida juntos. El romance estaba allí; la química sexual era elevada; no podían quitarse las manos de encima. Sin embargo, no hicieron buena pareja. Una vez que el apasionamiento se apagó, y siempre sucede, se encontraron con una elección apresurada y un matrimonio difícil.

Cómo cambió mi vida

Usted me salvó de cometer un gran error. Durante un año, salí con un muchacho y estaba segura de que estaba enamorada de él. Esperaba el día en que me propusiera matrimonio. Entonces, lo oí hablar en *Good Morning America* sobre las relaciones y fue como recibir un golpe en la cabeza. Cuando me hice las preguntas sobre la relación que hizo usted, me di cuenta de que Chris no era la clase de muchacho con el que quería pasar el resto de mi vida. Por supuesto, era un buen trofeo (al menos, las muchachas de mi club de salud lo pensaban), pero no era para mí.

Gracias por salvarme antes de que fuera demasiado tarde. Seré más lista la próxima vez.

Libby, Nueva York

No digo que no sea necesaria cierta forma de atracción. Cuando era soltero, disfruté de unos buenos ataques de apasionamiento como cualquier otro. Sin embargo, antes de comprometer tu vida con la de otra persona, ¿no quisieras asegurarte de que la compatibilidad dure más allá de esas emociones intensas?

Entonces, ¿por qué no darte la mejor oportunidad de una compatibilidad para toda la vida?

1. Compara sus familias de origen.
2. Fíjate en el orden de nacimiento.
3. Considera ambas personalidades.
4. Toma nota, después pregúntate:
   ¿Es esta una buena combinación en el papel?

Si todas las características anteriores parecen darte luz verde, profundiza en los recuerdos de la infancia de tu posible compañero. ¿El mundo le parecía un lugar seguro, feliz, peligroso o malo? ¿Es controlador, complaciente, encantador o víctima?

Entonces, pregúntate: *¿Esta es la clase de persona con la que quiero pasar el resto de mi vida? ¿Se está ocupando de ser menos víctima? ¿Se está ocupando de ser menos controlador? ¿Está usando sus tendencias controladoras para las buenas causas (enfermería, enseñanza) o para las malas (manipular, aterrorizar, politiquear)?*

> *La mayoría de nosotros sueña con casarse con alguien que da. Entonces, ¿por qué hay tanta gente, mujeres en particular, que se casan con alguien que solo toma?*

Una vez que comprendes los recuerdos de la primera infancia de temprana infancia de tu posible compañero, también tienes buenas pistas sobre cuál es su libro de reglas. Después, puedes preguntarte: *¿El libro de reglas de esta persona es compatible con el mío?* Al decir «compatible», no me refiero a que sea igual. No hay dos libros de reglas que sean exactamente iguales, porque cada persona atraviesa experiencias diferentes, e incluso los miembros de la misma familia ven los mismos sucesos de distinta manera. Además, recuerda que igual no es siempre mejor.

Al decir «compatible», he aquí a lo que me refiero. Mi esposa, Sande, está dispuesta a aceptar que me gusta romper un poquito las reglas, y yo valoro que ella nunca rompa una. Ella trae orden a mi vida y yo llevo un poco de diversión a la suya. Nuestros libros de reglas funcionan bien juntos, y ni Sande ni yo tratamos jamás de cambiar el libro de reglas del otro. Los aceptamos como son.

Tú también deberías usar tus recuerdos de la primera infancia para que te ayuden a corregir las malas decisiones anteriores. Por ejemplo, pienso que la mayoría de nosotros sueña con casarse con alguien que da. Entonces, ¿por qué hay tanta gente, mujeres en particular, que se casan con alguien que solo toma?

Si esta es tu historia, retrocede y hazte las preguntas difíciles. Adelante, nadie escucha. Sé despiadadamente sincero. Cuando saliste durante tres años y medio con el último hombre que solo tomaba, ¿qué te dejó? ¿Una situación de estrés con los otros miembros de la familia que veían al muchacho tal como era? ¿Falta de tiempo con la gente que en verdad se preocupa por ti y que no está interesada en usarte? ¿Un corazón roto? ¿Un aborto?

Luego, debes hablar contigo misma más o menos así: *Tengo una especie de debilidad por esta clase de hombres, ¿no es así? Me pregunto por qué será. Mi mamá también fue así. Aunque deteste admitirlo, me parezco muchísimo a ella. Eso me da miedo. Ella ha pasado por tres matrimonios. Yo no quiero eso.*

Este es un tiempo de decisiones inteligentes. ¿Te comportarás de manera diferente en el futuro? ¿Profundizarás en tus recuerdos para poder entender tus motivaciones básicas? ¿Te dejarás guiar por elecciones responsables o dejarás que te maree el próximo hombre posesivo que solo sea un poquito más atractivo, un poquito más hábil y un poquito más dotado que el anterior? Si esta es una esfera problemática para ti, te sugiero que leas mi libro *Complacientes*.

No me malinterpretes; las personas que solo toman pueden ser divertidas... por un rato. En cambio, con el tiempo, en especial si te casas con uno, te quedarás sola. Él estará afuera cazando

> ### Las mentiras que te dices
>
> Se enoja solo porque quiere protegerme. No hubiera hecho esto si yo no lo hubiera vuelto loco. Siempre lo lamenta... después.

o jugando a los bolos, mientras tú te quedas en casa cambiando pañales. Cuando estés paralizada por los dolores menstruales, él estará en el bar de la esquina con sus amigos o sentado en su sofá preguntándote cuándo estará lista la cena. Si en verdad quieres encontrar a un dador, deja de actuar como alguien que sea fácil presa de otro.

Por último, fíjate en la capacidad de tu posible compañero para hablar tu lenguaje del amor. Si necesitas demasiado tiempo, serás desdichada si te casas con una persona impulsiva, tipo A, que siempre está demasiado ocupado como para satisfacer las necesidades de tu lenguaje del amor. Si uno de tus objetivos principales es vivir en un bonito vecindario y enviar a tus hijos a una escuela privada, tal vez quieras casarte con alguien que pueda amarte proveyéndote el ingreso financiero necesario para hacerle frente a esto. Eso quiere decir que tendrás que sacrificar algo del tiempo, de la conversación y de la atención de esa persona, pero eso no importará demasiado si tu lenguaje del amor es recibir regalos (dentro de lo razonable).

Cuando te casas con alguien, asumes un gran compromiso. Amar a esa persona por el resto de tu vida, sí... pero también satisfacer sus necesidades (y eso incluye su lenguaje del amor) para el resto de tu vida. Si no puedes soportar la idea de una conversación de treinta minutos de corazón a corazón, ¿para qué casarte con alguien que siempre deseará que le amen con palabras de afirmación o tiempo de calidad?

Cuando miras de esta manera una relación, te estás haciendo las preguntas que te llevarán a una unión compatible y para toda la vida. Y, ¿no es eso lo que quieres en realidad?

Si estás casado...

Si ya estás casado, te encuentras con ambos pies en una olla de agua. La temperatura puede ser fría, a la perfección o puede estar muy caliente para sentirse cómodo.

¿Qué sucede si antes de casarte no sabías nada sobre la personalidad, el orden de nacimiento, los recuerdos de la primera infancia y los lenguajes del amor? ¿Te encuentras en problemas? No tienes por qué ponerte nervioso... todavía. Una vez que se toma la decisión, debes dar lo mejor de ti

> *Si en verdad quieres encontrar a un dador, deja de actuar como alguien que sea fácil presa de otro.*

y podrás hacerlo si cuentas con la información adecuada. (Fíjate que *no* estoy hablando de situaciones de abuso; ninguna mujer ni ningún hombre debería permanecer en una relación donde los maltratan de alguna manera). Conozco unas cuantas parejas de primogénitos felices, por ejemplo, que lo han logrado contra todo pronóstico y que tienen una relación exitosa. ¿Cómo lo han hecho?

Lee y Jamie, ambos primogénitos, hace veinte años que están casados. Ambos tienen personalidades exigentes y son excelentes en sus profesiones. Entonces, ¿cómo hacen para que el matrimonio resulte? «No competimos el uno con el otro», dice Jamie. «Yo trabajo en el campo del diseño. Lee está en el campo de la ingeniería. Así que ambos podemos ser los mejores en lo que hacemos sin pisarle los talones al otro».

«Así es», añade Lee, «y como nuestros campos de acción son tan diferentes, ni siquiera nos sentimos tentados a darle órdenes al otro cuando anda cerca».

Hacen lo mismo en el hogar; tienen responsabilidades distintas por completo. Lee prepara la cena, Jamie lava los platos. Jamie lava la ropa, Lee corta el césped. Sin embargo, su mayor desafío es asegurarse de apartar tiempo para estar juntos y solos, ya que ambos trabajan más de cincuenta horas a la semana.

¿Cómo se puede tener un matrimonio exitoso con alguien del mismo orden de nacimiento?

Lo principal es ser consciente de tus debilidades, anticipar las consecuencias y aprender a actuar de acuerdo con esto. Por ejemplo, dos primogénitos tienen más probabilidades de discutir que otras parejas, porque ambos están acostumbrados a tener el control. Cada uno debe permitir que el otro gane de vez en cuando, aunque esto sea algo ajeno por completo a los rasgos de un primogénito. Además, cada uno deberá hacer lo imposible por encontrar métodos diferentes de servir a su compañero a través de su lenguaje del amor, en lugar de controlar o manipular.

Si dos hijos menores están casados, lo primero que deben hacer es cuidar sus hábitos de gastos. Es probable que necesiten llevar un presupuesto escrito e incluso visitar a un asesor financiero. Tendrán que aprender a fijar un programa adecuado para sí mismos y para sus hijos, aunque esto parezca restrictivo y raro. También deben aprender a usar los lenguajes del amor, ya que la tendencia de ambos es a ser egoístas.

> *Dos primogénitos tienen más probabilidades de discutir que otras parejas, porque ambos están acostumbrados a tener el control. Cada uno debe permitir que el otro gane de vez en cuando.*

Si dos hijos del medio están casados, se llevarán muy bien, siempre y cuando no haya conflictos en la relación. El problema está cuando llega un conflicto, y el conflicto es un elemento de todo matrimonio. Si dos hijos del medio típicos quieren evadir el conflicto, no necesitas un doctorado para darte cuenta de lo que sucederá en el matrimonio. Ambos tendrán la tendencia a barrer los problemas emocionales debajo de la alfombra en lugar de resolverlos. En tales momentos, los hijos del medio, que son pacificadores de corazón, deben esforzarse por comunicar sus verdaderos pensamientos y sentimientos, no solo los que harán sentir bien al otro y que no causarán problemas.

Entender cómo da y recibe amor cada persona en la familia es muy importante para los hijos menores, que deben aprender a concentrarse en otro en lugar de hacerlo en sí mismos.

También puedes usar tu conocimiento de las cuatro personalidades básicas para tratar las desavenencias personales. Si eres caniche estándar, puedes aprender a relajarte; no es necesario que todos lean el periódico de principio a fin solo porque a ti te parece que es la manera de hacerlo.

Deja que tu compañero yorkie comience con la página de chistes o con la de deportes, y aprende a escoger con sabiduría tus batallas.

Si eres un gran danés, comprende que en el amor no se trata de ganar ni de hacer las cosas a tu manera. Se trata de servir, de cuidar a los demás y de ponerlos a ellos primero.

Si eres un setter irlandés, necesitas hacer lo opuesto a lo que sugiero que haga el gran danés. Necesitas afirmarte más y a ser más sincero respecto a tus sentimientos. Debes hablar sobre tus deseos, porque de lo contrario, corres el riesgo de caer en un resentimiento paulatino cuando te veas abrumado por los deseos de tu compañero y nunca consigas que las cosas se hagan a tu manera.

Si eres un yorkie, date cuenta de que el mundo no tiene que girar alrededor de ti. Las otras personas también son importantes. Como para ti será más natural cuidar tus propios intereses, esfuérzate por escuchar lo que en verdad dicen tus seres queridos a través de sus palabras y sus acciones. Concéntrate en satisfacer sus necesidades de la manera específica que les encanta a ellos.

La exploración de los recuerdos de la niñez de tu cónyuge, al igual que los tuyos, te ayudará a comprender por qué tu esposo tiene un optimismo ingenuo o por qué a tu esposa le ha llevado años comenzar a sentirse segura en la relación. Te casaste con una persona en la que influye mucho su pasado. Para bien o para mal, su pasado es parte de tu matrimonio y es peligroso pasarlo por alto. No puedes reescribir el libro de reglas de tu cónyuge, él es el único que puede hacerlo y solo dentro de ciertos parámetros. Lo que puedes hacer es comprender más los procesos mentales por los que atraviesa tu cónyuge cuando toma decisiones y responde a los demás.

Cuando descubres el lenguaje del amor de tu cónyuge, tienes la llave para llegar a su corazón. Si aprendes a dominar ese lenguaje, sentirás mucha más satisfacción que la que te produce ser amado. Hará que el nuevo «tú» sea una persona seductora que es considerada, atenta, equilibrada de mente, amiga leal y amante apasionada.

El nuevo «tú» en el trabajo

Todo lo que hablamos en los capítulos del lunes al viernes se puede aplicar con facilidad en el lugar de trabajo. Por ejemplo, un vendedor puede mejorar sus ventas en gran medida si comienza a acercarse a los potenciales clientes teniendo en cuenta su orden de nacimiento[1].

Y no querrás tratar a un jefe primogénito de la misma manera que tratarías a un jefe hijo menor o a uno que es hijo del medio. Es probable que el jefe primogénito solo quiera los hechos. Necesita datos que apoyen sus conclusiones, y si te acercas con un enfoque emocional, perderás nueve de cada diez veces. No obstante, si tratas de llegar a un hijo menor, tendrás que ser un poquito servil y adulador, pero no de algún modo que manifieste falta de respeto (los hijos menores son sensibles a la falta de respeto). Si puedes usar el humor con eficacia, mucho mejor. Haz que tu tiempo con el hijo menor sea agradable y serás mucho más eficiente en la relación.

¿Y cómo puedes actuar mejor con un jefe que sea hijo del medio? De todos los órdenes de nacimiento, los hijos del medio son los más empresariales. No temas manifestarle tus sugerencias y tus ideas innovadoras; es probable que te encuentres con un jefe muy receptivo. La lealtad es de suma importancia para los hijos del medio, y valoran el enfoque de equipo y lo recompensan.

Dicho de manera sencilla, cuando interactúas en un entorno de trabajo (ya sea que trabajes desde tu hogar, en una oficina, en el campo o como voluntario para una iniciativa en la comunidad), pregúntate: *Dada la personalidad de esta persona, ¿cuál es la mejor manera de interactuar con ella?*

Al escoger tu vocación o considerar un cambio vocacional, pon a trabajar el orden de nacimiento a tu favor. La mayoría de los hijos del medio son excelentes gestores de nivel medio. Pueden ser fantásticos asistentes de directores y, en realidad, pueden disfrutar más con ser asistente del director que convertirse en el director principal. Protégete de que te asciendan a una posición en la que no podrías tener éxito.

¿Esto significa que los hijos del medio no están preparados para ser gerentes generales ni presidentes? Claro que no. Varios presidentes de los Estados Unidos fueron hijos del medio. Toda regla tiene su excepción, debido a la historia y al temperamento único de cada persona.

Sin embargo, al usar las cuatro esferas de las que hablamos en este libro (personalidad, orden de nacimiento, recuerdos de la primera infancia y lenguajes del amor), puedes comprenderte mejor como para tener una buena idea de las clases de trabajos con los que te sentirás satisfecho.

Por ejemplo, aunque conozco a un exitoso contador que es hijo menor, la mayoría de los hijos menores, en especial si son yorkies de temperamento, se aburrirán como ostras siendo contadores. Necesitan más interacción con la gente de lo que suele proporcionar la profesión de contador.

Además, considera tu personalidad. Si eres un yorkie, tal vez necesites pensar dos veces en trabajar por cuenta propia, si es que esto significa quedarte en casa y trabajar en aislamiento virtual todo el día. Mientras que algunas personas se deleitan en la soledad (en especial el setter irlandés), otros no pueden soportarla.

Al gran danés le costará mucho recibir órdenes de otros. Por lo general, no disfrutará de un empleo que le ofrezca poca libertad personal o que parezca demasiado restringido. El caniche estándar necesita tiempo para pensar y reflexionar. El yorkie suele preferir un entorno más relajado. El setter irlandés necesita estar en un lugar de trabajo donde le tengan confianza, donde le pidan su opinión y donde el equipo valore su aporte.

Ten en cuenta todos estos factores cuando pienses en dónde puedes tener más éxito.

Además de considerar la personalidad y el orden de nacimiento, puedes revisar los recuerdos de la primera infancia a fin de aumentar tu rendimiento y ayudarte a anticipar posibles riesgos. Si tu jefe tiene un libro de reglas donde las mismas son sagradas solo porque son reglas, y tu libro de reglas afirma que las reglas están hechas para quebrantarse, revisa tus tendencias naturales y haz las cosas de acuerdo a su libro de reglas. Puedes conducir a dos kilómetros por hora por encima del límite de velocidad en cuanto salgas de la oficina, pero será mejor que no te vayas hasta que haya pasado un minuto de la hora de salida. Si el libro de reglas de tu jefa la lleva a pensar que el mundo es un lugar temible, debes hacer lo imposible por demostrarle que no eres una amenaza, que estás de su lado.

Cómo cambió mi vida

Cuando nuestra división se redujo, la vida en la oficina pasó de ser un caos normal a un caos estresante. A los que no nos despidieron comenzamos a rendirle cuentas a una nueva jefa. Después del primer día, estábamos seguros de que estaba dispuesta a despedirnos a todos. Hasta teníamos temor de tomar un café por miedo a que pensara que no estábamos trabajando.

Después de dos meses así, estaba lista por completo para gritar... o para renunciar. Entonces, llegó usted y le habló a nuestro grupo de contaduría durante un almuerzo. Luego, en una sesión de preguntas y respuestas con nuestra nueva jefa, todos conversamos sobre el orden de nacimiento. Descubrí que era hija única, y todos sus rasgos de personalidad comenzaron a tener sentido. Empecé a darme cuenta de que era más severa consigo misma que con nosotros. Un día, su padre vino de visita y allí lo entendí todo. Si existe un perfeccionista presuntuoso, ese era él. Por primera vez, comencé a sentir compasión por la mujer que me parecía mi enemiga.

Las cosas en la oficina no se han aligerado mucho, mi jefa sigue siendo la misma persona, pero ya no me tomo tan a pecho sus comentarios estrictos. Sé que tiene sus propios problemas que resolver.

Gracias, Dr. L, por darme algo de perspectiva.

Miranda, Nueva Jersey

Cuando metas la pata, usa tus recuerdos para que te proporcionen la clave del porqué. Pregúntate: *¿Soy un constructor de puentes o me gusta prenderles fuego? ¿Me gusta prenderles fuego porque me enojo cuando las cosas no se hacen a mi modo? ¿He sido demasiado mezquino, demasiado perezoso o demasiado irresponsable? ¿Por qué será y cómo puedo cambiarlo?*

Si quiero mostrarle aprecio a mi jefe, a mis compañeros de trabajo o a mis subordinados, usaré los lenguajes del amor, pues reconozco que las distintas personas valoran diferentes métodos de afirmación. Por ejemplo, durante una evaluación, puedo ofrecer varios beneficios adicionales diferentes para Navidad, incluso, puedo dejar que la gente escoja lo que más le gusta: un día libre, una nueva silla para la oficina, un partido de golf, etc. Si sé que un empleado muere por palabras de afirmación, pondría su nombre en el boletín de la compañía y le haría un gran elogio. En otras palabras, no trataría a todos de la misma manera porque sé que no quieren recibir afirmación del mismo modo.

Ya puedo oír a los pesimistas. «Vamos, Leman. ¿Cómo se supone que puedo conocer el orden de nacimiento de mi jefe sin parecer un idiota? ¿Se supone que debo preguntárselo mientras tomamos café por la mañana? ¡Y por el amor de Dios!, debe estar bromeando cuando habla de aprender el lenguaje del amor de los subordinados. Esa clase de pensamiento me haría el hazmerreír de la oficina o dirían que soy un estrafalario».

No tan rápido. Existe un recurso sencillo que puedes usar y que es muy eficaz para poner de manifiesto todo lo que hemos hablado y más. No es caro y es de gran eficacia. Se llama «conversación».

No sugiero que actúes como un psiquiatra durante el almuerzo ni en un descanso: «Bueno, Susan, cuéntame cuáles son los primeros recuerdos de tu infancia...». En su lugar, puedes intercalar comentarios del análisis que hace el grupo sobre los Bills de Buffalo y los Pieles Rojas de Washington: «¿Así que fuiste al partido con tu hermano? ¿Es mayor o menor?».

La mayoría de las veces, la persona a la que le preguntas te dará todo su orden de nacimiento:

«Es mi hermano mayor. Solo somos dos».

Cuando el grupo se junta solo para hablar, muévete en silencio en tu misión secreta. Presta atención a claves sobre los libros de reglas. ¿Hay alguno que siempre se está burlando de los que siguen las reglas al pie de la letra? ¿Alguna otra mujer se enoja porque la gente no obedece las señales de límite de velocidad en la curva que está justo a dos kilómetros de la oficina?

Presta atención a las quejas de la gente. ¿Sienten que trabajan demasiado, que se sienten subestima-

> *Existe un recurso sencillo que puedes usar y que es muy eficaz para poner de manifiesto todo lo que hemos hablado y más. No es caro y es de gran eficacia. Se llama «conversación».*

dos, mal recompensados? No necesitas interrogar a alguien para descubrir estas cosas. Por lo general, suelen estar a la vista por completo y a todo color.

Es bastante fácil descubrir la personalidad si te tomas unos minutos para pensar en la gente que conoces. No se necesita un doctorado para diferenciar a un yorkie de un caniche estándar, ¡solo escucha al que se ría más!

Un gran danés participará de todo el politiqueo, y al caniche estándar le encantará repartir el memorándum de diez hojas sobre el uso apropiado de la fotocopiadora, mientras que el setter irlandés tratará de suavizar las aguas y ayudar a que todos se lleven bien.

En resumidas cuentas, te pido que te intereses de verdad en la gente que trabaja contigo. Llega a conocerla. Descubre lo que les motiva. Quita los ojos de ti mismo durante unos pocos minutos y aprende a mirar el mundo a través de sus ojos.

Depende de ti

Al lograr una mejor comprensión de otros y comenzar a mostrar más consideración hacia ellos, también obtendrás una comprensión más profunda y una apreciación saludable de ti mismo. Ya no creerás las mentiras que te susurra tu lógica privada. Cuando las cosas salgan mal, no te echarás encima todo el camión de estiércol. Comenzarás a ver la vida y la gente en una perspectiva mucho más equilibrada.

Te aceptarás a ti mismo, aumentarás tu confianza y cambiarás tu vida... ¡tan solo en cinco días!

Y cuando lo hagas, llegarás mucho más lejos de lo que soñaras jamás en *todos* los aspectos de la vida: en tus relaciones y en tu vida laboral.

> *Te aceptarás a ti mismo, aumentarás tu confianza y cambiarás tu vida... ¡tan solo en cinco días!*

La cuenta regresiva de los diez puntos sobresalientes para tener... un nuevo «tú» para el viernes

10. Identifica el aspecto o los aspectos que quieres cambiar en ti.
9. Decide que no solo *tratarás* de convertirte en un nuevo «tú» esta vez. Lo *lograrás*.
8. Identifica tu personalidad y todos sus puntos fuertes y débiles.
7. Identifica tu orden de nacimiento y todos sus puntos fuertes y débiles.
6. Identifica tus tres primeros recuerdos y evalúa lo que dicen acerca de ti y de tu lógica privada.
5. Identifica las mentiras que te dices y niégate a creerlas.
4. Identifica tu lenguaje del amor principal, y el de tus amigos y miembros de tu familia.
3. Decide cómo debes actuar de manera diferente en tus relaciones, y después hazlo.
2. Decide cómo debes actuar de manera diferente en tu trabajo y luego, actúa de manera acorde.
1. Date un respiro. Todos metemos la pata algunas veces. Cada día es un nuevo día.

Notas

Introducción: Este libro debería costar ciento noventa y nueve dólares
1. Paul Aurandt, *More of Paul Harvey's The Rest of the Story*, William Morrow & Co., Nueva York, 1980, pp. 111-12.
2. *Ibíd.*

Lunes: ¿Quién te crees que eres?
1. Peter Johnson, «Gumbel' Guffaw», *USA Today*, 8 de noviembre de 1999.
2. «Bloodletting & the Four Humors», Collect Medical Antiques, 9 de enero de 2010, http://www.collectmedicalantiques.com/bloodletting.html.
3. *Ibíd.*
4. *Ibíd.*
5. *Ibíd.*

Martes: ¡Tal vez pertenezcas al zoológico!
1. Para más acerca del orden de nacimiento, lee de Kevin Leman, *The Birth Order Book*, Revell, Grand Rapids, 2009.
2. Para más acerca de este tema, lee los capítulos 2 y 3 en Leman, *The Birth Order Book*.
3. Kevin Leman, *Why Your Best Is Good Enough*, Revell, Grand Rapids, 2010.

Sección extra para curiosos: ¿Quién es quién?
1. Respuestas para «¿Adivina quién?».
   Para más información acerca del porqué categorizo a esos famosos de la manera en que lo hago, lee *The Birth Order Book*. (Por ejemplo, Steve Martin es técnicamente el hijo menor, al menos en la posición ordinal de la familia; entonces, ¿por qué lo pongo en el campo de los primogénitos? Lo sabrás después que leas *The Birth Order Book*).

Hijos únicos	*Hijos del medio*
Barack Obama	George Bush padre
Robert De Niro	Dwight Eisenhower
Laurence Fishburne	Grover Cleveland
Anthony Hopkins	John F. Kennedy
James Earl Jones	Richard Nixon
Tommy Lee Jones	Donald Trump

Primogénitos	*Hijos menores o bebés*
Hillary Clinton	Eddie Murphy
Steve Martin (el hijo menor en su	Martin Short
familia, pero el primer varón)	Ellen DeGeneres
Bill Cosby	Whoopi Goldberg
Harrison Ford	Jay Leno
Matthew Perry	Stephen Colbert
Jennifer Aniston	Steve Carell
Angelina Jolie	Jon Stewart
Brad Pitt	Billy Crystal
Chuck Norris	Danny DeVito
Sylvester Stallone	Drew Carey
Reese Witherspoon	Jim Carrey
Ben Affleck	Chevy Chase
Oprah Winfrey	Ronald Reagan

2. Para saber más sobre esto, lee *Complacientes,* de Kevin Leman (Editorial Vida, 26 de agosto, 2008). Este libro se reimprimió en inglés como *Smart Women Know When Say No,* en diciembre de 2010.

3. Las citas y la información sobre Oprah Winfrey se tomaron de las siguientes fuentes: Maya Angelou, «How Oprah's Changed Our World», *McCall's,* noviembre de 1998, p. 67; Emma Bland, «Battle of the Bulge», *McCall's,* noviembre de 1998, p. 68; Lynette Clemetson, «Oprah on Oprah» y «It Is a Constant Work», *Newsweek,* 8 de enero de 2001, p. 45; Deirdre Donahue, «Live Your Best Life, with Oprah», *USA Today,* 2 de julio de 2001; «Oprah Encourages Roosevelt University Grads to Find Their Calling in Life During Commencement Address», *Jet,* 19 de junio de 2000; Joanna Powell, «Oprah's Awakening», *Good Housekeeping,* diciembre 1998, p. 209; Lisa Russell y Cindy Dampier, «Oprah Winfrey», *People,* 15 de marzo de 1999, p. 22; Ron Stodghill, «Daring to Go There», *Time,* 5 de octubre de 1998, p. 80; Oprah Winfrey, «The Courage to Dream», *Essence,* diciembre de 1998, p. 149.

4. Para más información sobre el tema de los primogénitos, lee de Kevin Leman, *Born to Win,* Revell, Grand Rapids, 2009.

5. Dominic Wills, «Robert De Niro», página web de Robert De Niro, http://www.westlord.com/robertdeniro/eng-bio.html; accedido el 23 de enero de 2010.

6. *Ibíd.,* http://www.westlord.com/robertdeniro/eng-quotes.html, accedido el 23 de enero de 2010.

7. *Ibíd.*

8. Otras citas e información acerca de Robert De Niro se tomaron de las siguientes fuentes: «Biography for Robert De Niro», *The Internet Movie Database,* http://www.imdb.com/nm0000134/bio, accedido el 23 de enero de 2010; «Robert De Niro», página web de Robert De Niro, http://www.westlord.com/robertdeniro/eng-home.html, accedido el 23 de enero de 2010; «Robert De Niro», *Thespian Net,* http://www.thespiannet.com/actors/D/deniro_robert/robert_deniro.shtml, accedido el 23 de enero de 2010; «Robert De Niro Biography», biografía, http://www.thebiographychannel.co.uk/biographies/robert-de-niro/html, accedido el 23 de enero de 2010; «Robert De Niro Biography», *WhoABC,* http://www.whoabc.com/men/r/robert_de_niro, accedido el 23 de enero de 2010; «Robert De Niro—Rotten Tomatoes Celebrity Profile», *Rotten Tomatoes,*

http://www.rottentomatoes.com/celebrity/robert_de_niro/biography/php, accedido el 23 de enero de 2010.

9. James Wolcott, «Letterman Unbound», *New Yorker*, 3 de junio de 1996, p. 82.
10. *Ibíd.*
11. Otras citas e información acerca de Jay Leno y Dave Letterman se tomaron de las siguientes fuentes: Bill Carter, *The Late Shift: Letterman, Leno, and the Network Battle for the Night*, Hyperion, Nueva York, 1994; Tom Gliatto, «Fade to Black», *People*, 26 de octubre de 1998; Lloyd Grove, «Late-Night Sweats», *Vanity Fair*, octubre de 1996, p. 176; David Handelman, «Dave's Real World», *Vogue*, enero de 1995, p. 78; Fred Schruers, «Dave vs. Dave», *Rolling Stone*, 30 de mayo de 1996, p. 30; Wolcott, «Letterman Unbound», p. 82; Bill Zehme, «Letterman Lets His Guard Down», *Esquire*, diciembre de 1994, p. 98.
12. Nancy Schimelpfening, «Jim Carrey», *About.com*, 17 de abril de 2006, http://depression.about.com/od/famous/p/jimcarrey.htm.
13. Kassidy Emmerson, «Little Known Facts about Jim Carrey», 18 de julio de 2007, http://www.associatedcontent.com/article/309765/little_known_facts_about_jim_carrey.htm.
14. Otras citas e información sobre Jim Carrey se tomaron de las siguientes fuentes: «Actors—Jim Carrey», eBay, http://listing-index.ebay.com/actors/Jim_Carrey.html, accedido el 21 de enero de 2010; Emmerson, «Little Known Facts»; «Jim Carrey—Biography», TalkTalk, http//www.talktalk.co.uk/Entertainment/film/biography/artista/jim-carrey/biography/53, accedido el 21 de enero de 2010; «Jim Carrey Online:FAQ», http://www.jimcarreyonline.com/forum/cofaq.php, accedido el 21 de enero de 2010; Schimelpfening, «Jim Carrey».

Miércoles: Ah, las mentiras que nos decimos... a nosotros mismos

1. Casey Stengel, citado en Michael Bamberger, «Dom DiMaggio», *Sports Illustrated*, 2 de julio de 2001, p. 105.
2. Dom DiMaggio, citado en Bamberger, «Dom DiMaggio», p. 106.
3. Dan Vergano, «Mind Makes Memories Fonder—but False», *USA Today*, 2 de julio de 2001.
4. *Ibíd.*
5. *Ibíd.*
6. *Ibíd.*
7. «John Daly Weight Loss: Before and After Photos», *The Huffington Post*, 9 de diciembre de 2009, http://www.huffingtonpost.com/2009/12/08/john-daly-weight-loss-bef_n_384759.html.
8. Mark Seal, «Still Afloat», *Golf Digest*, agosto de 2001, p. 99.
9. *Ibíd.*, p. 108.
10. Para conocer más sobre los estilos en la crianza de los hijos, lee *Tengan un nuevo hijo para el viernes*, de Kevin Leman, Editorial Unilit, 10 de junio de 2010.
11. Andy Seiler, «Lemmon Was Just One of Us», *USA Today*, 29 de junio de 2001.
12. Jack Lemmon, citado en «Lemmon Was Just One of Us», de Seiler.
13. Donahue, «Live Your Best Life».

Jueves: ¿Cómo deletreas «amor»?

1. Dr. Gary Chapman, *Los cinco lenguajes del amor: El secreto del amor que perdura*, Editorial Unilit, Miami, FL, 2010, p. 112.
2. A fin de comprender lo que buscan los hombres en realidad, lee de Kevin Leman, *Ten un nuevo esposo para el viernes*, Editorial Unilit, Miami, FL, 2010.

3. Dr. Harry Schaumburg, *False Intimacy: Understanding the Struggle of Sexual Addiction*, NavPress, Colorado Springs, 1997, pp. 175-76.

4. A fin de comprender lo que buscan los hombres en realidad, lee de Kevin Leman, *El amor comienza en la cocina* (Grupo Nelson, Nashville, 1 de junio de 1992) y *Sube la temperatura* (Editorial Unilit, Miami, 1 de mayo de 2012).

5. Para más información acerca de esto, lee de Leman, *Birth Order Book*.

Viernes: Sé tu propio psicólogo

1. David Wild, «Steve Martin: The Rolling Stone Interview», *Rolling Stone*, 2 de septiembre de 1999.

2. Este y muchos otros detalles se han tomado de «Steve Martin», *Current Biography*, noviembre de 2000, p. 385; David Wild, «Steve Martin», p. 88.

3. «Steve Martin», *Current Biography*, p. 385.

4. Chuck Arnold, «Chatter», *People*, 30 de agosto de 1999, p. 146.

5. R.J. Smith, «Steve Martin, in Revision», *New York Times Magazine*, 8 de agosto de 1999, p. 28.

6. *Ibíd.*

7. *Ibíd.*

8. *Ibíd.*, p. 29.

9. *Ibíd.*

10. Bernard Weinraub, «The Wiser Guy», *McCall's*, septiembre de 1999, p. 38.

11. Cathleen Fillmore, «The Houdini of Jailbirds», *The Globe and Mail*, 23 de junio de 2001.

12. Si quieres ver cambios en tu hogar con tus hijos, puedes hacerlo en tan solo cinco días con mi libro *Tengan un nuevo hijo para el viernes*.

13. Morris Walker, *Steve Martin: The Magic Years*, S.P.I. Books, Nueva York, 2001, pp. 272-73.

14. Graydon Carter, «Easy Does It», *Vanity Fair*, febrero de 2001, p. 38.

Sección extra para curiosos: Cómo funciona el nuevo «tú»

1. Para más información sobre cómo el orden de nacimiento afecta el trabajo, sobre todo en el empleo de ventas, lee de Leman, *Birth Order Book*.

Acerca del Dr. Kevin Leman

El Dr. Kevin Leman es un reconocido psicólogo en el ámbito internacional, una personalidad de la radio y la televisión y un orador que ha enseñado y entretenido a audiencias en todo el mundo con su ingenio y su psicología llena de sentido común. El Dr. Leman es el autor con más éxitos de librería del *New York Times* y ganador de premios por más de treinta y cinco libros sobre el matrimonio y la familia, que incluyen *Tengan un nuevo hijo para el viernes*, *Ten un nuevo esposo para el viernes*, *El amor comienza en la cocina* y *Música entre las sábanas*. Ha realizado miles de programas de radio y televisión en abierto, entre los que se encuentran *Fox & Friends*, *The View*, *The Morning Show* de Fox, *Today*, *Oprah*, *The Early Show* de CBS, *Janet Parshall's America*, *Live with Regis Philbin*, *American Morning* de CNN, *Life Today* con James Robison, y Enfoque a la Familia. El Dr. Leman también ha trabajado como psicólogo que contribuye con la familia para *Good Morning America*.

Es el coautor, con su hijo Kevin Leman II, de una serie de libros ilustrados infantiles para cada niño de la familia. También grabó una serie de ocho vídeos sobre el matrimonio, la crianza de los hijos, las familias mixtas y los padres solteros. Es el fundador y presidente de *Couples of Promise*, una organización diseñada y comprometida para ayudar a las parejas a seguir felizmente casadas y es profesor académico de iQuestions.com.

El Dr. Leman es miembro de la Asociación Estadounidense de Psicología, de la Federación Estadounidense de Artistas de Radio y Televisión, y la Sociedad Estadounidense de Psicología Adleriana.

En 1993, recibió el premio *Distinguished Alumnus Award* de *North Park University* en Chicago. En 2003, recibió de la Universidad de Arizona el premio más alto que una universidad puede otorgar a su personal: el *Alumni Achievement Award*.

El Dr. Leman asistió a la *North Park University*. Recibió su licenciatura en psicología en la Universidad de Arizona, donde más tarde realizó su maestría y doctorado. Originario de Williamsville, Nueva York, él y su esposa, Sande, viven en Tucson, Arizona. Tienen cinco hijos y dos nietos.

Para información relacionada con la disponibilidad para dar conferencias, consultas de negocios, seminarios o para el crucero anual de *Couples of Promise*, por favor, contáctese con:

Dr. Kevin Leman
P.O. Box 35370
Tucson, Arizona 85740
Teléfono: (520) 797-3830
Fax: (520) 797-3809
www.drleman.com

Recursos del Dr. Kevin Leman

Libros para adultos

Tengan un nuevo hijo para el viernes
Ten un nuevo esposo para el viernes
Ten un nuevo «tú» para el viernes
Tengan un nuevo adolescente para el viernes
Música entre las sábanas
Sube la temperatura
Cría hijos sensatos sin perder la cabeza
El amor comienza en la cocina
A la manera de un pastor (escrito con William Pentak)
Mamá por primera vez
Complacientes

Libro para niños

Mi primogénito: No hay nadie como tú